ITINÉRAIRE

DE

PARIS A JÉRUSALEM

ET DE

JÉRUSALEM A PARIS.

ITINÉRAIRE

DE

PARIS A JÉRUSALEM

ET DE

JÉRUSALEM A PARIS,

EN ALLANT PAR LA GRÈCE, ET REVENANT PAR
L'ÉGYPTE, LA BARBARIE ET L'ESPAGNE;

Par F. A. DE CHATEAUBRIAND.

TOME DEUXIÈME.

—

PARIS,
LE NORMANT, IMPRIMEUR-LIBRAIRE.
1811.

ITINÉRAIRE

DE PARIS A JÉRUSALEM

ET

DE JÉRUSALEM A PARIS,

EN ALLANT PAR LA GRÈCE, ET REVENANT PAR
L'ÉGYPTE, LA BARBARIE ET L'ESPAGNE.

DEUXIÈME PARTIE.

VOYAGE DE L'ARCHIPEL, DE L'ANATOLIE
ET DE CONSTANTINOPLE.

Je changeois de théâtre : les îles que j'allois traverser étoient, dans l'antiquité, une espèce de pont jeté sur la mer pour joindre la Grèce d'Asie à la véritable Grèce. Libres ou sujettes, attachées à la fortune de Sparte ou d'Athènes, aux destinées des Perses, à celles d'Alexandre et de ses successeurs, elles tombèrent sous le joug romain. Tour-à-tour arrachées au Bas-Empire par les Vénitiens, les Génois, les Catalans, les Napolitains, elles eurent des princes particuliers, et même des ducs qui prirent le titre général de ducs de l'Archipel. Enfin, les soudans de l'Asie descendirent vers la Méditerranée ; et, pour annoncer à celle-ci sa future destinée, ils se firent apporter de l'eau de la mer, du sable et une rame. Les îles furent néanmoins subjuguées les dernières ; mais enfin elles subirent le sort commun ; et la bannière latine, chassée de proche en proche par le Croissant, ne s'arrêta que sur le rivage de Corfou.

De cette lutte des Grecs, des Turcs et des Latins, il résulta que les îles de l'Archipel furent très-connues dans le moyen âge : elles étoient sur la route de toutes ces flottes qui portoient des armées ou des pélerins à Jérusalem, à Constantinople, en Egypte, en Barbarie ; elles devinrent les stations de tous ces vaisseaux génois et vénitiens qui renouvelèrent le commerce des Indes par le port d'Alexandrie : aussi retrouve-t-on les noms de Chio, de Lesbos, de Rhodes, à chaque page de la

Byzantine ; et tandis qu'Athènes et Lacédémone étoient oubliées, on savoit la fortune du plus petit écueil de l'Archipel.

De plus, les Voyages à ces îles sont sans nombre, et remontent jusqu'au septième siècle : il n'y a pas un pélerinage en Terre-Sainte, qui ne commence par une description de quelques rochers de la Grèce. Dès l'an 1555, Belon donna en français ses *Observations de plusieurs singularités retrouvées en Grèce;* le Voyage de Tournefort est entre les mains de tout le monde ; la *Description exacte des îles de l'Archipel,* par le Flamand Dapper, est un travail excellent; et il n'est personne qui ne connoisse les Tableaux de M. de Choiseul.

Notre traversée fut heureuse : le 30 septembre à huit heures du matin nous entrâmes dans le port de Zéa. Il est vaste, mais d'un aspect désert et sombre, à cause de la hauteur des terres dont il est environné. On n'aperçoit sous les rochers du rivage que quelques chapelles en ruines, et les magasins de la douane. Le village de Zéa est bâti sur la montagne, à une lieue du port, du côté du levant ; et il occupe l'emplacement de l'ancienne Carthée.

Je n'aperçus en arrivant que trois ou quatre felouques grecques, et je perdis tout espoir de retrouver mon navire autrichien. Je laissai Joseph au port, et je me rendis au village avec le jeune Athénien. La montée est rude et sauvage : cette première vue d'une île de l'Archipel ne me charma pas infiniment ; mais j'étois accoutumé aux mécomptes.

Zéa, bâti en amphithéâtre sur le penchant inégal d'une montagne, n'est qu'un village malpropre et désagréable, mais assez peuplé ; les ânes, les cochons, les poules vous y disputent le passage des rues ; il y a une si grande multitude de coqs, et ces coqs chantent si souvent et si haut, qu'on en est véritablement étourdi. Je me rendis chez M. Pengali, vice-consul français à Zéa ; je lui dis qui j'étois, d'où je venois, où je desirois aller ; et je le priai de noliser une barque pour me porter à Chio ou à Smyrne.

M. Pengali me reçut avec toute la cordialité possible : son fils descendit au port ; il y trouva un caïque qui retournoit à Tino, et qui devoit mettre à la voile le lendemain ; je résolus d'en profiter : cela m'avançoit toujours un peu sur ma route.

Le vice-consul voulut me donner l'hospitalité, au moins pour le reste de la journée. Il avoit quatre filles, et l'aînée étoit au moment de se marier; on faisoit déjà les préparatifs de la noce; je passai donc des ruines du temple de Sunium à un festin. C'est une singulière destinée que celle du voyageur! Le matin il quitte un hôte dans les larmes, le soir il en trouve un autre dans la joie; il devient le dépositaire de mille secrets: Ibraïm m'avoit conté à Sparte tous les accidens de la maladie du petit Turc; j'appris à Zéa l'histoire du gendre de M. Pengali. Mais au fond, y a-t-il rien de plus aimable que cette naïve hospitalité? N'êtes-vous pas trop heureux qu'on veuille bien vous accueillir ainsi, dans des lieux où vous ne trouveriez pas le moindre secours? La confiance que vous inspirez, l'ouverture de cœur qu'on vous montre, le plaisir que vous paroissez faire et que vous faites, sont certainement des jouissances très-douces. Une autre chose me touchoit encore beaucoup: c'étoit la simplicité avec laquelle on me chargeoit de diverses commissions pour la France, pour Constantinople, pour l'Egypte.

On me demandoit des services comme on m'en rendoit ; mes hôtes étoient persuadés que je ne les oublierois point, et qu'ils étoient devenus mes amis. Je sacrifiai sur-le-champ à M. Pengali les ruines d'Ioulis où j'étois d'abord résolu d'aller ; et je me déterminai, comme Ulysse, à prendre part aux festins d'Aristonoüs.

Zéa, l'ancienne Céos, fut célèbre dans l'antiquité par une coutume qui existoit aussi chez les Celtes, et que l'on a retrouvée parmi les sauvages de l'Amérique : les vieillards de Céos se donnoient la mort. Aristée, dont Virgile a chanté les abeilles, ou un autre Aristée, roi d'Arcadie, se retira à Céos. Ce fut lui qui obtint de Jupiter les vents étésiens, pour modérer l'ardeur de la Canicule. Crasistrate le médecin, et Ariston le philosophe étoient de la ville d'Ioulis, ainsi que Simonide et Bacchylide : nous avons encore d'assez mauvais vers du dernier dans les *Poetæ Græci minores*. Simonide fut un beau génie ; mais son esprit étoit plus élevé que son cœur : Il chanta Hipparque qui l'avoit comblé de bienfaits, et il chanta encore les assassins de ce prince. Ce fut apparemment pour donner cet exemple de vertu que les justes dieux du paganisme avoient préservé Simonide de la chute d'une maison. Il faut s'accommoder au temps, dit le Sage: aussitôt les ingrats secouent le poids de la reconnoissance, les ambitieux abandonnent le vaincu, les poltrons se rangent au parti du vainqueur. Merveilleuse sagesse humaine, dont les maximes toujours superflues pour le courage et la vertu, ne servent que de prétexte au vice, et de refuge aux lâchetés du cœur!

Le commerce de Zéa consiste aujourd'hui dans les glands du velani (1) que l'on emploie dans les teintures. La gaze de soie en usage chez les anciens, avoit été inventée à Céos (2); les poëtes, pour peindre sa transparence et sa finesse, l'appeloient du *vent tissu*. Zéa fournit encore de la soie : « Les bourgeois » de Zéa s'attroupent ordinairement pour » filer de la soie, dit Tournefort, et ils s'as-

---

(1) Espèce de chêne.
(2) Je suis l'opinion commune; mais il est possible que Pline et Solin se soient trompés. D'après le témoignage de Tibulle, d'Horace, etc., la gaze de soie se faisoit à Cos, et non pas à Céos.

» seyent sur les bords de leurs terrasses, afin
» de laisser tomber leur fuseau jusqu'au bas
» de la rue, qu'ils retirent ensuite en rou-
» lant le fil. Nous trouvâmes l'évêque grec
» en cette posture : il demanda quelles gens
» nous étions, et nous fit dire que nos oc-
» cupations étoient bien frivoles, si nous ne
» cherchions que des plantes et de vieux
» marbres. Nous répondîmes que nous se-
» rions plus édifiés de lui voir à la main les
» œuvres de saint Chrysostôme ou de saint
» Basile, que le fuseau. »

J'avois continué à prendre du quinquina trois fois par jour : la fièvre n'étoit point revenue ; mais j'étois resté très-foible, et j'avois toujours une main et une joue noircies par le coup de soleil. J'étois donc un convive très-gai de cœur, mais fort triste de figure. Pour n'avoir pas l'air d'un parent malheureux, je m'ébaudissois à la noce. Mon hôte me donnoit l'exemple du courage : il souffroit dans ce moment même des maux cruels (1) ; et au milieu du chant de ses filles,

---

(1) M. Pengali étoit malheureusement attaqué de la pierre.

la douleur lui arrachoit quelquefois des cris. Tout cela faisoit un mélange de choses extrêmement bizarres; ce passage subit du silence des ruines au bruit d'un mariage, étoit étrange. Tant de tumulte à la porte du repos éternel! Tant de joie auprès du grand deuil de la Grèce! Une idée me faisoit rire : je me représentois mes amis occupés de moi en France; je les voyois me suivre en pensée, s'exagérer mes fatigues, s'inquiéter de mes périls : ils auroient été bien surpris, s'ils m'eussent aperçu tout-à-coup le visage à demi brûlé, assistant dans une des Cyclades à une noce de village, applaudissant aux chansons de mesdemoiselles Pengali, qui chantoient en grec:

Ah! vous dirai-je, maman, etc.

tandis que M. Pengali poussoit des cris, que les coqs s'égosilloient, et que les souvenirs d'Ioulis, d'Aristée, de Simonide étoient complétement effacés. C'est ainsi qu'en débarquant à Tunis, après une traversée de cinquante-huit jours qui fut une espèce de naufrage continuel, je tombai chez M. Devoise au milieu du carnaval ; au lieu d'aller méditer sur les ruines de Carthage, je fus obligé de courir au bal, de m'habiller en turc, et de me prêter à toutes les folies d'une troupe d'officiers américains, pleins de gaîté et de jeunesse.

Le changement de scène, à mon départ de Zéa, fut aussi brusque qu'il l'avoit été à à mon arrivée dans cette île. A onze heures du soir je quittai la joyeuse famille; je descendis au port; je m'embarquai de nuit, par un gros temps, dans un caïque dont l'équipage consistoit en deux mousses et trois matelots. Joseph, très-brave à terre, n'étoit pas aussi courageux sur la mer. Il me fit beaucoup de représentations inutiles; il lui fallut me suivre et achever de courir ma fortune. Nous allions vent largue; notre esquif, penché sous le poids de la voile, avoit la quille à fleur d'eau; les coups de la lame étoient violens; les courans de l'Eubée rendoient encore la mer plus houleuse; le temps étoit couvert; nous marchions à la lueur des éclairs et à la lumière phosphorique des vagues. Je ne prétends point faire valoir mes travaux qui sont très-peu de chose; mais j'espère cependant que quand on me verra m'arracher à mon pays et à mes amis, supporter la fièvre et les fatigues, traverser les mers de la Grèce dans de petits bateaux, recevoir les coups de fusil des Bédouins, et tout cela par respect pour le public, et pour donner à ce public un ouvrage moins imparfait que le Génie du Christianisme ; j'espère, dis-je, qu'on me saura quelque gré de mes efforts.

Quoi qu'en dise la fable de l'Aigle et du Corbeau, rien ne porte bonheur comme d'imiter un grand homme ; j'avois fait le César : *Quid times ? Cæsarem vehis :* et j'arrivai où je voulois arriver. Nous touchâmes à Tino le 31 à six heures du matin : je trouvai à l'instant même une felouque hydriotte qui partoit pour Smyrne, et qui devoit seulement relâcher quelques heures à Chio. Le caïque me mit à bord de la felouque, et je ne descendis pas même à terre.

Tino, autrefois Ténos, n'est séparée d'Andros que par un étroit canal : c'est une île haute qui repose sur un rocher de marbre. Les Vénitiens la possédèrent long-temps ; elle n'est célèbre dans l'antiquité que par ses serpens ; la vipère avoit pris son nom de cette île (1). M. de Choiseul a fait une description charmante des femmes de Tino; ses vues du port de San-Nicolo m'ont paru d'une rare exactitude.

La mer, comme disent les marins, étoit tombée, et le ciel s'étoit éclairci : je déjeunai sur le pont en attendant qu'on levât l'ancre; je découvrois à différentes distances toutes les Cyclades : Scyros, où Achille passa son enfance; Delos, célèbre par la naissance de Diane et d'Apollon, par son palmier, par ses fêtes; Naxos, qui me rappeloit Ariadne, Thésée, Bacchus, et quelques pages charmantes des Études de la Nature. Mais toutes ces îles si riantes autrefois, ou peut-être si embellies par l'imagination des poëtes, n'offrent aujourd'hui que des côtes désolées et arides. De tristes villages s'élèvent en pain de sucre sur des rochers; ils sont dominés par des châteaux plus tristes encore, et quelquefois environnés d'une double ou triple en-

---

(1) Une espèce de vipère nommée Tenia étoit originaire de Tenos. L'île fut appelée dans l'origine Ophissa et Hydrussa, à cause de ses serpens.

ceinte de murailles : on y vit dans la frayeur perpétuelle des Turcs et des pirates. Comme ces villages fortifiés tombent cependant en ruines, ils font naître à la fois, dans l'esprit du voyageur, l'idée de toutes les misères. Rousseau dit quelque part qu'il eût voulu être exilé dans une des îles de l'Archipel. L'éloquent sophiste se fût bientôt repenti de son choix. Séparé de ses admirateurs, relégué au milieu de quelques Grecs grossiers et perfides, il n'auroit trouvé dans des vallons brûlés par le soleil, ni fleurs, ni ruisseaux, ni ombrages ; il n'auroit vu autour de lui que des bouquets d'oliviers, des rochers rougeâtres, tapissés de sauges et de baumes sauvages : je doute qu'il eût désiré long-temps continuer ses promenades au bruit du vent et de la mer, le long d'une côte inhabitée.

Nous appareillâmes à midi. Le vent du nord nous porta assez rapidement sur Scio ; mais nous fûmes obligés de courir des bordées, entre l'île et la côte d'Asie, pour emboquer le canal. Nous voyions des terres et des îles tout autour de nous ; les unes rondes et élevées comme Samos ; les autres longues et basses comme les caps du golfe d'Ephèse : ces terres et ces îles étoient différemment colorées, selon le degré d'éloignement. Notre felouque, très-légère et très-élégante, portoit une grande et unique voile taillée comme l'aile d'un oiseau de mer. Ce petit bâtiment étoit la propriété d'une famille ; cette famille étoit composée du père, de la mère, du frère et de six garçons. Le père étoit le capitaine, le frère le pilote, et les fils étoient les matelots ; la mère préparoit les repas. Je n'ai rien vu de plus gai, de plus propre et de plus leste que cet équipage de frères. La felouque étoit lavée, soignée et parée comme une maison chérie ; elle avoit un grand chapelet sur la poupe, avec une image de la Panagia, surmontée d'une branche d'olivier. C'est une chose assez commune dans l'Orient de voir une famille mettre ainsi toute sa fortune dans un vaisseau, changer de climats, sans quitter ses foyers, et se soustraire à l'esclavage, en menant sur la mer la vie des Scythes.

Nous vînmes mouiller pendant la nuit au port de Chio, « fortunée patrie d'Homère, » dit Fénélon dans les aventures d'Aristonoüs, chef-d'œuvre d'harmonie et de goût antique. Je m'étois profondément endormi ; et Joseph ne me réveilla qu'à sept heures du matin. J'étois couché sur le pont ; quand je vins à ouvrir les yeux, je me crus transporté dans le pays des Fées : je me trouvois au milieu d'un port plein de vaisseaux, ayant devant moi une ville charmante, dominée par des monts dont les arêtes étoient couvertes d'oliviers, de palmiers, de lentisques et de térébinthes. Une foule de Grecs, de Francs et de Turcs étoient répandus sur les quais, et l'on entendoit le son des cloches. (1)

Je descendis à terre, et je m'informai s'il n'y avoit point de consul de notre nation dans cette île. On m'enseigna un chirurgien qui faisoit les affaires des Français : il demeuroit sur le port. J'allai lui rendre visite ; il me reçut très-poliment. Son fils me servit de

---

(1) Il n'y a que les paysans grecs de l'île de Chio qui aient, en Turquie, le privilége de sonner les cloches. Ils doivent ce privilége et plusieurs autres à la culture de l'arbre à mastic. Voyez le Mémoire de M. Galland, dans l'ouvrage de M. de Choiseul.

Cicerone, pendant quelques heures, pour voir la ville qui ressemble beaucoup à une ville vénitienne. Baudrand, Ferari, Tournefort, Dapper, Chandler, M. de Choiseul et mille autres géographes et voyageurs ont parlé de l'île de Chio : je renvoie donc le lecteur à leurs ouvrages.

Je retournai à dix heures à la felouque, je déjeunai avec la famille : elle dansa et chanta sur le pont autour de moi, en buvant du vin de Chio qui n'étoit pas du temps d'Anacréon. Un instrument peu harmonieux animoit les pas et la voix de mes hôtes ; il n'a retenu de la lyre antique que le nom, et il est dégénéré comme ses maîtres : lady Craven en a fait la description.

Nous sortîmes du port le 1er octobre à midi : la brise du nord commençoit à s'élever, et elle devint en peu de temps très-violente. Nous essayâmes d'abord de prendre la passe de l'Ouest entre Chio et les îles Spalmadores (1) qui ferment le canal quand on fait voile pour Métélin ou pour Smyrne. Mais nous ne pûmes doubler le cap Delphino : nous portâmes à

---

(1) Ol. Œnussæ.

l'Est, et nous allongeâmes la bordée jusque dans le port de Tchesmé. De là, revenant sur Chio, puis retournant sur le mont Mimas, nous parvînmes enfin à nous élever au cap Cara-Bouroun, à l'entrée du golfe de Smyrne. Il étoit dix heures du soir; le vent nous manqua, et nous passâmes la nuit en calme sous la côte d'Asie.

Le 2, à la pointe du jour, nous nous éloignâmes de terre à la rame, afin de profiter de l'Imbat, aussitôt qu'il commenceroit à souffler : il parut de meilleure heure que de coutume. Nous eûmes bientôt passé les îles de Dourlach, et nous vînmes raser le château qui commande le fond du golfe ou le port de Smyrne. J'aperçus alors la ville dans le lointain, au travers d'une forêt de mâts de vaisseaux : elle paroissoit sortir de la mer, car elle est placée sur une terre basse et unie, que dominent au sud-est des montagnes d'un aspect stérile. Joseph ne se possédoit pas de joie : Smyrne étoit pour lui une seconde patrie ; le plaisir de ce pauvre garçon m'affligeoit presque, en me faisant d'abord penser à mon pays ; en me montrant ensuite, que l'axiome, *ubi benè, ibi patria*, n'est que trop vrai pour la plupart des hommes.

Joseph debout auprès de moi sur le pont, me nommoit tout ce que je voyois, à mesure que nous avancions. Enfin, nous amenâmes la voile; et laissant encore quelque temps filer notre felouque, nous donnâmes fond par six brasses, en dehors de la première ligne des vaisseaux. Je cherchai des yeux mon navire de Trieste; et je le reconnus à son pavillon. Il étoit mouillé près de l'Echelle des Francs, ou du quai des Européens. Je m'embarquai avec Joseph dans un caïque qui vint le long de notre bord; et je me fis porter au bâtiment autrichien. Le capitaine et son second étoient à terre: les matelots me reconnurent et me reçurent avec de grandes démonstrations de joie. Ils m'apprirent que le vaisseau étoit arrivé à Smyrne le 18 août; que le capitaine avoit louvoyé deux jours, pour m'attendre entre Zéa et le cap Sunium; et que le vent l'avoit ensuite forcé à continuer sa route. Ils ajoutèrent que mon domestique, par ordre du consul de France, m'avoit arrêté un logement à l'auberge.

Je vis avec plaisir que mes anciens compagnons avoient été aussi heureux que moi dans leur voyage. Ils voulurent me descendre à terre : je passai donc dans la chaloupe du bâtiment, et bientôt nous abordâmes le quai. Une foule de porteurs s'empressèrent de me donner la main pour monter. Smyrne, où je voyois une multitude de chapeaux (1), m'offroit l'aspect d'une ville maritime d'Italie, dont un quartier seroit habité par des Orientaux. Joseph me conduisit chez M. Chauderloz qui occupoit alors le consulat français de cette importante Echelle. J'aurai souvent à répéter les éloges que j'ai déjà faits de l'hospitalité de nos consuls: je prie mes lecteurs de me le pardonner ; car si ces redites les fatiguent, je ne puis toutefois cesser d'être reconnoissant. M. Chauderloz, frère de M. de la Clos, m'accueillit avec politesse ; mais il ne me logea point chez lui, parce qu'il étoit malade, et que Smyrne offre d'ailleurs les ressources d'une grande ville européenne.

---

(1) Le turban et le chapeau font la principale distinction des Francs et des Turcs ; et, dans le langage du Levant, on compte par chapeaux et par turbans.

Nous arrangeâmes sur-le-champ toute la suite de mon voyage : j'avois résolu de me rendre à Constantinople par terre, afin d'y prendre des firmans, et de m'embarquer ensuite, avec les pélerins grecs, pour la Syrie; mais je ne voulois pas suivre le chemin direct, et mon dessein étoit de visiter la plaine de Troie en traversant le mont Ida. Le neveu de M. Chauderloz, qui venoit de faire une course à Ephèse, me dit que les défilés du Gargare étoient infestés de voleurs, et occupés par des agas plus dangereux encore que les brigands. Comme je tenois à mon projet, on envoya chercher un guide qui devoit avoir conduit un Anglais aux Dardanelles par la route que je voulois tenir. Ce guide consentit en effet à m'accompagner, et à fournir les chevaux nécessaires moyennant une somme assez considérable. M. Chauderloz promit de me donner un interprète et un janissaire expérimenté. Je vis alors que je serois forcé de laisser une partie de mes malles au consulat, et de me contenter du plus strict nécessaire. Le jour du départ fut fixé au 4 septembre, c'est-à-dire au surlendemain de mon arrivée à Smyrne.

Après avoir promis à M. Chauderloz de revenir dîner avec lui, je me rendis à mon auberge, où je trouvai Julien tout établi dans un appartement fort propre et meublé à l'européenne. Cette auberge tenue par une veuve, jouissoit d'une très-belle vue sur le port : je ne me souviens plus de son nom. Je n'ai rien à dire de Smyrne, après Tournefort, Chandler, Peyssonel, Dallavay et tant d'autres; mais je ne puis me refuser au plaisir de citer un morceau du Voyage de M. de Choiseul :

« Les Grecs, sortis du quartier d'Ephèse,
» nommé Smyrna, n'avoient bâti que des
» hameaux au fond du golfe qui depuis a
» porté le nom de leur première patrie ;
» Alexandre voulut les rassembler, et leur
» fit construire une ville près la rivière Mé-
» lès. Antigone commença cet ouvrage par
» ses ordres, et Lysimaque le finit.

» Une situation aussi heureuse que celle
» de Smyrne, étoit digne du fondateur d'A-
» lexandrie, et devoit assurer la prospérité
» de cet établissement ; admise par les villes
» d'Ionie à partager les avantages de leur
» confédération, cette ville devint bientôt

» le centre du commerce de l'Asie mineure :
» son luxe y attira tous les arts; elle fut dé-
» corée d'édifices superbes, et remplie d'une
» foule d'étrangers qui venoient l'enrichir
» des productions de leur pays, admirer ses
» merveilles, chanter avec ses poëtes, et
» s'instruire avec ses philosophes. Un dia-
» lecte plus doux prêtoit un nouveau charme
» à cette éloquence qui paroissoit un attribut
» des Grecs. La beauté du climat sembloit
» influer sur celle des individus qui offroient
» aux artistes des modèles, à l'aide desquels
» ils faisoient connoître au reste du monde,
» la nature et l'art réunis dans leur per-
» fection.

» Elle étoit une des villes qui revendi-
» quoient l'honneur d'avoir vu naître Ho-
» mère : on montroit sur le bord du Mélès
» le lieu où Crithéis sa mère lui avoit donné
» le jour, et la caverne où il se retiroit pour
» composer ses vers immortels. Un monu-
» ment élevé à sa gloire, et qui portoit son
» nom, présentoit au milieu de la ville de
» vastes portiques sous lesquels se rassem-
» bloient les citoyens : enfin, leurs monnoies
» portoient son image, comme s'ils eussent

» reconnu pour souverain le génie qui les
» honoroit.

» Smyrne conserva les restes précieux de
» cette prospérité, jusqu'à l'époque où l'em-
» pire eut à lutter contre les Barbares : elle
» fut prise par les Turcs, reprise par les
» Grecs, toujours pillée, toujours détruite.
» Au commencement du treizième siècle,
» il n'en existoit plus que les ruines, et la
» citadelle qui fut réparée par l'empereur
» Jean Comnène, mort en 1224 : cette for-
» teresse ne put résister aux efforts des prin-
» ces turcs, dont elle fut souvent la résidence,
» malgré les chevaliers de Rhodes qui, sai-
» sissant une circonstance favorable, par-
» vinrent à y construire un fort, et à s'y
» maintenir; mais Tamerlan prit en quatorze
» jours cette place que Bajazet bloquoit de-
» puis sept ans.

» Smyrne ne commença à sortir de ses rui-
» nes, que lorsque les Turcs furent entière-
» ment maîtres de l'Empire : alors sa situa-
» tion lui rendit les avantages que la guerre
» lui avoit fait perdre; elle redevint l'entre-
» pôt du commerce de ces contrées. Les ha-
» bitans rassurés abandonnèrent le sommet

» de la montagne, et bâtirent de nouvelles
» maisons sur le bord de la mer : ces cons-
» tructions modernes ont été faites avec les
» marbres de tous les monumens anciens,
» dont il reste à peine des fragmens; et l'on
» ne retrouve plus que la place du stade et
» du théâtre. On chercheroit vainement à
» reconnoître les vestiges des fondations, ou
» quelques pans de murailles qui s'aperçoi-
» vent entre la forteresse et l'emplacement
» de la ville actuelle. »

Les tremblemens de terre, les incendies et la peste ont maltraité la Smyrne moderne, comme les Barbares ont détruit la Smyrne antique. Le dernier fléau que j'ai nommé a donné lieu à un dévouement qui mérite d'être remarqué entre les dévouemens de tant d'autres missionnaires; l'histoire n'en sera pas suspecte : c'est un ministre anglican qui la rapporte. Frère Louis de Pavie, de l'ordre des récolets, supérieur et fondateur de l'hôpital Saint-Antoine, à Smyrne, fut attaqué de la peste : il fit vœu, si Dieu lui rendoit la vie, de la consacrer aux services des pestiférés. Arraché miraculeusement à la mort, frère Louis a rempli les conditions de son vœu. Les pestiférés qu'il a soignés sont sans nombre; et l'on a calculé qu'il a sauvé à peu près les deux tiers (1) des malheureux qu'il a secourus.

Je n'avois donc rien à voir à Smyrne, si ce n'est ce Mélès que personne ne connoît, et dont trois ou quatre ravines se disputent le nom (2). Mais une chose qui me frappa et qui me surprit, ce fut l'extrême douceur de l'air. Le ciel, moins pur que celui de l'Attique, avoit cette teinte que les peintres appellent un *ton chaud*; c'est-à-dire, qu'il étoit

---

(1) Voyez Dallaway. Le grand moyen employé par le frère Louis étoit d'envelopper le malade dans une chemise trempée d'huile.

(2) Chandler en fait pourtant une description assez *poétique*, quoiqu'il se moque des poëtes et des peintres qui se sont avisés de donner des eaux à l'Ilissus. Il fait couler le Mélès derrière le château. La carte de Smyrne, de M. de Choiseul, marque aussi le cours du fleuve, père d'Homère. Comment se fait-il qu'avec toute l'imagination qu'on me suppose, je n'aie pu voir en Grèce ce que tant d'illustres et graves voyageurs y ont vu? J'ai un maudit amour de la vérité et une crainte de dire ce qui n'est pas, qui l'emportent en moi sur toute autre considération.

rempli d'une vapeur déliée, un peu rougie par la lumière. Quand la brise de mer venoit à manquer, je sentois une langueur qui approchoit de la défaillance : je reconnus la molle Ionie. Mon séjour à Smyrne me força à une nouvelle métamorphose : je fus obligé de reprendre les airs de la civilisation, de m'habiller, de recevoir et de rendre des visites. Les négocians qui me firent l'honneur de me venir voir, étoient riches ; et, quand j'allai les saluer à mon tour, je trouvai chez eux des femmes élégantes qui sembloient avoir reçu le matin leurs modes de chez Leroi. Placé entre les ruines d'Athènes et les débris de Jérusalem, cet autre Paris où j'étois arrivé sur un bateau grec, et d'où j'allois sortir avec une caravane turque, coupoit d'une manière piquante les scènes de mon voyage : c'étoit une espèce d'oasis civilisé, une Palmyre au milieu des déserts et de la barbarie. J'avoue néanmoins que naturellement un peu sauvage, ce n'étoit pas ce qu'on appelle la société que j'étois venu chercher en Orient : il me tardoit de voir des chameaux, et d'entendre le cri du cornac.

Le 5 au matin, tous les arrangemens étant

faits, le guide partit avec les chevaux : il alla m'attendre à Ménémen-Eskélessi, petit port de l'Anatolie. Ma dernière visite à Smyrne fut pour Joseph : *Quantum mutatus ab illo !* Etoit-ce bien là mon illustre drogman ? Je le trouvai dans une chétive boutique, planant et battant de la vaisselle d'étain. Il avoit cette même veste de velours bleu qu'il portoit sur les ruines de Sparte et d'Athènes. Mais que lui servoient ces marques de sa gloire ? Que lui servoit d'avoir vu les villes et les hommes, *mores hominum et urbes ?* Il n'étoit pas même propriétaire de son échoppe ! J'aperçus dans un coin un maître à mine renfrognée, qui parloit rudement à mon ancien compagnon. C'étoit pour cela que Joseph se réjouissoit tant d'arriver ! Je n'ai regretté que deux choses dans mon voyage, c'est de n'avoir pas été assez riche pour établir Joseph à Smyrne, et pour racheter un captif à Tunis. Je fis mes derniers adieux à mon pauvre camarade : il pleuroit, et je n'étois guère moins attendri. Je lui écrivis mon nom sur un petit morceau de papier, dans lequel j'enveloppai les marques de ma sincère reconnoissance : de sorte que le maître de la boutique ne vit rien de ce qui se passoit entre nous.

Le soir, après avoir remercié M. le consul de toutes ses civilités, je m'embarquai dans un bateau avec Julien, le drogman, les janissaires et le neveu de M. Chauderloz, qui voulut bien m'accompagner jusqu'à l'Echelle. Nous y abordâmes en peu de temps. Le guide étoit sur le rivage : j'embrassai mon jeune hôte qui retournoit à Smyrne ; nous montâmes à cheval et nous partîmes.

Il étoit minuit quand nous arrivâmes au kan de Ménémen. J'aperçus de loin une multitude de lumières éparses : c'étoit le repos d'une caravane. En approchant, je distinguai des chameaux, les uns couchés, les autres debout; ceux-ci, chargés de leurs fardeaux; ceux-là, débarrassés de leurs bagages. Des chevaux et des ânes débridés mangeoient l'orge dans des seaux de cuir, quelques cavaliers se tenoient encore à cheval, et les femmes voilées n'étoient point descendues de leurs dromadaires. Assis, les jambes croisées sur des tapis, des marchands turcs étoient groupés autour des feux qui servoient aux esclaves à préparer le pilau ; d'autres voyageurs fumoient leurs pipes à la porte du kan, mâchoient de l'opium, écoutoient des histoires. On brûloit le café dans les poêlons : des vivandiers alloient de feux en feux, proposant des gâteaux de blé grué, des fruits et de la volaille ; des chanteurs amusoient la foule ; des imans faisoient des ablutions, se prosternoient, se relevoient, invoquoient le prophète ; des chameliers dormoient étendus sur la terre. Le sol étoit jonché de ballots, de sacs de coton, de *couffes* de riz. Tous ces objets, tantôt distincts et vivement éclairés, tantôt confus et plongés dans une demi-ombre selon la couleur et le mouvement des feux, offroient une véritable scène des Mille et Une Nuits. Il n'y manquoit que le calife Aroun al Raschild, le visir Giaffar, et Mesrour, chef des eunuques.

Je me souvins alors, pour la première fois, que je foulois les plaines de l'Asie, partie du monde qui n'avoit point encore vu la trace de mes pas, hélas ! ni ces chagrins que je partage avec tous les hommes. Je me sentis pénétré de respect pour cette vieille terre où le genre humain prit naissance, où les patriarches vécurent, où Tyr et Babylone s'élevèrent, où l'Eternel appela Cyrus et Alexandre, où Jésus-Christ accomplit le mystère de notre salut. Un monde étranger s'ouvroit devant moi : j'allois rencontrer des nations qui m'étoient inconnues, des mœurs diverses, des usages différens, d'autres animaux, d'autres plantes, un ciel nouveau, une nature nouvelle. Je passerois bientôt l'Hermus et le Granique; Sardes n'étoit pas loin; je m'avançois vers Pergame et vers Troie : l'histoire me dérouloit une autre page des révolutions de l'espèce humaine.

Je m'éloignai à mon grand regret de la caravane. Après deux heures de marche, nous arrivâmes au bord de l'Hermus que nous traversâmes dans un bac. C'est toujours le *turbidus Hermus* : je ne sais s'il roule encore de l'or. Je le regardai avec plaisir ; car c'étoit le premier fleuve, proprement dit, que je rencontrois depuis que j'avois quitté l'Italie. Nous entrâmes à la pointe du jour dans une plaine bordée de montagnes peu élevées. Le pays offroit un aspect tout différent de celui de la Grèce : les cotonniers verts, le chaume jaunissant des blés, l'écorce variée des pastèques diaproient agréablement la campagne; des chameaux paissoient çà et là avec des buffles. Nous laissions derrière nous Magnésie et le mont Sipylus : ainsi nous n'étions pas éloignés des champs de bataille où Agésilas humilia la puissance du grand roi, et où Scipion remporta sur Antiochus cette victoire qui ouvrit aux Romains le chemin de l'Asie.

Nous aperçûmes au loin sur notre gauche les ruines de Cyme, et nous avions Néon-Tichos à notre droite : j'étois tenté de descendre de cheval et de marcher à pied, par respect pour Homère qui avoit passé dans ces mêmes lieux.

« Quelque temps après, le mauvais état
» de ses affaires le disposa à aller à Cyme.
» S'étant mis en route, il traversa la plaine
» de l'Hermus, et arriva à Néon-Tichos,
» colonie de Cyme : elle fut fondée huit ans
» après Cyme. On prétend qu'étant en cette
» ville chez un armurier, il y récita ces
» vers, les premiers qu'il ait faits : « O vous
» citoyens de l'aimable fille de Cyme, qui
» habitez au pied du mont Sardène, dont le
» sommet est ombragé de bois qui répan-
» dent la fraîcheur, et qui vous abreuvez de

» l'eau du divin Hermus, qu'enfanta Jupi-
» ter, respectez la misère d'un étranger qui
» n'a pas une maison où il puisse trouver un
» asile. »

« L'Hermus coule près de Néon-Tichos,
» et le mont Sardène domine l'un et l'autre.
» L'armurier s'appeloit Tychius : ces vers lui
» firent tant de plaisir, qu'il se détermina
» à le recevoir chez lui. Plein de commisé-
» ration pour un aveugle réduit à demander
» son pain, il lui promit de partager avec
» lui ce qu'il avoit. Mélésigène étant entré
» dans son atelier, prit un siége, et en pré-
» sence de quelques citoyens de Néon-Ti-
» Tichos, il leur montra un échantillon de
» ses poésies : c'étoit l'expédition d'Amphia-
» raüs contre Thèbes, et les hymnes en
» l'honneur des dieux. Chacun en dit son
» sentiment, et Mélésigène ayant porté là-
» dessus son jugement, ses auditeurs en fu-
» rent dans l'admiration.

» Tant qu'il fut à Néon-Tichos, ses poé-
» sies lui fournirent les moyens de subsister :
» on y montroit encore de mon temps le
» lieu où il avoit coutume de s'asseoir quand
» il récitoit ses vers. Ce lieu, qui étoit encore

» en grande vénération, étoit ombragé par
» un peuplier qui avoit commencé à croître
» dans le temps de son arrivée. » (1)

Puisqu'Homère avoit eu pour hôte un armurier, à Néon-Tichos, je ne rougissois plus d'avoir eu pour interprète un marchand d'étain, à Smyrne. Plût au Ciel que la ressemblance fût en tout aussi complète, dussé-je acheter le génie d'Homère par tous les malheurs dont ce poëte fut accablé !

Après quelques heures de marche, nous franchîmes une des croupes du mont Sardène, et nous arrivâmes au bord du Pythicus. Nous fîmes alte pour laisser passer une caravane qui traversoit le fleuve. Les chameaux attachés à la queue les uns des autres, n'avançoient dans l'eau qu'en résistant : ils allongeoient le cou, et étoient tirés par l'âne qui marche à la tête de la caravane. Les marchands et les chevaux étoient arrêtés en face de nous, de l'autre côté de la rivière, et l'on voyoit une femme turque assise à l'écart, qui se cachoit dans son voile.

Nous passâmes le Pythicus à notre tour,

---

(1) Vie d'Homère, traduction de M. Larcher.

au-dessous d'un méchant pont de pierre; et à onze heures, nous gagnâmes un kan, où nous laissâmes reposer les chevaux.

A cinq heures du soir, nous nous remîmes en route. Les terres étoient hautes et assez bien cultivées. Nous voyions la mer à gauche. Je remarquai, pour la première fois, des tentes de Turcomans: elles étoient faites de peaux de brebis noires, ce qui me fit souvenir des Hébreux et des pasteurs arabes. Nous descendîmes dans la plaine de Myrine, qui s'étend jusqu'au golfe d'Elée. Un vieux château, du nom de Guzel-Hissar, s'élevoit sur une des pointes de la montagne que nous venions de quitter. Nous campâmes, à dix heures du soir, au milieu de la plaine. On étendit à terre une couverture que j'avois achetée à Smyrne. Je me couchai dessus, et je m'endormis. En me réveillant, quelques heures après, je vis les étoiles briller au-dessus de ma tête, et j'entendis le cri du chamelier qui conduisoit une caravane éloignée.

Le 5, nous montâmes à cheval avant le jour. Nous cheminâmes par une plaine cultivée : nous traversâmes le Caïcus, à une lieue de Pergame, et à neuf heures du matin, nous entrâmes dans la ville. Elle est bâtie au pied d'une montagne. Tandis que le guide conduisoit les chevaux au kan, j'allai voir les ruines de la citadelle. Je trouvai les débris de trois enceintes de murailles, les restes d'un théâtre et d'un temple (peut-être celui de Minerve Porte-Victoire). Je remarquai quelques fragmens agréables de sculpture; entr'autres une frise ornée de guirlandes que soutiennent des têtes de bœufs, et des aigles. Pergame étoit au-dessous de moi, dans la direction du midi : elle ressemble à un camp de baraques rouges. Au couchant, se déroule une grande plaine, terminée par la mer; au levant, s'étend une autre plaine, bordée au loin par des montagnes; au midi, et au pied de la ville, je voyois d'abord des cimetières plantés de cyprès; puis, une bande de terre cultivée en orge et en coton; ensuite, deux grands *tumulus;* après cela venoit une lisière plantée d'arbres; et enfin, une longue et haute colline qui arrêtoit l'œil. Je découvrois aussi au nord-est, quelques-uns des replis du Sélinus et du Cétius; et à l'Est, l'amphithéâtre dans le creux d'un vallon. La ville, quand je descendis de la citadelle, m'offrit les restes d'un aqueduc, et les débris du *Lycée*. Les savans du pays prétendent que la fameuse bibliothèque étoit renfermée dans ce dernier monument.

Mais si jamais description fut superflue, c'est celle que je viens de faire. Il n'y a guère plus de cinq à six mois que M. de Choiseul a publié la suite de son Voyage. Ce second volume où l'on reconnoît les progrès d'un talent que le travail, le temps et le malheur ont perfectionné, donne les détails les plus exacts et les plus curieux sur les monumens de Pergame et sur l'histoire de ses princes. Je ne me permettrai donc qu'une réflexion. Ce nom des Attale, cher aux arts et aux lettres, semble avoir été fatal aux rois: Attale, troisième du nom, mourut presque fou, et légua ses meubles aux Romains : *Populus romanus bonorum meorum hæres esto*. Et ces républicains qui regardoient apparemment les peuples comme des meubles, s'emparèrent du royaume d'Attale. On trouve un autre Attale jouet d'Alaric, et dont le nom est devenu proverbial, pour exprimer un fantôme de roi. Quand on ne sait pas porter la pourpre, il ne faut pas l'accepter : mieux vaut alors le sayon de poil de chèvre.

Nous sortîmes de Pergame le soir à sept heures; et faisant route au nord, nous nous arrêtâmes à onze heures du soir, pour coucher au milieu d'une plaine. Le 6, à quatre heures du matin, nous reprîmes notre chemin, et nous continuâmes de marcher dans la plaine qui, aux arbres près, ressemble à la Lombardie. Je fus saisi d'un accès de sommeil si violent, qu'il me fut impossible de le vaincre, et je tombai par-dessus la tête de mon cheval. J'aurois dû me rompre le cou; j'en fus quitte pour une légère contusion. Vers les sept heures, nous nous trouvâmes sur un sol inégal, formé par des monticules. Nous descendîmes ensuite dans un bassin charmant, planté de mûriers, d'oliviers, de peupliers, et de pins en parasol (*pinus pinea*). En général, toute cette terre de l'Asie me parut fort supérieure à la terre de la Grèce. Nous arrivâmes d'assez bonne heure à la Somma, méchante ville turque, où nous passâmes la journée.

Je ne comprenois plus rien à notre marche. Je n'étois plus sur les traces des voyageurs, qui tous allant à Burse ou revenant de cette ville, passent beaucoup plus à l'Est par le chemin de Constantinople. D'un autre côté, pour attaquer le revers du mont Ida, il me sembloit que nous eussions dû nous rendre de Pergame à Adramytti; d'où, longeant la côte ou franchissant le Gargare, nous fussions descendus dans la plaine de Troie. Au lieu de suivre cette route, nous avions marché sur une ligne qui passoit précisément entre le chemin des Dardanelles et celui de Constantinople. Je commençai à soupçonner quelque supercherie de la part du guide, d'autant plus que je l'avois vu souvent causer avec le janissaire. J'envoyai Julien chercher le drogman; je demandai à celui-ci par quel hasard nous nous trouvions à la Somma? Le drogman me parut embarrassé; il me répondit que nous allions à Kircagach; qu'il étoit impossible de traverser la montagne; que nous y serions infailliblement égorgés; que notre troupe n'étoit pas assez nombreuse pour hasarder un pareil voyage, et qu'il étoit bien plus expédient d'aller rejoindre le chemin de Constantinople.

Cette réponse me mit en colère; je vis

clairement que le drogman et le janissaire, soit par peur, soit par d'autres motifs, étoient entrés dans un complot pour me détourner de mon chemin. Je fis appeler le guide, et je lui reprochai son infidélité. Je lui dis que, puisqu'il trouvoit la route de Troie impraticable, il auroit dû le déclarer à Smyrne; qu'il étoit un poltron, tout Turc qu'il étoit; que je n'abandonnerois pas ainsi mes projets selon sa peur ou ses caprices; que mon marché étoit fait pour être conduit aux Dardanelles, et que j'irois aux Dardanelles.

A ces paroles, que le drogman traduisit très-fidèlement, le guide entra en fureur. Il s'écria : Allah! allah! secoua sa barbe de rage, déclara que j'avois beau dire et beau faire, qu'il me meneroit à Kircagach; et que nous verrions qui d'un Chrétien ou d'un Turc auroit raison auprès de l'aga. Sans Julien, je crois que j'aurois assommé cet homme.

Kircagach étant une riche et grande ville, à trois lieues de la Somma, j'espérai y trouver un agent français qui feroit mettre ce maudit Turc à la raison. J'étois trop agité pour dormir; le 6, à quatre heures du matin, toute notre troupe étoit à cheval, selon l'ordre que j'en avois donné. Nous arrivâmes à Kircagach en moins de trois heures, et nous mîmes pied à terre à la porte d'un très-beau kan. Le drogman s'informa à l'heure même s'il n'y avoit point un consul français dans la ville. On lui indiqua la demeure d'un chirurgien italien : je me fis conduire chez le prétendu vice-consul, et je lui expliquai mon affaire. Il alla sur-le-champ en rendre compte au commandant : celui-ci m'ordonna de comparoître devant lui avec le guide. Je me rendis au tribunal de Son Excellence; j'étois précédé du drogman et du janissaire. L'aga étoit à demi couché dans l'angle d'un sopha, au fond d'une grande salle assez belle, dont le plancher étoit couvert de tapis. C'étoit un jeune homme d'une famille de visirs. Il avoit des armes suspendues au-desssus de sa tête; un de ses officiers étoit assis auprès de lui. Il fumoit d'un air dédaigneux une grande pipe persane, et poussoit de temps en temps des éclats de rire immodérés, en nous regardant. Cette réception me déplut. Le guide, le jannissaire et le drogman ôtèrent leurs sandales à la porte, selon la coutume : ils allèrent baiser le bas de la robe de l'aga, et revinrent ensuite s'asseoir à la porte.

La chose ne se passa pas si paisiblement à mon égard : j'étois complétement armé, botté, éperonné ; j'avois un fouet à la main. Les esclaves voulurent m'obliger à quitter mes bottes, mon fouet et mes armes. Je leur fis dire par le drogman, qu'un Français suivoit partout les usages de son pays; et que s'ils osoient porter la main sur moi, je les ferois repentir de leur insolence. Je m'avançai brusquement dans la chambre au milieu des cris. Un spahis me saisit par le bras gauche, et me tira de force en arrière. Je lui sanglai à travers le visage un coup de fouet si bien appliqué, qu'il fut obligé de lâcher prise. Il mit la main sur les pistolets qu'il portoit à la ceinture : sans prendre garde à sa menace, j'allai m'asseoir à côté de l'aga, dont l'étonnement et la frayeur étoient risibles. Je lui parlai français : je me plaignis de l'insolence de ses gens, je lui dis que ce n'étoit que par respect pour lui, que je n'avois pas tué son janissaire ; qu'il devoit savoir que les Français étoient les premiers et les plus fidèles alliés du Grand-Seigneur; que la gloire de leurs armes étoit assez répandue dans l'Orient ; pour qu'on apprît à respecter leurs chapeaux, de même qu'ils honoroient les turbans sans les craindre ; que j'avois bu le café avec des pachas qui m'avoient traité comme leur fils ; que je n'étois pas venu à Kircagach, pour qu'un esclave m'apprît à vivre, et fût assez téméraire pour oser toucher la basque de mon habit.

L'aga ébahi m'écoutoit comme s'il m'eût entendu : le drogman lui rendit mot pour mot mon discours. Il répondit qu'il n'avoit jamais vu de Français ; qu'il m'avoit pris pour un Franc, et que très-certainement il alloit me rendre justice ; il me fit apporter le café.

Rien n'étoit curieux à observer comme l'air stupéfait et la figure allongée des esclaves qui me voyoient assis avec mes bottes poudreuses sur le divan, auprès de leur maître. La tranquillité étant rétablie, on expliqua mon affaire. Après avoir entendu les deux parties, l'aga rendit un arrêt auquel je ne m'attendois point du tout : il condamna le guide à me rendre une partie de mon argent ; mais il déclara que les chevaux étant fatigués, cinq hommes seuls ne pouvoient se hasarder dans le passage des montagnes; qu'en conséquence je devois, selon lui, prendre tranquillement la route de Constantinople.

Il y avoit là dedans un certain bon sens turc assez remarquable, surtout lorsqu'on consideroit la jeunesse et le peu d'expérience du juge. Je fis dire à Son Excellence que son arrêt, d'ailleurs très-juste, péchoit par deux raisons : premièrement, parce que cinq hommes bien armés passoient partout ; secondement, parce que le guide auroit dû faire ses réflexions à Smyrne, et ne pas prendre un engagement qu'il n'avoit pas le courage de remplir. L'aga convint que ma dernière remarque étoit raisonnable ; mais que les chevaux étant fatigués et incapables de faire une aussi longue route, la Fatalité m'obligeoit de prendre un autre chemin.

Il eût été inutile de résister à la Fatalité : tout étoit secrètement contre moi ; le juge, le drogman et mon janissaire. Le guide voulut faire des difficultés pour l'argent; mais on lui déclara que cent coups de bâtons l'attendoient à la porte, s'il ne restituoit pas une partie de la somme qu'il avoit reçue. Il la tira, avec une grande douleur, du fond d'un petit sac de cuir, et s'approcha pour me la remettre : je la pris, et la lui rendis, en lui reprochant son manque de bonne foi et de loyauté. L'intérêt est le grand vice des Musulmans ; et la libéralité est la vertu qu'ils estiment davantage. Mon action leur parut sublime : on n'entendoit qu'allah ! allah ! Je fus reconduit par tous les esclaves, et même par le spahis que j'avois frappé : ils s'attendoient à ce qu'ils appellent le *régal*. Je donnai deux pièces d'or au Musulman battu ; je crois qu'à ce prix il n'auroit pas fait les difficultés que Sancho faisoit pour délivrer madame Dulcinée. Quant au reste de la troupe, on lui déclara de ma part qu'un Français ne faisoit ni ne recevoit de présens.

Voilà les soins que me coûtoient Ilion et la gloire d'Homère. Je me dis, pour me consoler, que je passerois nécessairement devant Troie, en faisant voile avec les pélerins ; et que je pourrois engager le capitaine à me mettre à terre. Je ne songeai donc plus qu'à poursuivre promptement ma route.

J'allai rendre visite au chirurgien ; il n'avoit point reparu dans toute cette affaire du guide, soit qu'il n'eût aucun titre pour m'appuyer, soit qu'il craignît le commandant. Nous nous promenâmes ensemble dans la ville qui est assez grande et bien peuplée. Je vis ce que je n'avois point encore rencontré ailleurs, de jeunes Grecques sans voiles, vives, jolies, accortes, et en apparence filles d'Ionie. Il est singulier que Kircagach, si connue dans tout le Levant pour la supériorité de son coton, ne se trouve dans aucun voyageur (1), et n'existe sur aucune carte. C'est une de ces villes que les Turcs appellent sacrées: elle est attachée à la grande Mosquée de Constantinople; les pachas ne peuvent y entrer : j'ai parlé de la bonté et de la singularité de son miel, à propos de celui du mont Hymette.

---

(1) M. de Choiseul est le seul qui la nomme. Tournefort parle d'une montagne appelée Kircagan. Paul Lucas, Pococke, Chandler, Spon, Smith, Dallaway, ne disent rien de Kircagach. D'Anville la passe sous silence. Les Mémoires de Peyssonel n'en parlent pas. Si elle se trouve dans quelques-uns des innombrables Voyages en Orient, c'est d'une manière très-obscure, et qui échappe entièrement à ma mémoire.

Nous quittâmes Kircagach à trois heures de l'après-midi; et nous prîmes la route de Constantinople. Nous nous dirigions au nord, à travers un pays planté de cotonniers. Nous gravîmes une petite montagne; nous descendîmes dans une autre plaine; et nous vînmes, à cinq heures et demie du soir, coucher au kan de Kelembé. C'est vraisemblablement ce même lieu que Spon nomme Basculembéi, Tournefort Baskelambai, et Thévenot Dgelembé. Cette géographie turque est fort obscure dans les voyageurs: chacun ayant suivi l'orthographe que lui dictoit son oreille; on a encore une peine infinie à faire la concordance des noms anciens et des noms modernes dans l'Anatolie. D'Anville n'est pas complet à cet égard; et malheureusement la carte de la Propontide, levée par ordre de M. de Choiseul, ne dessine que les côtes de la mer de Marmara.

J'allai me promener aux environs du village: le ciel étoit nébuleux, et l'air froid comme en France; c'étoit la première fois que je remarquois cette espèce de ciel dans l'Orient. Telle est la puissance de la patrie; j'éprouvois un plaisir secret à contempler ce ciel grisâtre et attristé, au lieu de ce ciel pur que j'avois eu si long-temps sur ma tête.

> Si, dans sa course déplorée,
> Il succombe au dernier sommeil,
> Sans revoir la douce contrée
> Où brilla son premier soleil;
> Là, son dernier soupir s'adresse;
> Là, son expirante tendresse
> Veut que ses os soient ramenés :
> D'une région étrangère
> La terre seroit moins légère
> A ses mânes abandonnés !

Le 8, au lever du jour, nous quittâmes notre gîte, et nous commençâmes à gravir une région montueuse qui seroit couverte d'une admirable forêt de chênes, de pins, de phyllyrea, d'andrachnés, de térébinthes, si les Turcs laissoient croître quelque chose : mais ils mettent le feu aux jeunes plants, et mutilent les gros arbres : ce peuple détruit tout; c'est un véritable fléau (1). Les villages, dans ces montagnes, sont pauvres; mais les trou-

---

(1) Tournefort dit qu'on met le feu à ces forêts pour augmenter les pâturages : ce qui est très-absurde de la part des Turcs, car le bois manque dans toute la Turquie, et les pâturages y sont abondans.

peaux sont assez communs et très-variés. Vous voyez dans la même cour des bœufs, des buffles, des moutons, des chèvres, des chevaux, des ânes, des mulets, mêlés à des poules, à des dindons, à des canards, à des oies. Quelques oiseaux sauvages, tels que les cigognes et les alouettes, vivent familièrement avec ces animaux domestiques; au milieu de ces hôtes paisibles règne le chameau, le plus paisible de tous.

Nous vînmes dîner à Geujouck : ensuite, continuant notre route, nous bûmes le café au haut de la montagne de Zebec ; nous couchâmes à Chia-Ouse. Tournefort et Spon nomment sur cette route un lieu appelé Courougonlgi.

Nous traversâmes le 9 des montagnes plus élevées que celles que nous avions passées la veille. Wheler prétend qu'elles forment la chaîne du mont Timnus. Nous dînâmes à Manda-Fora : Spon et Tournefort écrivent Mandagoia : on y voit quelques colonnes antiques. C'est ordinairement la couchée; mais nous passâmes outre, et nous nous arrêtâmes à neuf heures du soir au café d'Emir-Capi, maison isolée au milieu des bois. Nous avions fait une route de treize heures : le maître du lieu venoit d'expirer. Il étoit étendu sur sa natte ; on l'en ôta bien vite pour me la donner : elle étoit encore tiède, et déjà tous les amis du mort avoient déserté la maison. Une espèce de valet qui restoit seul, m'assura bien que son maître n'étoit pas mort de maladie contagieuse ; je fis donc déployer ma couverture sur la natte, je me couchai et m'endormis. D'autres dormiront à leur tour sur mon dernier lit, et ne penseront pas plus à moi que je ne pensai au Turc qui m'avoit cédé sa place : « On jette un peu de terre sur la tête, » et en voilà pour jamais. » (1)

Le 10, après six heures de marche, nous arrivâmes pour déjeûner au joli village de Souséverlé. C'est peut-être le Sousurluck de Thévenot ; et très-certainement c'est le Sousighirli de Spon, et le Sousonghirli de Tournefort : c'est-à-dire le village des Buffles-d'Eau. Il est situé à la fin et sur le revers des montagnes que nous venions de passer. A cinq cents pas du village, coule une rivière, et de l'autre côté de cette rivière s'étend une belle

---

(1) Pascal.

et vaste plaine. Cette rivière de Sousonghirli n'est autre chose que le Granique; et cette plaine inconnue est la plaine de la Mysie. (1)

Quelle est donc la magie de la gloire? Un voyageur va traverser un fleuve qui n'a rien de remarquable: on lui dit que ce fleuve se nomme Sousonghirli; il passe et continue sa route; mais si quelqu'un lui crie: C'est le Granique! Il recule, ouvre des yeux étonnés, demeure les regards attachés sur le cours de l'eau, comme si cette eau avoit un pouvoir magique, ou comme si quelque voix extraordinaire se faisoit entendre sur la rive. Nous nous arrêtâmes trois heures à Sousonghirli; et je les passai toutes entières à contempler le Granique. Il est très-encaissé; son bord occidental est roide et escarpé; l'eau brillante et limpide, coule sur un fond de sable. Cette eau, dans l'endroit où je l'ai vue, n'a guère plus

---

(1) Je ne sais d'après quel Mémoire ou quel voyageur d'Anville donne au Granique le nom d'*Ousvola*. La manière dont mon oreille a entendu prononcer le nom de ce fleuve, *Souseverlé*, se rapproche plus du nom écrit par d'Anville, que Sousongighirli ou Sousurluch.

de quarante pieds de largeur, sur trois et demi de profondeur ; mais au printemps elle s'élève et roule avec impétuosité. Ecoutons Plutarque :

« Cependant les capitaines et lieutenans
» du roi de Perse Darius, ayans mis une
» grosse puissance ensemble, l'atendoyent au
» passage de la rivière du Granique. Si estoit
» nécessaire de combattre là, comme à la
» barrière de l'Asie, pour en gagner l'entrée;
» mais la plupart des capitaines de son con-
» seil craignoyent la profondeur de cette ri-
» vière, et la hauteur de l'autre rive qui étoit
» roide et droite, et si ne la pouvoit ou ga-
» gner ni y monter sans combatre : et y en
» avoit qui disoyent qu'il falloit prendre garde
» à l'observance enciene des mois, pour ce
» que les rois de Macédoine n'avoyent ja-
» mais acoustumé de mettre leur armée aux
» champs le mois de juin : à quoi Alexandre
» leur respondit qu'il y remédieroit bien,
» commandant qu'on l'appellast le second
» mai. Davantage Parmenion estoit d'avis
» que pour le premier jour il ne faloit rien
» hasarder, à cause qu'il étoit desia tard,
» à quoi il lui respondit que l'Hellespont

4.

» rougiroit de honte, si lui craignoit de
» passer une rivière, veu qu'il venoit de
» passer un bras de mer; et en disant cela,
» il entra lui mesme dedans la rivière avec
» treze compagnes de gens de cheval, et
» marcha la tête baissée à l'encontre d'une
» infinité de traits, que les ennemis lui tirè-
» rent montant contre-mont l'autre rive, qui
» estoit coupée et droite, et qui pis est,
» toute couverte d'armes, de chevaux et
» d'ennemis qui l'atendoyent en bataille ran-
» gée, poussans les siens à travers le fil de
» l'eau, qui estoit profonde, et qui couroit
» si roide, qu'elle les emmenoit presque aval,
» tellement qu'on estimoit qu'il y eût plus
» de fureur en sa conduite, que de bon sens
» ni de conseil. Ce nonobstant il s'obstina à
» vouloir passer à toute force, et fit tant qu'à
» la fin il gagna l'autre rive à grande diffi-
» culté: mesmement pour ce que la terre y
» glissoit à cause de la fange qu'il y avoit.
» Passé qu'il fût, il fallut aussitost combatre
» pesle mesle d'homme à homme, pour ce
» que les ennemis chargèrent incontinent les
» premiers passez avant qu'ils eussent loisir
» de se ranger en bataille, et leur coururent

» sus avec grands cris, tenans leurs chevaux
» bien joins et serrez l'un contre l'autre, et
» combatirent à coups de javelines premiè-
» rement, et puis à coups d'espée, après
» que les javelines furent brisées. Si se rue-
» rent plusieurs ensemble tout à un coup sur
» lui, pource qu'il estoit facile à remarquer
» et connoistre entre tous les autres à son
» escu, et à la queue qui pendoit de son ar-
» met, à l'entour de laquelle y avoit de costé
» et d'autre un pennache grand et blanc à
» merveilles. Si fut atteint d'un coup de ja-
» velot au défaut de la cuirasse, mais le
» coup ne perça point ; et comme Roesaces
» et Spithridates, deux des principaux ca-
» pitaines persiens, s'adressassent ensemble
» à lui, il se destourna de l'un, et piquant
» droit à Roesaces, qui estoit bien armé
» d'une bonne cuirasse, lui donna si grand
» coup de javeline, qu'elle se rompit en sa
» main, et mit aussitôt la main à l'espée :
» mais ainsi comme ils estoient accouplez
» ensemble, Spithridates s'approchât de lui
» en flanc, se souleva sur son cheval, et lui
» ramena de toute sa puissance un si grand
» coup de hache barbaresque, qu'il coupa

» la creste de l'armet, avec un des costez
» du pennache, et y fit une telle faussée,
» que le trenchant de la hache pénétra jus-
» ques aux cheveux : et ainsi comme il en
» vouloit encore donner un autre, le grand
» Clitus le prévint, qui lui passa une parthi-
» sane de part en part à travers le corps, et
» à l'instant mesme tomba aussi Roesaces,
» mort en terre d'un coup d'espée que lui
» donna Alexandre. Or, pendant que la gen-
» darmerie combatoit en tel efort, le batail-
» lon des gens de pied macédoniens passa la
» rivière, et commencèrent les deux batailles
» à marcher l'une contre l'autre : mais celle
» des Perses ne soustint point courageuse-
» ment ni longuement, ains se tourna incon-
» tinent en fuite, excepté les Grecs qui es-
» toyent à la soude du roi de Perse, lesquels
» se retirerent ensemble dessus une mote, et
» demanderent qu'on les prist à merci ! Mais
» Alexandre donnant le premier dedans,
» plus par cholère que de sain jugement,
» y perdit son cheval qui lui fut tué sous lui
» d'un coup d'espée à travers les flancs ; ce
» n'étoit pas Bucéphal, ains un autre : mais
» tous ceux qui furent en cette journée tuez

» ou blessez des siens, le furent en cest
» endroit-là, et pource qu'il s'opiniastra
» à combatre obstinément contre hommes
» aguerris et désespérez. L'on dit qu'en ceste
» première bataille il mourut du costé des
» Barbares vingt mille hommes de pied, et
» deux mille cinq cents de cheval: du costé
» d'Alexandre, Aristobulus escrit qu'il y en
» eut de morts trente et quatre en tout, dont
» les douze estoyent gens de pied, à tous
» lesquels Alexandre voulut, pour honorer
» leur mémoire, qu'on dressast des images
» de bronze faites de la main de Lysippus:
» et voulant faire part de ceste victoire aux
» Grecs, il envoya aux Athéniens particu-
» lièrement trois cens boucliers de ceux qui
» furent gagnés en la bataille, et générale-
» ment sur toutes les autres despouilles, et
» sur tout le butin fit mettre ceste très hono-
» rable inscription: Alexandre, fils de Phi-
» lippus, et les Grecs, excepté les Lacédé-
» moniens, ont conquis ce butin sur les Bar-
» bares habitans en Asie. »

Et c'est un seul homme qui immortalise ainsi un petit fleuve dans un désert! Ici tombe un Empire immense; ici s'élève un Empire encore plus grand ; l'Océan indien entend la chute du trône qui s'écroule près des mers de la Propontide ; le Gange voit accourir le Léopard aux quatre ailes (1), qui triomphe au bord du Granique ; Babylone que le roi bâtit dans l'éclat de sa puissance (2), ouvre ses portes pour recevoir un nouveau maître ; Tyr, reine des vaisseaux (3), s'abaisse, et sa rivale sort des sables d'Alexandrie.

Alexandre commit des crimes : sa tête n'avoit pu résister à l'enivrement de ses succès ; mais par quelle magnanimité ne racheta-t-il pas les erreurs de sa vie ? Ses crimes furent toujours expiés par ses pleurs : tout, chez Alexandre, sortoit des entrailles. Il finit et commença sa carrière par deux mots sublimes : partant pour combattre Darius, il distribue ses Etats à ses capitaines : « Que vous réservez-vous donc, » s'écrient ceux-ci étonnés ? — L'espérance ! » — A qui laissez-vous l'Empire, lui disent » les mêmes capitaines, comme il expiroit?

---

(1) Daniel.
(2) Id.
(3) Isaïe.

» — Au plus digne. » Plaçons entre ces deux mots la conquête du monde achevée avec trente-cinq mille hommes, en moins de dix ans ; et convenons que si quelque homme a ressemblé à un Dieu parmi les hommes, c'étoit Alexandre. Sa mort prématurée ajoute même quelque chose de divin à sa mémoire; car nous le voyons toujours jeune, beau, triomphant, sans aucune de ces infirmités de corps, sans aucun de ces revers de fortune, que l'âge et le temps amènent. Cette divinité s'évanouit, et les mortels ne peuvent soutenir le poids de son ouvrage : « Son Empire, » dit le prophète, est donné aux quatre vents » du ciel ». (1)

Nous quittâmes Sousonghirli à deux heures de l'après-dîner; nous traversâmes le Granique, et nous nous avançâmes dans la plaine de la Mikalicie (2), qui étoit comprise dans la Mysie des anciens. Nous vînmes coucher à Tehutitsi qui est peut-être le Squeticui de Tournefort. Le kan se trouvant rempli de

---

(1) Daniel.
(2) Tournefort écrit Michalicie.

voyageurs, nous nous établîmes sous de grands saules plantés en quinconce.

Le 11 nous partîmes au lever du jour, et laissant à droite la route de Burse, nous continuâmes à marcher dans une plaine couverte de joncs terrestres, et où je remarquai les restes d'un aqueduc.

Nous arrivâmes à neuf heures du matin à Mikalitza, grande ville turque, triste et délabrée, située sur une rivière à laquelle elle donne son nom. Je ne sais si cette rivière n'est point celle qui sort du lac Abouilla : ce qu'il y a de certain, c'est qu'on découvre au loin un lac dans la plaine. Dans ce cas, la rivière de Mikalitza seroit le Rhyndaque, autrefois le Lycus qui prenoit sa source dans le Stagnum Artynia; d'autant plus qu'elle a précisément à son embouchure la petite île (Besbicos), indiquée par les anciens. La ville de Mikalitza n'est pas très-éloignée du Lopadion de Nicétas, qui est le Loupadi de Spon, le Lopadi, Loubat et Ouloubat de Tournefort. Rien n'est plus fatigant pour un voyageur que cette confusion dans la nomenclature des lieux; et si j'ai commis à ce propos des erreurs presqu'inévitables, je prie le lecteur de se souvenir que des hommes plus habiles que moi s'y sont trompés. (1)

Nous abandonnâmes Mikalitza à midi, et nous descendîmes, en suivant le bord oriental de la rivière vers des terres élevées qui forment la côte de la mer de Marmara, autrefois la Propontide. J'aperçus sur ma droite de superbes plaines, un grand lac, et dans le lointain la chaîne de l'Olympe : tout ce pays est magnifique. Après avoir chevauché une heure et demie, nous traversâmes la rivière sur un pont de bois, et nous parvînmes au défilé des hauteurs que nous avions de-

---

(1) Pendant que je fais tous ces calculs, il peut exister telle géographie, tel ouvrage, où les points que je traite sont éclaircis. Cela ne fait pas que j'aie négligé ce que je devois savoir. Je dois connoître les grandes autorités ; mais comment exiger que j'aie lu les nouveautés qui paroissent en Europe tous les ans ? Je n'en ai malheureusement que trop lu. Parmi les ouvrages modernes sur la géographie, je dois remarquer toutefois le *Précis de la Géographie universelle*, de M. Malte-Brun, ouvrage excellent, où l'on trouve une érudition très-rare, une critique sage, des aperçus nouveaux, un style clair, spirituel, et toujours approprié au sujet.

vaut nous. Là nous trouvâmes l'Echelle ou le port de Mikalitza ; je congédiai mon fripon de guide, et je retins mon passage sur une barque turque, prête à partir pour Constantinople.

A quatre heures de l'après-midi, nous commençâmes à descendre la rivière : il y a seize lieues de l'Echelle de Mikalitza à la mer. La rivière étoit devenue un fleuve à peu près de la largeur de la Seine : elle couloit entre des monticules verts qui baignent leurs pieds dans les flots. La forme antique de notre galère, le vêtement oriental des passagers, les cinq matelots demi-nus qui nous tiroient à la cordelle, la beauté de la rivière, la solitude des coteaux, rendoient cette navigation pittoresque et agréable.

A mesure que nous approchions de la mer, la rivière formoit derrière nous un long canal au fond duquel on apercevoit les hauteurs d'où nous sortions, et dont les plans inclinés étoient colorés par un soleil couchant qu'on ne voyoit pas. Des cygnes voguoient devant nous ; et des hérons alloient chercher à terre leur retraite accoutumée. Cela me rappeloit assez bien les fleuves et les scènes de l'Amérique, lorsque le soir je quittois mon canot d'écorce, et que j'allumois du feu sur un rivage inconnu. Tout-à-coup les collines entre lesquelles nous circulions, venant à se replier à droite et à gauche, la mer s'ouvrit devant nous. Au pied des deux promontoires s'étendoit une terre basse à demi noyée, formée par les alluvions du fleuve. Nous vînmes mouiller sous cette terre marécageuse près d'une cabane, dernier kan de l'Anatolie.

Le 12, à quatre heures du matin, nous levâmes l'ancre : le vent étoit doux et favorable ; et nous nous trouvâmes en moins d'une demi-heure à l'extrémité des eaux du fleuve. Le spectacle mérite d'être décrit. L'aurore s'élevoit à notre droite par-dessus les terres du continent ; à notre gauche s'étendoit la mer de Marmara ; la proue de notre barque regardoit une île ; le ciel à l'orient étoit d'un rouge vif qui pâlissoit à mesure que la lumière croissoit; l'étoile du matin brilloit dans cette lumière empourprée ; et au-dessous de cette belle étoile, on distinguoit à peine le croissant de la lune, comme le trait du pinceau le plus délié : un ancien auroit dit que Vénus, Diane et l'Aurore venoient lui annoncer le plus brillant des dieux. Ce tableau changeoit à mesure que je le contemplois: bientôt des espèces de rayons roses et verts, partant d'un centre commun, montèrent du levant au zénith ; ces couleurs s'effacèrent, se ranimèrent, s'effacèrent de nouveau, jusqu'à ce que le soleil, paroissant sur l'horizon, confondit toutes les nuances du ciel dans une universelle blancheur légèrement dorée.

Nous fîmes route au nord, laissant à notre droite les côtes de l'Anatolie : le vent tomba une heure après le lever du soleil, et nous avançâmes à la rame. Le calme dura toute la journée. Le coucher du soleil fut froid, rouge et sans accidens de lumière ; l'horizon opposé étoit grisâtre, la mer plombée et sans oiseaux ; les côtes lointaines paroissoient azurées, mais elles n'avoient aucun éclat. Le crépuscule dura peu, et fut remplacé subitement par la nuit. A neuf heures le vent se leva du côté de l'Est, et nous fîmes bonne route. Le 13, au retour de l'aube, nous nous trouvâmes sous la côte d'Europe, en travers du port Saint-Etienne : cette côte étoit basse et nue. Il y avoit deux mois jour pour jour, et presque heure pour heure, que j'étois sorti de la capitale des peuples civilisés : et j'allois entrer dans la capitale des peuples barbares. Que de choses n'avois-je point vues dans ce court espace de temps ! Combien ces deux mois m'avoient vieilli !

A six heures et demie nous passâmes devant la Poudrière, monument blanc et long, construit à l'italienne. Derrière ce monument s'étendoit la terre d'Europe ; elle paroissoit plate et uniforme. Des villages annoncés par quelques arbres, étoient semés çà et là ; c'étoit un paysage de la Beauce après la moisson. Par-dessus la pointe de cette terre qui se courboit en croissant devant nous, on découvroit quelques minarets de Constantinople.

A huit heures, un caïque vint à notre bord : comme nous étions presque arrêtés par le calme, je quittai la felouque, et je m'embarquai avec mes gens dans le petit bateau. Nous rasâmes la pointe d'Europe où s'élève le château des Sept-Tours, vieille fortification gothique qui tombe en ruines. Constantinople, et surtout la côte d'Asie, étoient noyés dans le brouillard : les cyprès et les minarets que j'apercevois à travers cette vapeur, présentoient l'aspect d'une forêt dépouillée. Comme nous approchions de la pointe du sérail, le vent du nord se leva, et balaya, en moins de quelques minutes la brume répandue sur le tableau; je me trouvai tout-à-coup au milieu des palais du Commandeur des Croyans: ce fut le coup de baguette d'un Génie. Devant moi le canal de la mer Noire serpentoit entre des collines riantes, ainsi qu'un fleuve superbe: j'avois à droite la terre d'Asie et la ville de Scutari; la terre d'Europe étoit à ma gauche; elle formoit, en se creusant, une large baie pleine de grands navires à l'ancre, et traversée par d'innombrables petits bateaux. Cette baie, renfermée entre deux coteaux, présentoit en regard et en amphithéâtre, Constantinople et Galata. L'immensité de ces trois villes étagées, Galata, Constantinople et Scutari; les cyprès, les minarets, les mâts des vaisseaux qui s'élevoient et se confondoient de toutes parts; la verdure des arbres, les couleurs des maisons blanches et rouges; la mer qui étendoit sous ces objets sa nappe bleue, et le ciel qui dérouloit au-dessus un autre champ d'azur ; voilà ce que j'admirois : on n'exagère point, quand on dit que Constantinople offre le plus beau point de vue de l'univers. (1)

Nous abordâmes à Galata : je remarquai sur-le-champ le mouvement des quais, et la foule des porteurs, des marchands et des mariniers ; ceux-ci annonçoient par la couleur diverse de leurs visages, par la différence de leurs langages, de leurs habits, de leurs robes, de leurs chapeaux, de leurs bonnets, de leurs turbans, qu'ils étoient venus de toutes les parties de l'Europe et de l'Asie habiter cette frontière de deux mondes. L'absence presque totale des femmes, le manque de voitures à roue, et les meutes de chiens sans maîtres, furent les trois caractères distinctifs qui me frappèrent d'abord dans l'intérieur de cette ville extraordinaire. Comme on ne marche guère qu'en babouches, qu'on n'entend point de bruits de carrosses et de charrettes, qu'il n'y a point de cloches, ni presque point de métiers à marteau, le silence est continuel. Vous voyez autour de vous une foule muette qui semble vouloir passer sans être

(1) Je préfère pourtant la baie de Naples.

aperçue, et qui a toujours l'air de se dérober aux regards du maître. Vous arrivez sans cesse d'un bazar à un cimetière, comme si les Turcs n'étoient là que pour acheter, vendre et mourir. Les cimetières sans murs et placés au milieu des rues, sont des bois magnifiques de cyprès : les colombes font leurs nids dans ces cyprès, et partagent la paix des morts. On découvre çà et là quelques monumens antiques qui n'ont de rapport, ni avec les hommes modernes, ni avec les monumens nouveaux dont ils sont environnés : on diroit qu'ils ont été transportés dans cette ville orientale par l'effet d'un talisman. Aucun signe de joie, aucune apparence de bonheur ne se montre à vos yeux : ce qu'on voit n'est pas un peuple, mais un troupeau qu'un iman conduit, et qu'un janissaire égorge. Il n'y a d'autre plaisir que la débauche, d'autre peine que la mort. Les tristes sons d'une mandoline sortent quelquefois du fond d'un café, et vous apercevez d'infâmes enfans qui exécutent des danses honteuses devant des espèces de singes assis en rond sur de petites tables. Au milieu des prisons et des bagnes s'élève un sérail, capitole de la servitude : c'est là qu'un gardien sacré conserve soigneusement les germes de la peste et les lois primitives de la tyrannie. De pâles adorateurs rôdent sans cesse autour du temple, et viennent apporter leurs têtes à l'idole. Rien ne peut les soustraire au sacrifice; ils sont entraînés par un pouvoir fatal: les yeux du despote attirent les esclaves, comme les regards du serpent fascinent les oiseaux dont il fait sa proie.

On a tant de relations de Constantinople, que ce seroit folie à moi de prétendre encore parler de cette ville. On peut donc consulter Etienne de Byzance; Gylli, *de Topographiâ Constantinopoleos;* Ducange, *Constantinopolis Christiana;* Porter, *Observations on the religion, etc. of the Turcs;* Mouradgea d'Ohsson, *Tableau de l'Empire ottoman;* Dallaway, *Constantinople ancienne et moderne;* Paul Lucas; Thévenot; Tournefort; enfin, le *Voyage pittoresque de Constantinople et des rives du Bosphore*, les fragmens donnés par M. Esménard, etc. etc.

Il y a plusieurs auberges à Péra qui ressemblent à celles des autres villes de l'Europe: les porteurs qui s'emparèrent de mes bagages;

me conduisirent à l'une de ces auberges. Je me rendis de là au palais de France. J'avois eu l'honneur de voir à Paris M. le général Sébastiani, ambassadeur de France à la Porte: non-seulement il voulut bien exiger que je mangeasse tous les jours au palais, mais ce ne fut que sur mes instantes prières qu'il me permit de rester à l'auberge. MM. Franchini frères, premiers drogmans de l'ambassade, m'obtinrent, par l'ordre du général, les firmans nécessaires pour mon voyage de Jérusalem; M. l'ambassadeur y joignit des lettres adressées au Père gardien de Terre-Sainte et à nos consuls en Egypte et en Syrie. Craignant que je vinsse à manquer d'argent, il me permit de tirer sur lui des lettres de change à vue, partout où je pourrois en avoir besoin; enfin, joignant à ces services du premier ordre les attentions de la politesse, il voulut lui-même me faire voir Constantinople, et il se donna la peine de m'accompagner aux monumens les plus remarquables. MM. ses aides-de-camp et la légation entière me comblèrent de tant de civilités, que j'en étois véritablement confus: c'est un devoir pour moi de leur témoigner ici toute ma gratitude.

Je ne sais comment parler d'une autre personne que j'aurois dû nommer la première. Son extrême bonté étoit accompagnée d'une grâce touchante et triste qui sembloit être un pressentiment de l'avenir: elle étoit pourtant heureuse, et une circonstance particulière augmentoit encore son bonheur. Moi-même j'ai pris part à cette joie qui devoit se changer en deuil. Quand je quittai Constantinople, madame Sébastiani étoit pleine de santé, d'espérance et de jeunesse ; et je n'avois pas encore revu notre pays, qu'elle ne pouvoit déjà plus entendre l'expression de ma reconnoissance :

>. . . . . . . *Trojâ infelice sepultum*
>*Detinet extremo terra aliena solo.*

Il y avoit dans ce moment même à Constantinople une députation des Pères de Terre-Sainte : ils étoient venus réclamer la protection de l'ambassadeur contre la tyrannie des commandans de Jérusalem. Les Pères me donnèrent des lettres de recommandation pour Jafa. Par un autre bonheur, le bâtiment qui portoit les pélerins grecs en Syrie, se trouvoit prêt à partir. Il étoit en rade, et il devoit mettre à la voile au premier bon vent : de sorte que si mon voyage de la Troade avoit réussi, j'aurois manqué celui de la Palestine. Le marché (1) fut bientôt conclu avec le capitaine. M. l'ambassadeur fit porter à bord les provisions les plus recherchées. Il me donna pour interprète un Grec appelé Jean, domestique de MM. Franchini. Comblé d'attentions, de vœux et de souhaits, le 18 septembre à midi, je fus conduit sur le vaisseau des pélerins.

J'avoue que si j'étois fâché de quitter des hôtes d'une bienveillance et d'une politesse aussi rares, j'étois cependant bien aise de sortir de Constantinople. Les sentimens qu'on éprouve malgré soi dans cette ville gâtent sa beauté : quand on songe que ces campagnes n'ont été habitées autrefois que par des Grecs du Bas-Empire, et qu'elles sont occupées aujourd'hui par des Turcs, on est choqué du contraste entre les peuples et les lieux ; il semble que des esclaves aussi vils et des tyrans aussi cruels n'auroient jamais dû déshonorer un

---

(1) Voyez l'original de ce marché dans les Pièces justificatives, à la fin de l'ouvrage.

séjour aussi magnifique. J'étois arrivé à Constantinople le jour même d'une révolution : les rebelles de la Romélie s'étoient avancés jusqu'aux portes de la ville. Obligé de céder à l'orage, Selim avoit exilé et renvoyé des ministres désagréables aux janissaires ; on attendoit à chaque instant que le bruit du canon annonçât la chute des têtes proscrites. Quand je contemplois les arbres et les palais du sérail, je ne pouvois me défendre de prendre en pitié le maître de ce vaste Empire (1). Oh que les despotes sont misérables au milieu de leur bonheur, foibles au milieu de leur puissance ! Qu'ils sont à plaindre de faire couler les pleurs de tant d'hommes, sans être sûrs eux-mêmes de n'en jamais répandre, sans pouvoir jouir du sommeil dont ils privent l'infortuné !

Le séjour de Constantinople me pesoit. Je n'aime à visiter que les lieux embellis par les vertus ou par les arts, et je ne trouvois dans cette patrie des Phocas et des Bajazet ni les unes ni les autres. Mes souhaits furent bien-

---

(1) La fin malheureuse de Selim n'a que trop justifié cette pitié.

tôt remplis, car nous levâmes l'ancre le jour même de mon embarquement à quatre heures du soir. Nous déployâmes la voile au vent du nord, et nous voguâmes vers Jérusalem sous la banière de la croix qui flottoit aux mâts de notre vaisseau.

TROISIÈME PARTIE.

VOYAGE DE RHODES, DE JAFA, DE BETH-LÉEM, ET DE LA MER MORTE.

Nous étions sur le vaisseau à peu près deux cents passagers, hommes, femmes, enfans et vieillards. On voyoit autant de nattes rangées en ordre des deux côtés de l'entrepont. Une bande de papier, collée contre le bord du vaisseau, indiquoit le nom du propriétaire de la natte. Chaque pélerin avoit suspendu à son chevet son bourdon, son chapelet et une petite croix. La chambre du capitaine étoit occupée par les papas conducteurs de la troupe. A l'entrée de cette chambre, on avoit ménagé deux antichambres : j'avois l'honneur de loger dans un de ces trous noirs, d'environ six pieds carrés, avec mes deux domestiques; une famille occupoit vis-à-vis de moi l'autre appartement. Dans cette espèce de république, chacun faisoit son ménage à volonté : les femmes soignoient leurs enfans, les hommes fumoient ou préparoient leur dîner, les papas causoient ensemble. On entendoit de tous côtés le son des mandolines, des violons et des lyres. On chantoit, on dansoit, on rioit, on prioit. Tout le monde étoit dans la joie. On me disoit : Jérusalem! en me montrant le midi ; et je répondois: Jérusalem! Enfin, sans la peur, nous eussions été les plus heureuses gens du monde ; mais, au moindre vent, les matelots plioient les voiles, les pèlerins crioient : *Christos! Kyrie eleison!* L'orage passé, nous reprenions notre audace.

Au reste, je n'ai point remarqué le désordre dont parlent quelques voyageurs. Nous étions au contraire fort décens et fort réguliers. Dès le premier soir de notre départ, deux papas firent la prière, à laquelle tout le monde assista avec beaucoup de recueillement. On bénit le vaisseau : cérémonie qui se renouveloit à chaque orage. Les chants de l'Eglise grecque ont assez de douceur, mais peu de gravité. J'observai une chose singulière : un enfant commençoit le verset d'un psaume dans un ton aigu, et le soutenoit ainsi sur une seule note, tandis qu'un papas chantoit le même verset sur un air différent et en canon, c'est-à-dire, commençant la phrase lorsque l'enfant en avoit déjà passé le milieu. Ils ont un admirable *Kyrie eleison* : ce n'est qu'une note tenue par différentes voix, les unes graves, les autres aiguës, exécutant, *andante* et *mezza voce*, l'octave, la quinte et la tierce. L'effet de ce *Kyrie* est surprenant pour la tristesse et la majesté. C'est sans doute un reste de l'ancien chant de la primitive Eglise. Je soupçonne l'autre psalmodie d'être ce chant moderne introduit dans le rit grec vers le quatrième siècle, et dont saint Augustin avoit bien raison de se plaindre.

Dès le lendemain de notre départ, la fièvre me reprit avec assez de violence : je fus obligé de rester couché sur ma natte. Nous traversâmes rapidement la mer de Marmara (la Propontide). Nous passâmes devant la presqu'île de Cyzique, et à l'embouchure d'Œgos-Potamos. Nous rasâmes les promontoires de

Sestos et d'Abydos: Alexandre et son armée, Xerxès et sa flotte, les Athéniens et les Spartiates, Héro et Léandre, ne purent vaincre le mal de tête qui m'accabloit; mais lorsque, le 21 septembre, à six heures du matin, on me vint dire que nous allions doubler le château des Dardanelles, la fièvre fut chassée par les souvenirs de Troie. Je me traînai sur le pont; mes premiers regards tombèrent sur un haut promontoire couronné par neuf moulins : c'étoit le cap Sigée. Au pied du cap je distinguois deux *tumulus*, les tombeaux d'Achille et de Patrocle. L'embouchure du Simoïs étoit à la gauche du château neuf d'Asie; plus loin, derrière nous, en remontant vers l'Hellespont, paroissoit le cap Rhétée et le tombeau d'Ajax. Dans l'enfoncement s'élevoit la chaîne du mont Ida, dont les pentes, vues du point où j'étois, paroissoient douces et d'une couleur harmonieuse. Ténédos étoit devant la proue du vaisseau : *Est in conspectu Tenedos*.

Je promenois mes yeux sur ce tableau et les ramenois malgré moi à la tombe d'Achille. Je répétois ces vers du Poëte :

« L'armée des Grecs belliqueux élève sur

» le rivage un monument vaste et admiré,
» monument que l'on aperçoit de loin en pas-
» sant sur la mer, et qui attirera les regards
» des générations présentes et des races fu-
» tures. »

> Ἀμφ' αὐτοῖσι δ'ἔπειτα μέγαν καὶ ἀμύμονα τύμβον
> Χεύαμεν Ἀργείων ἱερὸς στρατὸς αἰχμητάων
> Ἀκτῇ ἔπι προυχούσῃ, ἐπὶ πλατεῖ Ἑλλησπόντῳ·
> Ὥς κεν τηλεφανὴς ἐκ ποντόφιν ἀνδράσιν εἴη
> Τοῖς οἳ νῦν γεγάασι καὶ οἳ μετόπισθεν ἔσονται.
> ODYSS., lib. XXIV.

Les pyramides des rois égyptiens sont peu de chose, comparées à la gloire de cette tombe de gazon que chanta Homère, et autour de laquelle courut Alexandre.

J'éprouvai dans ce moment un effet remarquable de la puissance des sentimens et de l'influence de l'ame sur le corps : j'étois monté sur le pont avec la fièvre, le mal de tête cessa subitement ; je sentis renaître mes forces, et, ce qu'il y a de plus extraordinaire, toutes les forces de mon esprit : il est vrai que vingt-quatre heures après, la fièvre étoit revenue.

Je n'ai rien à me reprocher : j'avois eu le dessein de me rendre par l'Anatolie à la plaine de Troie, et l'on a vu ce qui me força à renoncer à mon projet ; j'y voulus aborder par mer, et le capitaine du vaisseau refusa obstinément de me mettre à terre, quoiqu'il y fût obligé par notre traité (1). Dans le premier moment, ces contrariétés me firent beaucoup de peine, mais aujourd'hui je m'en console. J'ai tant été trompé en Grèce, que le même sort m'attendoit peut-être à Troie. Du moins j'ai conservé toutes mes illusions sur le Simoïs, et j'ai de plus le bonheur d'avoir salué une terre sacrée, d'avoir vu les flots qui la baignent, le soleil qui l'éclaire.

Je m'étonne que les voyageurs, en parlant de la plaine de Troie, négligent presque toujours les souvenirs de l'Enéide. Troie a pourtant fait la gloire de Virgile comme elle a fait celle d'Homère. C'est une rare destinée pour un pays d'avoir inspiré les plus beaux chants des deux plus grands poëtes du monde. Tandis que je voyois fuir les rivages d'Ilion, je cherchois à me rappeler les vers qui peignent si bien la flotte grecque sortant de

---

(1) Voyez ce traité à la fin du troisième volume de cet Itinéraire.

Ténédos, et s'avançant *per silentia lunæ*, à ces bords solitaires qui passoient tour-à-tour sous mes yeux. Bientôt des cris affreux succédoient au silence de la nuit, et les flammes du palais de Priam éclairoient cette mer où notre vaisseau voguoit paisiblement.

La Muse d'Euripide s'emparant aussi de ces douleurs, prolongea les scènes de deuil sur ces rivages tragiques.

LE CHŒUR.

« Hécube, voyez-vous Andromaque qui » s'avance sur un char étranger? Son fils, » le fils d'Hector, le jeune Astyanax, suit le » sein maternel. »

HÉCUBE.

« O femme infortunée, en quels lieux êtes- » vous conduite, entourée des armes d'Hec- » tor et des dépouilles de la Phrygie?..... »

ANDROMAQUE.

« O douleurs! »

HÉCUBE.

« Mes enfans!..... »

ANDROMAQUE.

« Infortunée! »

HÉCUBE.

« Et mes enfans!..... »

ANDROMAQUE.

« Accours, mon époux ! »

HÉCUBE.

« Oui, viens, fléau des Grecs! O le pre-
» mier de mes enfans! Rends à Priam, dans
» les enfers, celle qui, sur la terre, lui fut
» si tendrement unie. »

LE CHŒUR.

« Il ne nous reste que nos regrets et les
» larmes que nous versons sur ces ruines.
» Les douleurs ont succédé aux douleurs.....
» Troie a subi le joug de l'esclavage. »

HÉCUBE.

« Ainsi le palais où je devins mère est
» tombé! »

LE CHŒUR.

« O mes enfans, votre patrie est changée
» en désert! etc. » (1)

---

(1) Les Troyennes. Théâtre des Grecs, traduct.
franç.

Tandis que je m'occupois des douleurs d'Hécube, les descendans des Grecs avoient encore l'air, sur notre vaisseau, de se réjouir de la mort de Priam. Deux matelots se mirent à danser sur le pont, au son d'une lyre et d'un tambourin : ils exécutoient une espèce de pantomime. Tantôt ils levoient les bras au ciel; tantôt ils appuyoient une de leurs mains sur le côté, étendant l'autre main comme un orateur qui prononce une harangue. Ils portoient ensuite cette même main au cœur, au front et aux yeux. Tout cela étoit entremêlé d'attitudes plus ou moins bizarres, sans caractère décidé, et assez semblables aux contorsions des Sauvages. On peut voir au sujet des danses des Grecs modernes, les lettres de M. Guys et de madame Chénier. A cette pantomime succéda une ronde, où la chaîne, passant et repassant par différens points, rappeloit assez bien les sujets de ces bas-reliefs où l'on voit des danses antiques. Heureusement l'ombre des voiles du vaisseau me déroboit un peu la figure et le vêtement des acteurs, et je pouvois transformer mes sales matelots en bergers de Sicile et d'Arcadie.

Le vent continuant à nous être favorable,

nous franchîmes rapidement le canal qui sépare l'île de Ténédos du continent, et nous longeâmes la côte de l'Anatolie jusqu'au cap Baba, autrefois *Lectum Promontorium.* Nous portâmes alors à l'ouest pour doubler à l'entrée de la nuit la pointe de l'île de Lesbos. Ce fut à Lesbos que naquirent Sapho et Alcée, et que la tête d'Orphée vint aborder en répétant le nom d'Eurydice :

Ah! miseram Eurydicen, animâ fugiente, vocabat.

Le 22 au matin, la tramontane se leva avec une violence extraordinaire. Nous devions mouiller à Chio, pour prendre d'autres pèlerins; mais par la frayeur et la mauvaise manœuvre du capitaine, nous fûmes obligés d'aller jeter l'ancre au port de Tchesmé, sur un fond de roc assez dangereux, près d'un grand vaisseau égyptien naufragé.

Ce port d'Asie a quelque chose de fatal. La flotte turque y fut brûlée, en 1770, par le comte Orlow, et les Romains y détruisirent les galères d'Antiochus, l'an 191 avant notre ère, si toutefois le Cyssus des anciens est le Tchesmé des modernes. M. de Choiseul a donné un plan et une vue de ce port. Le lecteur se souvient peut-être que j'étois presqu'entré à Tchesmé, en faisant voile pour Smyrne, le 1ᵉʳ septembre, vingt et un jours avant mon second passage dans l'Archipel.

Nous attendîmes, le 22 et le 23, les pèlerins de l'île de Chio. Jean descendit à terre et me fit une ample provision de grenades de Tchesmé : elles ont une grande réputation dans le Levant, quoiqu'elles soient inférieures à celles de Jafa. Mais je viens de nommer Jean, et cela me rappelle que je n'ai point encore parlé au lecteur de ce nouvel interprète, successeur du bon Joseph. C'étoit l'homme le plus mystérieux que j'aie jamais rencontré : deux petits yeux enfoncés dans la tête et comme cachés par un nez fort saillant, deux moustaches rouges, une habitude continuelle de sourire, quelque chose de souple dans le maintien, donneront d'abord une idée de sa personne. Quand il avoit un mot à me dire, il commençoit par s'avancer de côté, et après avoir fait un long détour, il venoit presqu'en rampant me chuchoter dans l'oreille la chose du monde la moins secrète. Aussitôt que je l'apercevois, je lui criois : « Marchez droit et parlez haut; » conseil qu'on pourroit

6.

adresser à bien des gens. Jean avoit des intelligences avec les principaux papas; il racontoit de moi des choses étranges; il me faisoit des complimens de la part des pélerins qui demeuroient à fond de cale, et que je n'avois pas remarqués. Au moment des repas, il n'avoit jamais d'appétit, tant il étoit au-dessus des besoins vulgaires; mais aussitôt que Julien avoit achevé de dîner, ce pauvre Jean descendoit dans la chaloupe où l'on tenoit mes provisions, et, sous prétexte de mettre de l'ordre dans les paniers, il engloutissoit des morceaux de jambon, dévoroit une volaille, avaloit une bouteille de vin, et tout cela avec une telle rapidité, qu'on ne voyoit pas le mouvement de ses lèvres. Il revenoit ensuite d'un air triste me demander si j'avois besoin de ses services. Je lui conseillois de ne pas se laisser aller au chagrin et de prendre un peu de nourriture, sans quoi il couroit le risque de tomber malade. Le Grec me croyoit sa dupe; et cela lui faisoit tant de plaisir, que je le lui laisseis croire. Malgré ces petits défauts, Jean étoit au fond un très-honnête homme, et il méritoit la confiance que ses maîtres lui accordoient. Au reste, je n'ai tracé ce portrait et quelques autres, que pour satisfaire au goût de ces lecteurs qui aiment à connoître les personnages avec lesquels on les fait vivre. Pour moi, si j'avois eu le talent de ces sortes de caricatures, j'aurois cherché soigneusement à l'étouffer ; tout ce qui fait grimacer la nature de l'homme me semble peu digne d'estime : on sent bien que je n'enveloppe pas dans cet arrêt la bonne plaisanterie, la raillerie fine, la grande ironie du style oratoire, et le haut comique.

Dans la nuit du 22 au 23, le bâtiment chassa sur son ancre, et nous pensâmes nous perdre sur les débris du vaisseau d'Alexandrie naufragé auprès de nous. Les pélerins de Chio arrivèrent le 23 à midi : ils étoient au nombre de seize. A dix heures du soir nous appareillâmes par une fort belle nuit, avec un vent d'Est modéré qui remonta au nord le 24 au lever du jour.

Nous passâmes entre Nicaria et Samos. Cette dernière île fut célèbre par sa fertilité, par ses tyrans, et surtout par la naissance de Pythagore. Le bel épisode du Télémaque a effacé tout ce que les poëtes nous ont dit de Samos. Nous nous engageâmes dans le canal que forment les Sporades, Patmos, Leria, Cos, etc. et les rivages de l'Asie. Là serpentoit le Méandre, là s'élevoient Éphèse, Milet, Halicarnasse, Cnide : je saluois pour la dernière fois la patrie d'Homère, d'Hérodote, d'Hippocrate, de Thalès, d'Aspasie ; mais je n'apercevois ni le temple d'Éphèse, ni le tombeau de Mausole, ni la Vénus de Cnide ; et, sans les travaux de Pokocke, de Wood, de Spon, de Choiseul, je n'aurois pu, sous un nom moderne et sans gloire, reconnoître le promontoire de Mycale.

Le 25, à 6 heures du matin, nous jetâmes l'ancre au port de Rhodes, afin de prendre un pilote pour la côte de Syrie. Je descendis à terre, et je me fis conduire chez M. Magallon, consul français. Toujours même réception, même hospitalité, même politesse. M. Magallon étoit malade ; il voulut cependant me présenter au commandant turc, très-bon homme, qui me donna un chevreau noir, et me permit de me promener où je voudrois. Je lui montrai un firman qu'il mit sur sa tête, en me déclarant qu'il portoit ainsi tous les amis du Grand-Seigneur.

Il me tardoit de sortir de cette audience,

pour jeter du moins un regard sur cette fameuse Rhodes où je ne devois passer qu'un moment.

Ici commençoit pour moi une antiquité qui formoit le passage entre l'antiquité grecque que je quittois, et l'antiquité hébraïque dont j'allois chercher les souvenirs. Les monumens des chevaliers de Rhodes ranimèrent ma curiosité un peu fatiguée des ruines de Sparte et d'Athènes. Des lois sages sur le commerce (1), quelques vers de Pindare sur l'épouse du Soleil et la fille de Vénus (2), des poëtes comiques, des peintres, des monumens plus grands que beaux, voilà, je crois, tout ce que rappelle au voyageur la Rhodes antique. Les Rhodiens étoient braves : il est assez singulier qu'ils se soient rendus célèbres dans les armes pour avoir soutenu un siége avec gloire, comme les chevaliers, leurs successeurs. Rhodes, honorée

---

(1) On peut consulter Leunclavius, dans son Traité du Droit maritime des Grecs et des Romains. La belle ordonnance de Louis XIV, sur la marine, conserve plusieurs dispositions des lois rhodiennes.

(2) La nymphe Rhodos.

de la présence de Cicéron et de Pompée, fut souillée par le séjour de Tibère. Les Perses s'emparèrent de Rhodes sous le règne d'Honorius. Elle fut prise ensuite par les généraux des califes, l'an 647 de notre ère, et reprise par Anastase, empereur d'Orient. Les Vénitiens s'y établirent en 1203; Jean Ducas l'enleva aux Vénitiens. Les Turcs la conquirent sur les Grecs. Les chevaliers de Saint-Jean de Jérusalem s'en saisirent en 1304, 1308 ou 1319. Ils la gardèrent à peu près deux siècles, et la rendirent à Soliman II, le 25 décembre 1522. On peut consulter sur Rhodes, Coronelli, Dapper, Savary et M. de Choiseul.

Rhodes m'offroit à chaque pas des traces de nos mœurs et des souvenirs de ma patrie. Je retrouvois une petite France au milieu de la Grèce.

Procedo, et parvam Trojam simulataque magnis Pergama. . . . .
Agnosco.

Je parcourois une longue rue appelée encore la rue des Chevaliers. Elle est bordée de maisons gothiques; les murs de ces maisons sont parsemés de devises gauloises et des armoiries de nos familles historiques. Je remarquai les lis de France couronnés, et aussi frais que s'ils sortoient de la main du sculpteur. Les Turcs, qui ont mutilé partout les monumens de la Grèce, ont épargné ceux de la chevalerie : l'honneur chrétien a étonné la bravoure infidèle, et les Saladin ont respecté les Couci.

Au bout de la rue des Chevaliers, on trouve trois arceaux gothiques qui conduisent au palais du grand-maître. Ce palais sert aujourd'hui de prison. Un couvent à demi ruiné, et desservi par deux moines, est tout ce qui rappelle à Rhodes cette Religion qui y fit tant de miracles. Les pères me conduisirent à leur chapelle. On y voit une Vierge gothique, peinte sur bois; elle tient son enfant dans ses bras : les armes du grand-maître d'Aubusson sont gravées au bas du tableau. Cette antiquité curieuse fut découverte, il y a quelques années, par un esclave qui cultivoit le jardin du couvent. Il y a dans la chapelle un second autel dédié à saint Louis, dont on retrouve l'image dans tout l'Orient, et dont j'ai vu le lit de mort à Carthage. Je laissai quelques aumônes à cet autel, en priant les pères de dire une messe pour mon bon voyage, comme si j'avois prévu les dangers que je courrois sur les côtes de Rhodes à mon retour d'Égypte.

Le port marchand de Rhodes seroit assez sûr si l'on rétablissoit les anciens ouvrages qui le défendoient. Au fond de ce port s'élève un mur flanqué de deux tours. Ces deux tours, selon la tradition du pays, ont remplacé les deux rochers qui servoient de base au colosse. On sait que les vaisseaux ne passoient point entre les jambes de ce colosse, et je n'en parle que pour ne rien oublier.

Assez près de ce premier port se trouve la darse des galères et le chantier de construction. On y bâtissoit alors une frégate de trente canons avec des sapins tirés des montagnes de l'île; ce qui m'a paru digne d'être mentionné.

Les rivages de Rhodes du côté de la Caramanie (la Doride et la Carie) sont à peu près au niveau de la mer; mais l'île s'élève dans l'intérieur, et l'on remarque surtout une haute montagne, aplatie à sa cime, citée par tous les géographes de l'antiquité. Il reste encore à Linde quelques vestiges du temple de Minerve. Camire et Ialyse ont disparu. Rhodes fournissoit autrefois de l'huile à toute l'Anatolie; elle n'en a pas aujourd'hui assez pour sa propre consommation. Elle exporte encore un peu de blé. Les vignes donnent un vin très-bon qui ressemble à ceux du Rhône : les plants en ont peut-être été apportés du Dauphiné par les chevaliers de cette langue, d'autant plus qu'on appelle ces vins, comme en Chypre, vins de Commanderie.

Nos géographies nous disent que l'on fabrique à Rhodes des velours et des tapisseries très-estimées : quelques toiles grossières, dont on fait des meubles aussi grossiers, sont, dans ce genre, le seul produit de l'industrie des Rhodiens. Ce peuple, dont les colonies fondèrent autrefois Naples et Agrigente, occupe à peine aujourd'hui un coin de son île déserte. Un aga avec une centaine de janissaires dégénérés suffisent pour garder un troupeau d'esclaves soumis. On ne conçoit pas comment l'Ordre de Malte n'a jamais essayé de rentrer dans ses anciens domaines : rien n'étoit plus aisé que de s'emparer de l'ile de Rhodes : il eût été facile aux chevaliers d'en relever les fortifications, qui sont encore assez bonnes : ils n'en auroient point été chassés de nouveau ; car les Turcs, qui les premiers en Europe ouvrirent la tranchée devant une place, sont maintenant le dernier des peuples dans l'art des siéges.

Je quittai le consul le 25 à quatre heures du soir, après lui avoir laissé des lettres qu'il me promit de faire passer à Constantinople, par la Caramanie. Je rejoignis dans un caïque notre bâtiment déjà sous voile avec son pilote côtier ; ce pilote étoit un Allemand, établi à Rhodes depuis plusieurs années. Nous fîmes route pour reconnoître le cap, à la pointe de la Caramanie, autrefois le promontoire de la Chimère, en Lycie. Rhodes offroit au loin, derrière nous, une chaîne de côtes bleuâtres, sous un ciel d'or. On distinguoit dans cette chaîne, deux montagnes carrées, qui paroissoient taillées pour porter des châteaux, et qui ressembloient assez, par leur coupe, aux acropolis de Corinthe, d'Athènes et de Pergame.

Le 26 fut un jour malheureux. Le calme nous arrêta sous le continent de l'Asie, presqu'en face du cap Chélidonia, qui forme la pointe du golfe de Satalie. Je voyois à notre gauche les pics élevés du Cragus, et je me rappelois les vers des poëtes sur la froide Lycie. Je ne savois pas que je maudirois un jour les sommets de ce Taurus que je me plaisois à regarder, et que j'aimois à compter parmi les montagnes célèbres dont j'avois aperçu la cime. Les courans étoient violens et nous portoient en dehors, comme nous le reconnûmes le jour d'après. Le vaisseau, qui étoit sur son lest, fatiguoit beaucoup aux roulis : nous cassâmes la tête du grand mât et la vergue de la seconde voile du mât de misaine. Pour des marins aussi peu expérimentés, c'étoit un très-grand malheur.

C'est véritablement une chose surprenante que de voir naviguer des Grecs. Le pilote est assis, les jambes croisées, la pipe à la bouche : il tient la barre du gouvernail, laquelle, pour être de niveau avec la main qui la dirige, rase le plancher de la poupe. Devant ce pilote à demi couché, et qui n'a par conséquent aucune force, est une boussole qu'il ne connoît point et qu'il ne regarde pas. A la moindre apparence de danger, on déploie sur le pont des cartes françaises ou italiennes; tout l'équipage se couche à plat ventre, le capitaine à la tête; on examine la carte, on en suit les dessins avec le doigt, on tâche de reconnoître l'endroit où l'on est, chacun donne son avis; on finit par ne rien entendre à tout ce grimoire des Francs; on reploie la carte; on amène les voiles, ou l'on fait vent arrière: alors on reprend la pipe et le chapelet; on se recommande à la Providence, et l'on attend l'évènement. Il y a tel bâtiment qui parcourt ainsi deux ou trois cents lieues hors de sa route, et qui aborde en Afrique au lieu d'arriver en Syrie; mais tout cela n'empêche pas l'équipage de danser au premier rayon de soleil. Les anciens Grecs n'étoient, sous plusieurs rapports, que des enfans aimables et crédules, qui passoient de la tristesse à la joie avec une extrême mobilité; les Grecs modernes ont conservé une partie de ce caractère: heureux du moins de trouver dans leur légèreté une ressource contre leurs misères!

Le vent du nord reprit son cours vers les huit heures du soir, et l'espoir de toucher bientôt au terme de notre voyage ranima la gaîté des pélerins. Notre pilote allemand nous annonça qu'au lever du jour nous apercevrions le cap Saint-Iphane, dans l'île de Chypre. On ne songea donc plus qu'à jouir de la vie. Tous les soupers furent apportés sur le pont; on étoit divisé par groupes; chacun envoyoit à son voisin la chose qui manquoit à ce voisin. J'avois adopté la famille qui logeoit devant moi, à la porte de la chambre du capitaine; elle étoit composée d'une femme, de deux enfans et d'un vieillard, père de la jeune pélerine. Ce vieillard accomplissoit pour la troisième fois le voyage de Jérusalem; il n'avoit jamais vu de pélerin latin, et ce bon homme pleuroit de joie en me regardant : je soupai donc avec cette famille. Je n'ai guère vu de scènes plus agréables et plus pittoresques. Le vent étoit frais, la mer belle, la nuit sereine. La lune avoit l'air de se balancer entre les mâts et les cordages du vaisseau; tantôt elle paroissoit hors des voiles, et tout le navire étoit éclairé; tantôt elle se cachoit sous les voiles, et les groupes des pélerins rentroient dans l'ombre. Qui n'auroit béni la Religion, en songeant que ces deux cents hommes, si heureux dans ce moment, étoient pourtant des esclaves, courbés sous un joug odieux ? Ils alloient au tombeau de Jésus-Christ oublier la gloire passée de leur patrie et se consoler de leurs maux présens. Et que de douleurs secrètes ne déposeroient-ils pas bientôt à la crèche du Sauveur ! Chaque flot qui poussoit le vaisseau vers le saint rivage, emportoit une de nos peines.

Le 27 au matin, à la grande surprise du pilote, nous nous trouvâmes en pleine mer, et nous n'apercevions aucune terre. Le calme survint : la consternation étoit générale. Où étions-nous ? Etions-nous en dehors ou en dedans de l'île de Chypre ? On passa toute la journée dans cette singulière contestation. Parler de faire le point ou de prendre hauteur, eût été de l'hébreu pour nos marins. Quand la brise se leva vers le soir, ce fut un autre embarras. Quelle aire de vent devions-nous tenir ? Le pilote qui se croyoit entre la côte septentrionale de l'île de Chypre et le golfe de Satalie, vouloit mettre le cap au midi pour reconnoître la première ; mais il fût résulté de là que si nous avions dépassé l'île, nous serions allés, par cette pointe du compas, droit en Egypte. Le capitaine prétendoit qu'il falloit porter au nord, afin de retrouver la côte de la Caramanie : c'étoit retourner sur nos pas ; d'ailleurs le vent étoit contraire pour cette route. On me demanda mon avis; car, dans les cas un peu difficiles, les Grecs et les Turcs ont toujours recours aux Francs. Je conseillai de cingler à l'Est, par une raison évidente : nous étions en dedans ou en dehors de l'île de Chypre ; or, dans ces deux cas, en courant au levant, nous faisions bonne route. De plus, si nous étions en dedans de l'île, nous ne pouvions manquer de voir la terre, à droite ou à gauche, en très-peu de temps, soit au cap Anémur en Caramanie, ou au cap Cornachitti, en Chypre. Nous en serions quittes pour doubler la pointe orientale de cette île, et pour descendre ensuite le long de la côte de Syrie.

Cet avis parut le meilleur, et nous mîmes la proue à l'Est. Le 28, à cinq heures du matin, à notre grande joie, nous eûmes connoissance du cap de Gatte, dans l'île de Chypre; il nous restoit au nord, à environ huit ou dix lieues. Ainsi, nous nous trouvions en dehors de l'île, et nous étions dans la vraie direction de Jafa. Les courans nous avoient portés au large, vers le sud-ouest.

Le vent tomba à midi. Le calme continua le reste de la journée et se prolongea jusqu'au 29. Nous reçûmes à bord trois nouveaux passagers : deux bergeronnettes et une hirondelle. Je ne sais ce qui avoit pu engager les premières à quitter les troupeaux ; quant à la dernière, elle alloit peut-être en Syrie, et elle venoit peut-être de France. J'étois bien tenté de lui demander des nouvelles de ce toit paternel que j'avois quitté depuis si long-temps (1). Je me rappelle que dans mon enfance je passois des heures entières à voir, avec je ne sais quel plaisir triste, voltiger les hirondelles en automne ; un secret instinct me disoit que je serois voyageur comme ces oiseaux. Ils se réunissoient à la fin du mois de septembre, dans les joncs d'un grand étang : là, poussant des cris et exécutant mille évolutions sur les eaux, ils sembloient essayer leurs ailes et se préparer à de longs pélerinages. Pourquoi, de tous les souvenirs de l'existence, préférons-

---

(1) Voyez les Martyrs, troisième édition, tom. 2, livre XI.

nous ceux qui remontent vers notre berceau? Les jouissances de l'amour-propre, les illusions de la jeunesse ne se présentent point avec charme à la mémoire ; nous y trouvons au contraire de l'aridité ou de l'amertume; mais les plus petites circonstances réveillent au fond du cœur les émotions du premier âge, et toujours avec un attrait nouveau. Au bord des lacs de l'Amérique, dans un désert inconnu qui ne raconte rien au voyageur, dans une terre qui n'a pour elle que la grandeur de sa solitude, une hirondelle suffisoit pour me retracer les scènes des premiers jours de ma vie, comme elle me les a rappelées sur la mer de Syrie, à la vue d'une terre antique, retentissant de la voix des siècles et des traditions de l'histoire.

Les courans nous ramenoient maintenant sur l'île de Chypre. Nous découvrîmes ses côtes sablonneuses, basses, et en apparence arides. La Mythologie avoit placé dans ces lieux ses fables les plus riantes : (1)

---

(1) Voyez les Martyrs, troisième édition, tom. 3, liv. XVII.

*Ipsa Paphum sublimis abit, sedesque revisit
Laeta suas, ubi templum illi, centumque Sabaeo
Thure calent arae, sertisque recentibus halant.*

« En arrivant dans l'île, dit le fils d'Ulysse,
» je sentis un air doux qui rendoit les corps
» lâches et paresseux, mais qui inspiroit une
» humeur enjouée et folâtre. Je remarquai que
» la campagne, naturellement fertile et agréa-
» ble, étoit presque inculte, tant les habitans
» étoient ennemis du travail. Je vis de tous
» côtés des femmes et de jeunes filles, vaine-
» ment parées, qui alloient en chantant les
» louanges de Vénus se dévouer à son tem-
» ple. La beauté, les grâces, la joie, les
» plaisirs, éclatoient également sur leurs vi-
» sages; mais les grâces y étoient affectées :
» on n'y voyoit point une noble simplicité
» et une pudeur aimable, qui fait le plus
» grand charme de la beauté. L'air de mol-
» lesse, l'art de composer leurs visages,
» leur parure vaine, leur démarche languis-
» sante, leurs regards qui sembloient cher-
» cher ceux des hommes, leur jalousie entre
» elles pour allumer de grandes passions, en
» un mot, tout ce que je voyois dans ces

» femmes me sembloit vil et méprisable : à
» force de vouloir plaire elles me dégoû-
» toient.

» On me conduisit au temple de la déesse :
» elle en a plusieurs dans cette île; car elle est
» particulièrement adorée à Cythère, à Idalie
» et à Paphos. C'est à Cythère que je fus con-
» duit. Le temple est tout de marbre; c'est un
» parfait péristyle; les colonnes sont d'un gros-
» seur et d'une hauteur qui rendent cet édifice
» très-majestueux : au-dessus de l'architrave
» et de la frise sont, à chaque face, de grands
» frontons où l'on voit en bas-relief toutes les
» plus agréables aventures de la déesse. A la
» porte du temple est sans cesse une foule de
» peuples qui viennent faire leurs offrandes.

» On n'égorge jamais, dans l'enceinte du
» lieu sacré, aucune victime ; on n'y brûle
» point, comme ailleurs, la graisse des génisses
» et des taureaux ; on n'y répand jamais leur
» sang : on présente seulement devant l'autel
» les bêtes qu'on offre, et on n'en peut offrir
» aucune qui ne soit jeune, blanche, sans dé-
» faut et sans tache : on les couvre de bande-
» lettes de pourpre brodées d'or; leurs cornes
» sont dorées et ornées de bouquets et de fleurs.

» odoriférantes. Après qu'elles ont été présen-
» tées devant l'autel, on les renvoie dans un
» lieu écarté, où elles sont égorgées pour les
» festins des prêtres de la déesse.

» On offre aussi toutes sortes de liqueurs
» parfumées et du vin plus doux que le nectar.
» Les prêtres sont revêtus de longues robes
» blanches avec des ceintures d'or et des
» franges de même au bas de leurs robes. On
» brûle, nuit et jour, sur les autels les parfums
» les plus exquis de l'Orient, et ils forment
» une espèce de nuage qui monte vers le ciel.
» Toutes les colonnes du temple sont ornées
» de festons pendans; tous les vases qui ser-
» vent aux sacrifices sont d'or; un bois sacré
» de myrtes environne le bâtiment. Il n'y a
» que de jeunes garçons et de jeunes filles
» d'une rare beauté qui puissent présenter les
» victimes aux prêtres et qui osent allumer le
» feu des autels. Mais l'impudence et la dis-
» solution déshonorent un temple si magni-
» fique. » (1)

Il vaut mieux, pour l'île de Chypre, s'en
tenir à la poésie qu'à l'histoire, à moins qu'on

---

(1) Télémaque.

ne prenne plaisir à se rappeler une des plus criantes injustices des Romains et une expédition honteuse de Caton. Mais c'est une singulière chose à se représenter que les temples d'Amathonte et d'Idalie convertis en donjons dans le moyen âge. Un gentilhomme français étoit roi de Paphos, et des barons couverts de leurs hoquetons étoient cantonnés dans les sanctuaires de Cupidon et des Grâces. On peut voir dans l'*Archipel de Dapper* toute l'histoire de Chypre : l'abbé Mariti a fait connoître les révolutions modernes et l'état actuel de cette île encore importante aujourd'hui par sa position.

Le temps étoit si beau et l'air si doux, que tous les passagers restoient la nuit sur le pont. J'avois disputé un petit coin du gaillard d'arrière à deux gros caloyers qui ne me l'avoient cédé qu'en grommelant. C'étoit là que je dormois le 30 septembre, à six heures du matin, lorsque je fus éveillé par un bruit confus de voix : j'ouvris les yeux et j'aperçus les pèlerins qui regardoient vers la proue du vaisseau. Je demandai ce que c'étoit, on me cria : *Signor, il Carmelo!* le Carmel ! Le vent s'étoit levé la veille à huit heures du soir, et dans la nuit nous étions arrivés à la vue des côtes de Syrie. Comme j'étois couché tout habillé, je fus bientôt debout, m'enquérant de la montagne sacrée. Chacun s'empressoit de me la montrer de la main, mais je n'apercevois rien, à cause du soleil qui commençoit à se lever en face de nous. Ce moment avoit quelque chose de religieux et d'auguste; tous les pélerins, le chapelet à la main, étoient restés en silence dans la même attitude, attendant l'apparition de la Terre-Sainte; le chef des papas prioit à haute voix : on n'entendoit que cette prière, et le bruit de la course du vaisseau que le vent le plus favorable poussoit sur une mer brillante. De temps en temps un cri s'élevoit de la proue, quand on revoyoit le Carmel. J'aperçus enfin moi-même cette montagne comme une tache ronde, au-dessous des rayons du soleil : je me mis alors à genoux à la manière des Latins. Je ne sentis point cette espèce de trouble que j'éprouvai en découvrant les côtes de la Grèce; mais la vue du berceau des Israélites et de la patrie des Chrétiens, me remplit de crainte et de respect. J'allois descendre sur la terre des prodiges, aux sources de la plus étonnante poésie, aux lieux où, même humainement parlant, s'est passé le plus grand évènement qui ait jamais changé la face du monde, je veux dire la venue du Messie; j'allois aborder à ces rives que visitèrent comme moi Godefroy de Bouillon, Raimond de Saint-Gilles, Tancrède-le-Brave, Robert-le-Fort, Richard-Cœur-de-Lion, et ce saint Louis dont les vertus furent admirées des Infidèles. Obscur pélerin, comment oserois-je fouler un sol consacré par tant de pélerins illustres ?

A mesure que nous avancions et que le soleil montoit dans le ciel, les terres se découvroient devant nous. La dernière pointe que nous apercevions au loin, à notre gauche vers le nord, étoit la pointe de Tyr; venoit ensuite le Cap-Blanc, Saint-Jean-d'Acre, le mont Carmel avec Caïfe à ses pieds, Tartoura autrefois Dora, le Château-Pélerin, et Césarée dont on voit les ruines. Jafa devoit être sous la proue même du vaisseau, mais on ne le distinguoit point encore; ensuite la côte s'abaissoit insensiblement jusqu'à un dernier cap au midi, où elle sembloit s'évanouir : là commencent les rivages de l'ancienne Palestine, qui vont rejoindre ceux de l'Egypte, et qui sont presque au niveau de la mer. La terre, dont nous pouvions être à huit ou dix lieues, paroissoit généralement blanche avec des ondulations noires, produites par des ombres ; rien ne formoit saillie dans la ligne oblique qu'elle traçoit du nord au midi : le mont Carmel même ne se détachoit point sur le plan ; tout étoit uniforme et mal teint. L'effet général étoit à peu près celui des montagnes du Bourbonnais, quand on les regarde du sommet de Tarare. Une file de nuages blancs et dentelés suivoit à l'horizon la direction des terres, et sembloit en répéter l'aspect dans le ciel.

Le vent nous manqua à midi ; il se leva de nouveau à quatre heures ; mais par l'ignorance du pilote nous dépassâmes le but. Nous voguions à pleines voiles sur Gaza, lorsque des pélerins reconnurent, à l'inspection de la côte, la méprise de notre Allemand ; il fallut virer de bord : tout cela fit perdre du temps, et la nuit survint. Nous approchions cependant de Jafa ; on voyoit même les feux de la ville, lorsque le vent du nord-ouest venant à souffler avec une nouvelle force, la peur s'empara du capitaine, il n'osa chercher la rade de nuit :

tout-à-coup, il tourna la proue au large et regagna la haute mer.

J'étois appuyé sur la poupe, et je regardois avec un vrai chagrin s'éloigner la terre. Au bout d'une demi-heure, j'aperçus comme la réverbération lointaine d'un incendie sur la cime d'une chaîne de montagnes : ces montagnes étoient celles de la Judée. La lune qui produisoit l'effet dont j'étois frappé, montra bientôt son front large et rougissant au-dessus de Jérusalem. Une main secourable sembloit élever ce phare au sommet de Sion, pour nous guider à la Cité-Sainte. Malheureusement nous ne suivîmes pas comme les Mages l'astre salutaire, et sa clarté ne nous servit qu'à fuir le port que nous avions tant desiré.

Le lendemain, mercredi 1er octobre, au point du jour, nous nous trouvâmes affalés à la côte presqu'en face de Césarée : il nous fallut remonter au midi le long de la terre. Heureusement le vent étoit bon quoique foible. Dans le lointain s'élevoit l'amphithéâtre des montagnes de la Judée. Du pied de ces montagnes une vaste plaine descendoit jusqu'à la mer. On y voyoit à peine quelques traces de culture, et pour toute habitation un château gothique en ruines, surmonté d'un minaret croulant et abandonné. Au bord de la mer, la terre se terminoit par des falaises jaunes ondées de noir, qui surplomboient une grève où nous voyions et où nous entendions se briser les flots. L'Arabe, errant sur cette côte inhospitalière, suit d'un œil avide le vaisseau qui passe à l'horizon : il attend la dépouille du naufragé, au même bord où Jésus-Christ ordonnoit de nourrir ceux qui ont faim, et de vêtir ceux qui sont nus.

A deux heures de l'après-midi nous revîmes enfin Jafa. On nous avoit aperçu de la ville. Un bateau se détacha du port et s'avança au-devant de nous. Je profitai de ce bateau pour envoyer Jean à terre. Je lui remis la lettre de recommandation que les commissaires de Terre-Sainte m'avoient donnée à Constantinople, et qui étoit adressée aux Pères de Jafa. J'écrivis en même temps un mot à ces Pères.

Une heure après le départ de Jean, nous vînmes jeter l'ancre devant Jafa, la ville nous restant au sud-Est et le minaret de la mosquée à l'Est quart sud-Est. Je marque ici les rumbs du compas par une raison assez importante : les vaisseaux latins mouillent ordinairement plus au large; ils sont alors sur un banc de rochers qui peut couper les cables, tandis que les bâtimens grecs, en se rapprochant de la terre, se trouvent sur un fonds moins dangereux, entre la darse de Jafa et le banc de rochers.

Jafa ne présente qu'un méchant amas de maisons rassemblées en rond, et disposées en amphithéâtre sur la pente d'une côte élevée. Les malheurs que cette ville a si souvent éprouvés y ont multiplié les ruines. Un mur qui par ses deux pointes vient aboutir à la mer, l'enveloppe du côté de terre, et la met à l'abri d'un coup de main.

Des caïques s'avancèrent bientôt de toutes parts pour chercher les pélerins: le vêtement, les traits, le teint, l'air de visage, la langue des patrons de ces caïques, m'annoncèrent sur-le-champ la race arabe et la frontière du désert. Le débarquement des passagers s'exécuta sans tumulte, quoiqu'avec un empressement très-légitime. Cette foule de vieillards, d'hommes, de femmes et d'enfans ne fit point entendre, en mettant le pied sur la Terre-Sainte, ces cris, ces pleurs, ces lamentations dont on s'est plû à faire des peintures imaginaires et ridicules. On étoit fort calme ; et de tous les pélerins, j'étois certainement le plus ému.

Je vis enfin venir un bateau dans lequel je distinguai mon domestique grec accompagné de trois religieux. Ceux-ci me reconnurent à mon habit franc, et me firent des salutations de la main, de l'air le plus affectueux. Ils arrivèrent bientôt à bord. Quoique ces Pères fussent espagnols et qu'ils parlassent un italien difficile à entendre, nous nous serrâmes la main comme de véritables compatriotes. Je descendis avec eux dans la chaloupe ; nous entrâmes dans le port par une ouverture pratiquée entre des rochers, et dangereuse même pour un caïque. Les Arabes du rivage s'avancèrent dans l'eau jusqu'à la ceinture, afin de nous charger sur leurs épaules. Il se passa là une scène assez plaisante : mon domestique étoit vêtu d'une redingote blanchâtre ; le blanc étant la couleur de distinction chez les Arabes, ils jugèrent que mon domestique étoit le scheik. Ils se saisirent de lui, et l'emportèrent en triomphe malgré ses protestations, tandis que, grâce à mon habit bleu, je me sauvois obscurément sur le dos d'un mendiant déguenillé.

Nous nous rendîmes à l'hospice des Pères, simple maison de bois bâtie sur le port, et jouissant d'une belle vue de la mer. Mes hôtes me conduisirent d'abord à la chapelle, que je trouvai illuminée, et où ils remercièrent Dieu de leur avoir envoyé un frère : touchantes institutions chrétiennes, par qui le voyageur trouve des amis et des secours dans les pays les plus barbares ; institutions dont j'ai parlé ailleurs, et qui ne seront jamais assez admirées !

Les trois religieux qui étoient venus me chercher à bord se nommoient Jean Truylos Penna, Alexandre Roma, et Martin Alexano : ils composoient alors tout l'hospice ; car le curé, dom Juan de la Conception, étoit absent.

En sortant de la chapelle, les Pères m'installèrent dans ma cellule, où il y avoit une table, un lit, de l'encre, du papier, de l'eau fraîche et du linge blanc. Il faut descendre d'un bâtiment grec chargé de deux cents pélerins, pour sentir le prix de tout cela. A huit heures du soir, nous passâmes au réfectoire. Nous y trouvâmes deux autres Pères venus de Rama et partant pour Constantinople ; le père Manuel Sancia et le père François Muñoz. On dit en commun le *Bénedicite*, précédé du *De profundis* : souvenir de la mort que le Christianisme mêle à tous les actes de la vie pour les rendre plus graves, comme les anciens le mêloient à leurs banquets pour rendre leurs plaisirs plus piquans. On me servit sur une petite table propre et isolée, de la volaille, du poisson, d'excellens fruits, tels que des grenades, des pastèques, des raisins, et des dattes dans leur primeur ; j'avois à discrétion le vin de Chypre et le café du Levant. Tandis que j'étois comblé de biens, les Pères mangeoient un peu de poisson sans sel et sans huile. Ils étoient gais avec modestie, familiers avec politesse ; point de questions inutiles ; point de vaine curiosité. Tous les propos rouloient sur mon voyage, sur les mesures à prendre pour me le faire achever en sûreté : « Car, me disoient-» ils, nous répondons maintenant de vous à » votre patrie. » Ils avoient déjà dépêché un exprès au scheik des Arabes de la montagne de Judée, et un autre au Père procureur de Rama: « Nous vous recevons, me disoit le » père François Muñoz, avec un cœur *limpido* » *e bianco*. » Il étoit inutile que ce religieux espagnol m'assurât de la sincérité de ses sentimens: je les aurois facilement devinés à la pieuse franchise de son front et de ses regards.

Cette réception si chrétienne et si charitable dans une terre où le Christianisme et la charité ont pris naissance; cette hospitalité apostolique dans un lieu où le premier des apôtres prêcha l'Evangile, me touchoient jusqu'au cœur : je me rappelois que d'autres missionnaires m'avoient reçu avec la même cordialité dans les déserts de l'Amérique. Les religieux de Terre-Sainte ont d'autant plus de mérite, qu'en prodiguant aux pèlerins de Jérusalem la charité de Jésus-Christ, ils ont gardé pour eux la Croix qui fut plantée sur ces mêmes bords. Ce Père au cœur *limpido e bianco* m'assuroit encore qu'il trouvoit la vie qu'il menoit depuis cinquante ans, *un vero paradiso*. Veut-on savoir ce que c'est que ce paradis? Tous les jours une avanie, la menace des coups de bâton, des fers et de la mort. Ces religieux, à la dernière fête de

Pâques, ayant lavé les linges de l'autel, l'eau, imprégnée d'amidon, coula en dehors de l'hospice, et blanchit une pierre. Un Turc passe, voit cette pierre, et va déclarer au cadi que les Pères ont réparé leur maison. Le cadi se transporte sur les lieux, décide que la pierre, qui étoit noire, est devenue blanche; et, sans écouter les religieux, il les oblige à payer dix bourses. La veille même de mon arrivée à Jafa, le Père procureur de l'hospice avoit été menacé de la corde par un domestique de l'aga, en présence de l'aga même. Celui-ci se contenta de rouler paisiblement sa moustache, sans daigner dire un mot favorable au *chien*. Voilà le véritable paradis de ces moines, qui, selon quelques voyageurs, sont de petits souverains en Terre-Sainte, et jouissent des plus grands honneurs.

A dix heures du soir, mes hôtes me reconduisirent par un long corridor à ma cellule. Les flots se brisoient avec fracas contre les rochers du port: la fenêtre fermée, on eût dit d'une tempête; la fenêtre ouverte, on voyoit un beau ciel, une lune paisible, une mer calme, et le vaisseau des pélerins mouillé au large. Les Pères sourirent de la surprise que me causa ce contraste. Je leur dis en mauvais latin : *Ecce monachis similitudo mundi : quantumcunque mare fremitum reddat, eis placidæ semper undæ videntur ; omnia tranquillitas serenis animis.*

Je passai une partie de la nuit à contempler cette mer de Tyr, que l'Ecriture appelle la Grande-Mer, et qui porta les flottes du roi-prophète quand elles alloient chercher les cèdres du Liban et la pourpre de Sidon ; cette mer où Léviathan laisse des traces comme des abîmes (1); cette mer à qui le Seigneur donna des barrières et des portes (2); cette mer épouvantée qui vit Dieu et qui s'enfuit (3). Ce n'étoient là ni l'Océan sauvage du Canada, ou les flots rians de la Grèce : au midi s'étendoit cette Egypte où le Seigneur étoit entré sur un nuage léger, pour sécher les canaux du Nil et renverser les idoles (4); au nord s'élevoit cette Reine des cités dont les marchands étoient des princes (5) : *Ululate,*

---

(1) Job.
(2) Id.
(3) Ps.
(4) Is. cap. XIX, 1.
(5) Is. cap. XXIII, 14. XXIV, 10, 13.

8.

naves maris, quia devastata est fortitudo vestra!..... Attrita est civitas vanitatis, clausa est omnis domus nullo introeunte.... quia hæc erunt in medio terræ.... quomodo si paucæ olivæ quæ remanserunt excutiantur ex oleâ, et racemi, cum fuerit finita vindemia. « Hurlez,
» vaisseaux de la mer, parce que votre force
» est détruite..... La ville des vanités est abat-
» tue ; toutes les maisons en sont fermées et
» personne n'y entre plus..... Ce qui restera
» d'hommes en ces lieux sera comme quel-
» ques olives demeurées sur l'arbre après la
» récolte, comme quelques raisins suspendus
» au cep après la vendange. » Voilà d'autres antiquités expliquées par un autre poëte : Isaïe succède à Homère.

Et ce n'étoit pas tout encore; car la mer que je contemplois baignoit, à ma droite, les campagnes de la Galilée, et, à ma gauche, la plaine d'Ascalon : dans les premières, je retrouvois les traditions de la vie patriarcale et de la Nativité du Sauveur; dans la seconde, je rencontrois les souvenirs des Croisades et les ombres des héros de la Jérusalem.

<small>Grande e mirabil cosa era il vedere
Quando quel campo, e questo a fronte venne :</small>

> Come spiegate in ordine le schiere,
> Di mover già, già d'assalire accenne.
> Sparse al vento ondeggiando ir le bandiere
> E ventolar su i gran cimier le penne :
> Abiti, e fregi, imprese, arme, e colori
> D'oro e di ferro, al sol lampi, e fulgori.

« Quel grand et admirable spectacle, de voir les deux camps s'avancer front contre front, les bataillons se déployer en ordre, impatiens de marcher, impatiens de combattre ! Les bannières ondoyantes flottent dans les airs, et le vent agite les panaches sur les hauts cimiers. Les habits, les franges, les devises, les couleurs, les armes d'or et de fer resplendissent aux feux du soleil. »

J. B. Rousseau nous peint ensuite le succès de cette journée :

> La Palestine enfin, après tant de ravages,
> Vit fuir ses ennemis, comme on voit les nuages
> Dans le vague des airs fuir devant l'aquilon ;
> Et du vent du midi la dévorante haleine
>   N'a consumé qu'à peine
> Leurs ossemens blanchis dans les champs d'Ascalon.

Ce fut à regret que je m'arrachai au spectacle de cette mer qui réveille tant de souvenirs ; mais il fallut céder au sommeil.

Le père Juan de la Conception, curé de

Jafa et Président de l'hospice, arriva le lendemain matin, 2 octobre. Je voulois parcourir la ville et rendre visite à l'aga qui m'avoit envoyé complimenter; le Président me détourna de ce dessein :

« Vous ne connoissez pas ces gens-ci, me
» dit-il; ce que vous prenez pour une poli-
» tesse est un espionnage. On n'est venu vous
» saluer que pour savoir qui vous êtes, si
» vous êtes riche, si on peut vous dépouiller.
» Voulez-vous voir l'aga ? Il faudra d'abord
» lui porter des présens : il ne manquera pas de
» vous donner malgré vous une escorte pour
» Jérusalem; l'aga de Rama augmentera cette
» escorte; les Arabes, persuadés qu'un riche
» Franc va en pélerinage au Saint-Sépulcre,
» augmenteront les droits de Caffaro, ou vous
» attaqueront. A la porte de Jérusalem vous
» trouverez le camp du pacha de Damas, qui
» est venu lever les contributions, avant de
» conduire la caravane à la Mecque : votre
» appareil donnera de l'ombrage à ce pacha,
» et vous exposera à des avanies. Arrivé à
» Jérusalem, on vous demandera trois ou
» quatre mille piastres pour l'escorte. Le peu-
» ple, instruit de votre arrivée, vous assié-

» gera de telle manière, qu'eussiez-vous
» des millions, vous ne satisferiez pas son
» avidité. Les rues seront obstruées sur votre
» passage, et vous ne pourrez entrer aux
» Saints-Lieux sans courir les risques d'être
» déchiré. Croyez-moi, demain nous nous
» déguiserons en pélerins et nous irons en-
» semble à Rama : là je recevrai la réponse
» de mes exprès ; si elle est favorable, vous
» partirez dans la nuit, vous arriverez sain
» et sauf, à peu de frais à Jérusalem. »

Le Père appuya son raisonnement de mille exemples, et, en particulier, de celui d'un évêque polonais, à qui un trop grand air de richesse pensa coûter la vie, il y a deux ans. Je ne rapporte ceci que pour montrer à quel degré la corruption, l'amour de l'or, l'anarchie et la barbarie, sont poussés dans ce malheureux pays.

Je m'abandonnai donc à l'expérience de mes hôtes, et je me renfermai dans l'hospice, où je passai une agréable journée dans des entretiens paisibles. J'y reçus la visite de M. Contessini qui aspiroit au vice-consulat de Jafa, et de MM. Damiens, père et fils, Français d'origine, jadis établis auprès de Djezzar, à

Saint-Jean-d'Acre. Ils me racontèrent des choses curieuses sur les derniers évènemens de la Syrie ; ils me parlèrent de la renommée que l'Empereur et nos armes ont laissée au désert. Les hommes sont encore plus sensibles à la réputation de leur pays hors de leur pays, que sous le toit paternel ; et l'on a vu les émigrés français réclamer leur part des victoires qui sembloient les condamner à un exil éternel. (1)

Je passai cinq jours à Jafa, à mon retour de Jérusalem, et je l'examinai dans le plus grand détail ; je ne devrois donc en parler qu'à cette époque ; mais, pour suivre l'ordre de ma marche, je placerai ici mes observations : d'ailleurs, après la description des Saints-Lieux, il est probable que les lecteurs ne prendroient pas un grand intérêt à celle de Jafa.

Jafa s'appeloit autrefois Joppé, ce qui signifie belle ou agréable, *pulchritudo aut decor*, dit Adrichomius. D'Anville dérive le nom

---

(1) Jacques II, qui perdoit un royaume, exprima le même sentiment au combat de la Hogue. On peut voir à ce sujet de très-beaux vers dans le poëme de la Navigation.

actuel de Jafa d'une forme primitive de Joppé, qui est Japho (1). Je remarquerai qu'il y avoit dans le pays des Hébreux une autre cité du nom de Jafa, qui fut prise par les Romains: ce nom a peut-être été transporté ensuite à Joppé. S'il faut en croire les interprètes et Pline lui-même, l'origine de cette ville remonteroit à une haute antiquité, puisque Joppé auroit été bâtie, avant le déluge. On dit que ce fut à Joppé que Noë entra dans l'arche. Après la retraite des eaux le patriarche donna en partage à Sem son fils aîné, toutes les terres dépendantes de la ville fondée par son troisième fils Japhet. Enfin, Joppé, selon les traditions du pays, garde la sépulture du second père du genre humain.

Selon Pococke, Shaw et peut-être d'Anville, Joppé tomba en partage à Ephraïm, et forma la partie occidentale de cette tribu, avec Ramlé et Lydda. Mais d'autres auteurs, entre

---

(1) Je sais qu'on prononce en Syrie Yâfa, et M. de Volney l'écrit ainsi; mais je ne sais point l'arabe; je n'ai d'ailleurs aucune autorité pour réformer l'orthographe de d'Anville et de tant d'autres savans écrivains.

autres, Adrichomius, Roger, etc., placent Joppé sous la tribu de Dan. Les Grecs étendirent leurs fables jusqu'à ces rivages. Ils disoient que Joppé tiroit son nom d'une fille d'Eole. Ils plaçoient dans le voisinage de cette ville l'aventure de Persée et d'Andromède. Scaurus, selon Pline, apporta de Joppé à Rome les os du monstre marin suscité par Neptune. Pausanias prétend qu'on voyoit près de Joppé, une fontaine où Persée lava le sang dont le monstre l'avoit couvert; d'où il arriva que l'eau de cette fontaine demeura teinte d'une couleur rouge. Enfin, saint Jérôme raconte que de son temps on montroit encore à Joppé le rocher et l'anneau auxquels Andromède fut attachée.

Ce fut à Joppé qu'abordèrent les flottes d'Hyram, chargées de cèdres pour le Temple, et que s'embarqua le prophète Jonas, lorsqu'il fuyoit devant la face du Seigneur. Joppé tomba cinq fois entre les mains des Egyptiens, des Assyriens et des différens peuples qui firent la guerre aux Juifs avant l'arrivée des Romains en Asie. Elle devint une des onze Toparchies où l'idole Ascarlen étoit adorée. Juda Machabée brûla cette ville dont les habitans avoient massacré deux cents Juifs. Saint Pierre y ressuscita Tabithe, et y reçut chez Simon, le corroyeur, les hommes venus de Césarée. Au commencement des troubles de la Judée, Joppé fut détruite par Cestius. Des pirates en ayant relevé les murs, Vespasien la saccagea de nouveau, et mit garnison dans la citadelle.

On a vu que Joppé existoit encore environ deux siècles après, du temps de saint Jérôme qui la nomme Japho. Elle passa avec toute la Syrie sous le joug des Sarrasins. On la retrouve dans les historiens des Croisades. L'anonyme qui commence la collection *Gesta Dei per Francos*, raconte que l'armée des Croisés étant sous les murs de Jérusalem, Godefroy de Bouillon envoya Raimond Pilet, Achard de Mommellou et Guillaume de Sabran pour garder les vaisseaux génois et pisans arrivés au port de Jafa : *Qui fideliter custodirent homines et naves in portu Japhiæ.* Benjamin de Tudèle en parle à peu près à cette époque, sous le nom de Gapha : *Quinque abhinc leucis est Gapha olim Japho, aliis Joppe dicta, ad mare sita ; ubi unus tantum Judæus, isque lanæ inficiendæ artifex est.* Saladin reprit Jafa sur les Croisés, et Richard-Cœur-de-Lion l'enleva à Saladin. Les Sarrasins y rentrèrent et massacrèrent les Chrétiens. Mais lors du premier voyage de saint Louis en Orient, elle n'étoit plus au pouvoir des Infidèles; car elle étoit tenue par Gautier de Brienne qui prenoit le titre de comte de Japhe, selon l'orthographe de sire de Joinville:

« Et quand le comte de Japhe vit que le
» roy venoit, il assorta et mist son chastel de
» Japhe en tel point, qu'il ressembloit bien
» une bonne ville deffensable. Car a chascun
» creneau de son chastel il y avoit bien cinq
» cents hommes a tout chacun une targe et
» ung penoncel à ses armes. La quelle chose
» estoit fort belle à veoir. Car ses armes es-
» toient de fin or, a une croix de gueules pa-
» tées faicte moult richement. Nous nous lo-
» geasmes aux champs tout à l'entour d'ice-
» lui chastel de Japhé qui estoit séant rez de
» la mer et en une isle. Et fist commancer le
» roy à faire fermer et édiffier une bourge
» tout-à-l'entour du chastel, dès l'une des
» mers jusques à l'autre, en ce qu'il y avoit
» de terre. »

Ce fut à Jafa que la reine, femme de

saint Louis, accoucha d'une fille nommée Blanche, et saint Louis reçut, dans la même ville, la nouvelle de la mort de sa mère. Il se jeta à genoux et s'écria : « Je vous » rends grâce, mon Dieu ! de ce que vous » m'avez prêté madame ma chère mère tant » qu'il a plu à votre volonté ; et de ce que » maintenant, selon votre bon plaisir, vous » l'avez retirée à vous. Il est vrai que je l'ai- » mois sur toutes les créatures du monde, et » elle le méritoit ; mais puisque vous me l'avez » ôtée, votre nom soit béni éternellement. »

Jafa, sous la domination des Chrétiens, avoit un évêque suffragant du siége de Césarée. Quand les chevaliers eurent été contraints d'abandonner entièrement la Terre-Sainte, Jafa retomba avec toute la Palestine sous le joug des soudans d'Egypte, et ensuite sous la domination des Turcs.

Depuis cette époque jusqu'à nos jours, on retrouve Joppé ou Jafa dans tous les Voyages à Jérusalem ; mais la ville, telle qu'on la voit aujourd'hui, n'a guère plus d'un siècle d'existence, puisque Monconys, qui visita la Palestine en 1647, ne trouva à Jafa qu'un château et trois cavernes creusées dans le roc.

Thévenot ajoute que les moines de Terre-Sainte avoient élevé devant les cavernes des baraques de bois, et que les Turcs contraignirent les Pères de les démolir. Cela explique un passage de la relation d'un religieux vénitien. Ce religieux raconte qu'à leur arrivée à Jafa on renfermoit les pélerins dans une caverne. Breve, Opdam, Deshaies, Nicole le Huen, Barthelemi de Salignac, Duloir, Zuallart, le père Roger, et Pierre de la Vallée sont unanimes sur le peu d'étendue et la misère de Jafa.

On peut voir dans M. de Volney ce qui concerne la moderne Jafa, l'histoire des siéges qu'elle a soufferts pendant les guerres de Dâher et d'Ali-Bey, ainsi que les autres détails sur la bonté de ses fruits, l'agrément de ses jardins, etc. J'ajouterai quelques remarques.

Indépendamment des deux fontaines de Jafa, citées par les voyageurs, on trouve des eaux douces le long de la mer, en remontant vers Gaza; il suffit de creuser avec la main dans le sable pour faire sourdre au bord même de la vague une eau fraîche : j'ai fait moi-même, avec M. Contessini, cette curieuse expérience, depuis l'angle méridional de la ville, jusqu'à la demeure d'un santon, que l'on voit à quelque distance, sur la côte.

Jafa, déjà si maltraitée dans les guerres de Dâher, a beaucoup souffert par les derniers évènemens. Les Français, commandés par l'Empereur, la prirent d'assaut en 1798. Lorsque nos soldats furent retournés en Egypte, les Anglais, unis aux troupes du grand-visir, bâtirent un bastion à l'angle sud-est de la ville. Abou-Marra, favori du grand-visir, fut nommé commandant de la ville. Djezzar, pacha d'Acre, ennemi du grand-visir, vint mettre le siége devant Jafa, après le départ de l'armée ottomane. Abou-Marra se défendit vaillamment pendant neuf mois, et trouva moyen de s'échapper par mer : les ruines qu'on voit à l'orient de la ville sont les fruits de ce siége. Après la mort de Djezzar, Abou-Marra fut nommé pacha de Gedda, sur la mer Rouge. Le nouveau pacha prit sa route à travers la Palestine; par une de ces révoltes si communes en Turquie, il s'arrêta dans Jafa et refusa de se rendre à son pachalic. Le pacha d'Acre, Suleiman-Pacha, second successeur de Djezzar (1), reçut ordre d'attaquer le rebelle, et Jafa fut assiégée de nouveau. Après une assez foible résistance, Abou-Marra se réfugia auprès de Mahamet-Pacha-Adem, alors élevé au pachalic de Damas.

J'espère qu'on voudra bien pardonner l'aridité de ces détails, à cause de l'importance que Jafa avoit autrefois, et de celle qu'elle a acquise dans ces derniers temps.

J'attendois avec impatience le moment de mon départ pour Jérusalem. Le 3 octobre, à quatre heures de l'après-midi, mes domestiques se revêtirent de sayons de poils de chèvres, fabriqués dans la Haute-Égypte, et tels que les portent les Bédouins; je mis par-dessus mon habit une robe semblable à celle de Jean et de Julien, et nous montâmes sur de petits chevaux. Des bâts nous servoient de selles; nous avions les pieds passés dans des cordes, en guise d'étriers. Le Président de l'hospice marchoit à notre

---

(1) Le successeur immédiat de Djezzar s'appeloit Ismaël-Pacha. Il s'étoit saisi de l'autorité à la mort de Djezzar.

tête, comme un simple Frère ; un arabe presque nu nous montroit le chemin, et un autre Arabe nous suivoit, chassant devant lui un âne chargé de nos bagages. Nous sortîmes par les derrières du couvent, et nous gagnâmes la porte de la ville, du côté du midi, à travers les décombres des maisons détruites dans les derniers siéges. Nous cheminâmes d'abord au milieu de jardins qui devoient être charmans autrefois : le père Neret et M. de Volney en ont fait l'éloge. Ces jardins ont été ravagés par les différens partis qui se sont disputé les ruines de Jafa; mais il y reste encore des grenadiers, des figuiers de Pharaon, des citronniers, quelques palmiers, des buissons de nopals, et des pommiers que l'on cultive aussi dans les environs de Gaza, et même au couvent du mont Sinaï.

Nous nous avançâmes dans la plaine de Saron dont l'Ecriture loue la beauté (1). Quand le père Neret y passa, au mois d'avril 1713, elle étoit couverte de tulipes: « La variété de leur couleur, dit-il, forme un agréable par-

---

(1) Voyez les Martyrs, troisième édition, tom. 3, liv. XVII.

terre. » Les fleurs qui couvrent au printemps cette campagne célèbre sont les roses blanches et roses, le narcisse, l'anémone, les lis blancs et jaunes, les giroflées, et une espèce d'éternelle très-odorante. La plaine s'étend le long de la mer, depuis Gaza au midi, jusqu'au mont Carmel au nord. Elle est bornée au levant par les montagnes de Judée et de Samarie. Elle n'est pas d'un niveau égal : elle forme quatre plateaux qui sont séparés les uns des autres par un cordon de pierres nues et dépouillées. Le sol est une arène fine, blanche et rouge, et qui paroît, quoique sablonneuse, d'une extrême fertilité. Mais, grâce au despotisme musulman, ce sol n'offre de toutes parts que des chardons, des herbes sèches et flétries, entremêlées de chétives plantations de cotons, de doura, d'orge et de froment. Çà et là paroissent quelques villages toujours en ruines, quelques bouquets d'oliviers et de sycomores. A moitié chemin de Rama à Jafa, on trouve un puits indiqué par tous les voyageurs ; l'abbé Mariti en fait l'histoire, afin d'avoir le plaisir d'opposer l'utilité d'un santon turc à l'inutilité d'un religieux chrétien. Près de ce puits on remarque un bois d'oliviers plantés en quinconce, et dont la tradition fait remonter l'origine au temps de Godefroy de Bouillon. On découvre de ce lieu Rama ou Ramlé, située dans un endroit charmant, à l'extrémité d'un des plateaux ou des plis de la plaine. Avant d'y entrer nous quittâmes le chemin pour visiter une citerne, ouvrage de la mère de Constantin (1). On y descend par vingt-sept marches; elle a trente-trois pas de long sur trente de large; elle est composée de vingt-quatre arches, et reçoit les pluies par vingt-quatre ouvertures. De là, à travers une forêt de nopals, nous nous rendîmes à la tour des Quarante-Martyrs, aujourd'hui minaret d'une mosquée abandonnée, autrefois le clocher d'un monastère dont il reste d'assez belles

---

(1) Si l'on en croyoit les traditions du pays, sainte Hélène auroit élevé tous les monumens de la Palestine; ce qui ne se peut accorder avec le grand âge de cette princesse quand elle fit le pélerinage de Jérusalem. Mais il est certain cependant, par le témoignage unanime d'Eusèbe, de saint Jérôme, et de tous les historiens ecclésiastiques, qu'Hélène contribua puissamment au rétablissement des Saints-Lieux.

ruines : ces ruines consistent en des espèces de portiques assez semblables à ceux des écuries de Mécène à Tibur; ils sont remplis de figuiers sauvages. On veut que Joseph, la Vierge et l'Enfant se soient arrêtés dans ce lieu, lors de la fuite en Egypte ; ce lieu certainement seroit charmant pour y peindre le repos de la Sainte Famille; le génie de Claude Lorrain semble avoir deviné ce paysage, à en juger par son admirable tableau du palais Doria à Rome.

Sur la porte de la tour on lit une inscription arabe, rapportée par M. de Volney: tout près de là est une antiquité miraculeuse décrite par Muratori.

Après avoir visité ces ruines, nous passâmes près d'un moulin abandonné : M. de Volney le cite comme le seul qu'il eût vu en Syrie; il y en a plusieurs autres aujourd'hui. Nous descendîmes à Rama, et nous arrivâmes à l'hospice des moines de Terre-Sainte. Ce couvent avoit été saccagé cinq années auparavant, et l'on me montra le tombeau d'un des Frères qui périt dans cette occasion. Les religieux venoient enfin d'obtenir avec beaucoup de peine la permission de faire à leur monastère les réparations les plus urgentes.

De bonnes nouvelles m'attendoient à Rama : j'y trouvai un drogman du couvent de Jérusalem, que le Gardien envoyoit au-devant de moi. Le chef arabe que les Pères avoient fait avertir, et qui me devoit servir d'escorte, rôdoit à quelque distance dans la campagne ; car l'aga de Rama ne permettoit pas aux Bédouins d'entrer dans la ville. La tribu la plus puissante des montagnes de Judée fait sa résidence au village de Jérémie : elle ouvre et ferme à volonté le chemin de Jérusalem aux voyageurs. Le scheik de cette tribu étoit mort depuis très-peu de temps. Il avoit laissé son fils Utman sous la tutelle de son oncle Abou-Gosh : celui-ci avoit deux frères, Djiaber et Ibraïm-Habd-el-Rouman, qui m'accompagnèrent à mon retour.

Il fut convenu que je partirois au milieu de la nuit. Comme le jour n'étoit pas encore à sa fin, nous soupâmes sur les terrasses qui forment le toit du couvent. Les monastères de Terre-Sainte ressemblent à des forteresses lourdes et écrasées, et ne rappellent en aucune façon les monastères de l'Europe. Nous jouissions d'une vue charmante : les maisons de Rama sont des cahuttes de plâtre, surmontées d'un petit dôme tel que celui d'une mosquée ou d'un tombeau de santon ; elles semblent placées dans un bois d'oliviers, de figuiers, de grenadiers, et sont entourées de grands nopals qui affectent des formes bizarres, et entassent en désordre les unes sur les autres leurs palettes épineuses. Du milieu de ce groupe confus d'arbres et de maisons s'élancent les plus beaux palmiers de l'Idumée. Il y en avoit un surtout dans la cour du couvent que je ne me lassois point d'admirer: il montoit en colonne à la hauteur de plus de trente pieds, puis épanouissoit avec grâce ses rameaux recourbés, au-dessous desquels les dattes à moitié mûres pendoient comme des cristaux de corail.

Rama est l'ancienne Arimathie, patrie de cet homme juste qui eut la gloire d'ensevelir le Sauveur. Ce fut à Lod, Lydda ou Diospolis, village à une demi-lieue de Rama, que saint Pierre opéra le miracle de la guérison du paralytique. Pour ce qui concerne Rama, considérée sous les rapports du commerce, on peut consulter les Mémoires du baron de Tott, et le Voyage de M. de Volney.

Nous sortîmes de Rama le 4 octobre à minuit. Le Père Président nous conduisit par des chemins détournés à l'endroit où nous attendoit Abou-Gosh, et retourna ensuite à son couvent. Notre troupe étoit composée du chef arabe, du drogman de Jérusalem, de mes deux domestiques, et du Bédouin de Jafa qui conduisoit l'âne chargé du bagage. Nous gardions toujours la robe et la contenance de pauvres pélerins latins, mais nous étions armés sous nos habits.

Après avoir chevauché une heure sur un terrain inégal, nous arrivâmes à quelques masures placées au haut d'une éminence rocailleuse. Nous franchîmes un des ressauts de la plaine, et au bout d'une autre heure de marche, nous parvînmes à la première ondulation des montagnes de Judée. Nous tournâmes par un ravin raboteux autour d'un monticule isolé et aride. Au sommet de ce tertre on entrevoyoit un village en ruines et les pierres éparses d'un cimetière abandonné : ce village porte le nom de *Latroun* ou du Laron : c'est la patrie du criminel qui se repentit sur la croix, et qui fit faire au Christ son dernier acte de miséricorde. Trois milles plus loin, nous entrâmes dans les montagnes. Nous suivions le lit desséché d'un torrent: la lune, diminuée d'une moitié, éclairoit à peine nos pas dans ces profondeurs; les sangliers faisoient entendre autour de nous un cri singulièrement sauvage. Je compris, à la désolation de ces bords, comment la fille de Jephté vouloit pleurer sur la montagne de Judée, et pourquoi les prophètes alloient gémir sur les hauts lieux. Quand le jour fut venu, nous nous trouvâmes au milieu d'un labyrinthe de montagnes de forme conique, à peu près semblables entr'elles et enchaînées l'une à l'autre par la base. La roche qui formoit le fond de ces montagnes perçoit la terre. Ses bandes, ou ses corniches parallèles, étoient disposées comme les gradins d'un amphithéâtre romain, ou comme ces murs en échelons avec lesquels on soutient les vignes dans les vallées de la Savoie (1). A chaque redan du rocher croissoient des touffes de chênes nains, des buis

―――――――――――――

(1) On les soutenoit autrefois de la même manière en Judée.

et des lauriers roses. Dans le fond des ravins s'élevoient des oliviers; et quelquefois ces arbres formoient des bois entiers sur le flanc des montagnes. Nous entendîmes crier divers oiseaux, entr'autres des geais. Parvenus au plus haut point de cette chaîne, nous découvrîmes, derrière nous (au midi et à l'occident), la plaine de Saron jusqu'à Jafa, et l'horizon de la mer jusqu'à Gaza; devant nous (au nord et au levant), s'ouvroit le vallon de Saint-Jérémie, et, dans la même direction, sur le haut d'un rocher, on apercevoit au loin une vieille forteresse appelée le Château des Macchabées. On croit que l'auteur des Lamentations vint au monde dans le village qui a retenu son nom au milieu de ces montagnes : il est certain que la tristesse de ces lieux semble respirer dans les cantiques du prophète des douleurs. (1)

Cependant en approchant de Saint-Jérémie, je fus un peu consolé par un spectacle inattendu. Des troupeaux de chèvres à oreilles tombantes, des moutons à larges queues, des

---

(1) Mais cette tradition du pays ne tient pas contre la critique.

ânes qui rappeloient par leur beauté l'onagre des Ecritures, sortoient du village au lever de l'aurore. Des femmes arabes faisoient sécher des raisins dans les vignes; quelques-unes avoient le visage couvert d'un voile, et portoient sur leur tête un vase plein d'eau, comme les filles de Madian. La fumée du hameau montoit en vapeur blanche aux premiers rayons du jour ; on entendoit des voix confuses, des chants, des cris de joie : cette scène formoit un contraste agréable avec la désolation du lieu, et les souvenirs de la nuit.

Notre chef arabe avoit reçu d'avance le droit que la tribu exige des voyageurs, et nous passâmes sans obstacle. Tout-à-coup je fus frappé de ces mots prononcés distinctement en français : « En avant : Marche ! » Je tournai la tête, et j'aperçus une troupe de petits Arabes tout nus qui faisoient l'exercice avec des bâtons de palmiers. Je ne sais quel vieux souvenir de ma première vie me tourmente : et quand on me parle d'un soldat français, le cœur me bat ; mais voir de petits Bédouins dans les montagnes de la Judée, imiter nos exercices militaires et garder le souvenir de notre valeur ; les entendre prononcer ces mots qui sont, pour ainsi dire, les mots-d'ordre de nos armées, et les seuls que sachent nos grenadiers, il y auroit eu de quoi toucher un homme moins amoureux que moi de la gloire de sa patrie. Je ne fus pas si effrayé que Robinson quand il entendit parler son perroquet, mais je ne fus pas moins charmé que ce fameux voyageur. Je donnai quelques médins au petit bataillon, en lui disant : « En avant : Marche! » Et afin de ne rien oublier, je lui criai : « Dieu le veut ! Dieu le veut! » comme les compagnons de Godefroy et de saint Louis.

De la vallée de Jérémie nous descendîmes dans celle de Térébinthe. Elle est plus profonde et plus étroite que la première. On y voit des vignes, et quelques roseaux de doura. Nous arrivâmes au torrent où David enfant prit les cinq pierres dont il frappa le géant Goliath. Nous passâmes ce torrent sur un pont de pierres, le seul qu'on rencontre dans ces déserts : le torrent conservoit encore un peu d'eau stagnante. Tout près de là, à main gauche, sous un village appelé Kaloni, je remarquai parmi des ruines plus modernes, les débris d'une fabrique antique. L'abbé Mariti attribue ce monument à je ne sais quels moines. Pour un voyageur italien, l'erreur est grossière. Si l'architecture de ce monument n'est pas hébraïque, elle est certainement romaine : l'aplomb, la taille et le volume des pierres ne laissent aucun doute à ce sujet.

Après avoir passé le torrent, on découvre le village de Keriet-Lefta au bord d'un autre torrent desséché qui ressemble à un grand chemin poudreux. El-Biré se montre au loin, au sommet d'une haute montagne, sur la route de Nablous, Nabolos, ou Nabolosa, la Sichem du royaume d'Israël, et la Néapolis des Hérodes. Nous continuâmes à nous enfoncer dans un désert où des figuiers sauvages clair-semés étaloient au vent du midi leurs feuilles noircies. La terre qui jusqu'alors avoit conservé quelque verdure se dépouilla ; les flancs des montagnes s'élargirent, et prirent à la fois un air plus grand et plus stérile. Bientôt toute végétation cessa ; les mousses même disparurent. L'amphithéâtre tumultueux des montagnes se teignit d'une couleur rouge et ardente. Nous gravîmes pendant une heure ces régions attristées, pour atteindre un col élevé que nous voyions devant nous. Parvenus à ce passage, nous cheminâmes pendant une autre heure sur un plateau nu, semé de pierres roulantes. Tout-à-coup, à l'extrémité de ce plateau, j'aperçus une ligne de murs gothiques flanqués de tours carrées, et derrière lesquels s'élevoient quelques pointes d'édifices. Au pied de ces murs paroissoit un camp de cavalerie turque, dans toute la pompe orientale. Le guide s'écria : « El-Cods ! » La Sainte (Jérusalem)! et il s'enfuit au grand galop. (1)

Je conçois maintenant ce que les historiens et les voyageurs rapportent de la surprise des Croisés et des pélerins, à la première vue de Jérusalem (2). Je puis assurer que quiconque

---

(1) Abou-Gosh, quoique sujet du Grand-Seigneur, avoit peur d'être *avanisé* et bâtonné par le pacha de Damas, dont nous apercevions le camp.

(2) *O bone Jesu, ut castra tua viderunt hujus terrenœ* Jerusalem *muros, quantos exitus aquarum oculi eorum deduxerunt! Et mox terrœ procumbentia, sonitu oris et nutu inclinati corporis Sanctum Sepulchrum tuum salutaverunt; et te, qui in eo jacuisti, ut sedentem in dexterâ Patris, ut venturum judicem omnium, adoraverunt.* Rob., *Monachus,* libr. IX.

Ubi verò ad locum ventum est, undè ipsam tur-

a eu comme moi la patience de lire à peu près deux cents relations modernes de la Terre-

---

ritam Jerusalem possent admirari, quis quàm multas ediderint lachrymas dignè recenseat? Quis affectus illos convenienter exprimat? Extorquebat gaudium suspiria, et singultus generabat immensa lœtitia. Omnes visa Jerusalem substiterunt, et adoraverunt; et flexo poplite terram sanctam deosculati sunt: omnes nudis pedibus ambularent, nisi metus hostilis eos armatos incedere debere præciperet. Ibant, et flebant; et qui orandi gratiâ convenerant, pugnaturi priùs arma deferebant. Fleverunt igitur super illam, super quam et Christus illorum fleverat: et mirum in modum, super quam flebant, feriâ tertiâ, octavo idus junii, obsederunt: Obsederunt, inquam, non tanquàm novercam privigni, sed quasi matrem filii. BALDRIC., *Hist. Jerosol.* libr. IV.

Le Tasse a imité ce passage :

Ecco apparir Gierusalem si vede;
Ecco additar Gierusalem si scorge;
Ecco da mille voci unitamente
Gierusalemme salutar si sente, etc. etc.

Les strophes qui suivent sont admirables :

Al grand piacer che quella prima vista
Dolcemente spirò nell' altrui petto,
Alta contrition successe, etc.

Sainte, les compilations rabbiniques, et les passages des anciens sur la Judée, ne connoît rien du tout encore. Je restai les yeux fixés sur Jérusalem, mesurant la hauteur de ses murs, recevant à la fois tous les souvenirs de l'histoire, depuis Abraham jusqu'à Godefroy de Bouillon, pensant au monde entier changé par la mission du Fils de l'Homme, et cherchant vainement ce Temple, dont *il ne reste pas pierre sur pierre*. Quand je vivrois mille ans, jamais je n'oublierai ce désert qui semble respirer encore la grandeur de Jéhova, et les épouvantemens de la mort. (1)

Les cris du drogman qui me disoit de serrer notre troupe, parce que nous allions entrer dans le camp, me tirèrent de la stupeur où la vue des Lieux-Saints m'avoit jeté. Nous passâmes au milieu des tentes; ces tentes étoient de peaux de brebis noires : il y avoit quelques pavillons de toile rayée, entr'autres, celui du pacha. Les chevaux sellés et bridés étoient attachés à des piquets. Je fus surpris de voir quatre pièces d'artillerie à

---

(1) Nos anciennes Bibles françaises appellent la Mort, le Roi des épouvantemens.

cheval; elles étoient bien montées, et le charronnage m'en parut anglais. Notre mince équipage et nos robes de pèlerins excitoient la risée des soldats. Comme nous approchions de la porte de la ville, le pacha sortoit de Jérusalem. Je fus obligé d'ôter promptement le mouchoir que j'avois jeté sur mon chapeau pour me défendre du soleil, dans la crainte de m'attirer une disgrâce pareille à celle du pauvre Joseph à Tripolizza.

Nous entrâmes dans Jérusalem par la porte des Pélerins. Auprès de cette porte s'élève la tour de David, plus connue sous le nom de la tour des Pisans. Nous payâmes le tribut, et nous suivîmes la rue qui se présentoit devant nous : puis, tournant à gauche, entre des espèces de prisons de plâtres qu'on appelle des maisons, nous arrivâmes, à midi 22 minutes, au monastère des Pères latins. Il étoit envahi par les soldats d'Abdallah, qui se faisoient donner tout ce qu'ils trouvoient à leur convenance.

Il faut être dans la position des Pères de Terre-Sainte pour comprendre le plaisir que leur causa mon arrivée. Ils se crurent sauvés par la présence d'un seul Français. Je remis

au père Bonaventure de Nola, Gardien du couvent, une lettre de M. le général Sébastiani. « Monsieur, me dit le Gardien, c'est la Pro-
» vidence qui vous amène. Vous avez des fir-
» mans de route? Permettez-nous de les en-
» voyer au Pacha; il saura qu'un Français est
» descendu au couvent; il nous croira spécia-
» lement protégés de l'Empereur. L'année der-
» nière il nous contraignit de payer soixante
» mille piastres; d'après l'usage, nous ne lui
» en devons que quatre mille, encore à titre
» de simple présent. Il veut cette année nous
» arracher la même somme, et il nous me-
» nace de se porter aux dernières extrémités
» si nous la refusons. Nous serons obligés de
» vendre les vases sacrés; car depuis quatre
» ans nous ne recevons plus aucune aumône de
» l'Europe : si cela continue, nous nous ver-
» rons forcés d'abandonner la Terre-Sainte,
» et de livrer aux Mahométans le Tombeau
» de Jésus-Christ. »

Je me trouvai trop heureux de pouvoir rendre ce léger service au Gardien. Je le priai toutefois de me laisser aller au Jourdain, avant d'envoyer les firmans, pour ne pas augmenter les difficultés d'un voyage toujours dangereux : Abdallah auroit pu me faire assassiner en route, et rejeter le tout sur les Arabes.

Le père Clément Perès, procureur-général du couvent, homme très-instruit, d'un esprit fin, orné et agréable, me conduisit à la chambre d'honneur des pèlerins. On y déposa mes bagages, et je me préparai à quitter Jérusalem, quelques heures après y être entré. J'avois cependant plus besoin de repos que de guerroyer avec les Arabes de la mer Morte. Il y avoit long-temps que je courois la terre et la mer pour arriver aux Saints-Lieux : à peine touchois-je au but de mon voyage, que je m'en éloignois de nouveau. Mais je crus devoir ce sacrifice à des religieux qui font eux-mêmes un perpétuel sacrifice de leurs biens et de leurs vies. D'ailleurs j'aurois pu concilier l'intérêt des Pères et ma sûreté en renonçant à voir le Jourdain ; et il ne tenoit qu'à moi de mettre des bornes à ma curiosité.

Tandis que j'attendois l'instant du départ, les religieux se mirent à chanter dans l'église du monastère. Je demandai la cause de ces chants, et j'appris que l'on célébroit la fête du

Patron de l'Ordre. Je me souvins alors que nous étions au 4 octobre, jour de la Saint-François, jour de ma naissance et de ma fête. Je courus au chœur, et j'offris des vœux pour le repos de celle qui m'avoit autrefois donné la vie à pareil jour : *Paries liberos in dolore.* Je regarde comme un bonheur que ma première prière à Jérusalem n'ait pas été pour moi. Je considérois avec respect ces religieux qui chantoient les louanges du Seigneur à trois cents pas du tombeau de Jésus-Christ ; je me sentois touché à la vue de cette foible, mais invincible milice restée seule à la garde du Saint-Sépulcre, quand les rois l'ont abandonné :

<small>Voilà donc quels vengeurs s'arment pour ta querelle !</small>

Le père Gardien envoya chercher un Turc, appelé Ali-Aga, pour me conduire à Bethléem. Cet Ali-Aga étoit fils d'un aga de Rama, qui avoit eu la tête tranchée sous la tyrannie de Djezzar. Ali étoit né à Jéricho, aujourd'hui Rihha, et il se disoit gouverneur de ce village. C'étoit un homme de tête et de courage, dont j'eus beaucoup à me louer. Il commença d'abord par nous faire quitter, à moi et à mes domestiques, le vêtement arabe pour reprendre l'habit français: cet habit, naguères si méprisé des Orientaux, inspire aujourd'hui le respect et la crainte. La valeur française est rentrée en possession de la renommée qu'elle avoit autrefois dans ce pays : ce furent des chevaliers de France qui rétablirent le royaume de Jérusalem, comme ce sont des soldats de France qui ont cueilli les dernières palmes de l'Idumée. Les Turcs vous montrent à la fois et la *Tour* de Baudouin et le *Camp* de l'Empereur: on voit au Calvaire l'épée de Godefroy de Bouillon, qui, dans son vieux fourreau, semble encore garder le Saint-Sépulcre.

On nous amena à cinq heures du soir trois bons chevaux; Michel, drogman du couvent, se joignit à nous; Ali se mit à notre tête, et nous partîmes pour Bethléem, où nous devions coucher, et prendre une escorte de six Arabes. J'avois lu que le Gardien de Saint-Sauveur est le seul Franc qui ait le privilége de monter à cheval à Jérusalem, et j'étois un peu surpris de galoper sur une jument arabe ; mais j'ai su depuis que tout voyageur en peut faire autant pour son argent. Nous sortîmes de Jérusalem par la porte de Damas; puis, tournant à gauche et traversant les ravins au pied du mont Sion, nous gravîmes une montagne sur le plateau de laquelle nous cheminâmes pendant une heure. Nous laissions Jérusalem au nord derrière nous; nous avions au couchant les montagnes de Judée, et au levant, par-delà la mer Morte, les montagnes d'Arabie. Nous passâmes le couvent de Saint-Elie. On ne manque pas de faire remarquer, sous un olivier et sur un rocher au bord du chemin, l'endroit où ce prophète se reposoit lorsqu'il alloit à Jérusalem. A une lieue plus loin, nous entrâmes dans le champ de Rama, où l'on trouve le tombeau de Rachel. C'est un édifice carré, surmonté d'un petit dôme: il jouit des priviléges d'une mosquée; les Turcs, ainsi que les Arabes, honorent les familles des patriarches. Les traditions des Chrétiens s'accordent à placer le sépulcre de Rachel dans ce lieu : la critique historique est favorable à cette opinion; mais, malgré Thévenot, Monconys, Roger, et tant d'autres, je ne puis reconnoître un monument antique dans ce qu'on appelle aujourd'hui le tombeau de Rachel : c'est évidemment une fabrique turque consacrée à un santon.

Nous aperçûmes dans la montagne (car la nuit étoit venue) les lumières du village de Rama. Le silence étoit profond autour de nous. Ce fut sans doute dans une pareille nuit que l'on entendit tout-à-coup la voix de Rachel: *Vox in Ramâ audita est, ploratus et ululatus multus; Rachel plorans filios suos, et noluit consolari, quia non sunt.* Ici la mère d'Astyanax et celle d'Euryale sont vaincues : Homère et Virgile cèdent la palme de la douleur à Jérémie.

Nous arrivâmes par un chemin étroit et scabreux à Bethléem. Nous frappâmes à la porte du couvent; l'alarme se mit parmi les religieux, parce que notre visite étoit inattendue, et que le turban d'Ali inspira d'abord l'épouvante; mais tout fut bientôt expliqué.

Bethléem reçut son nom d'Abraham, et Bethléem signifie la *Maison de Pain*. Elle fut surnommée Ephrata (Fructueuse), du nom de la femme de Caleb, pour la distinguer d'une autre Bethléem de la tribu de Zabulon. Elle appartenoit à la tribu de Juda; elle porta aussi le nom de Cité de David; elle étoit la patrie de ce monarque, et il y garda les troupeaux dans son enfance. Abissan, septième juge d'Israël, Elimelech, Obed, Jessé et Booz naquirent comme David à Bethléem ; et c'est là qu'il faut placer l'admirable églogue de Ruth. Saint Mathias, apôtre, eut aussi le bonheur de recevoir le jour dans la cité où le Messie vint au monde.

   Les premiers Fidèles avoient élevé un oratoire sur la Crèche du Sauveur. Adrien le fit renverser pour y placer une statue d'Adonis. Sainte Hélène détruisit l'idole et bâtit au même lieu une église dont l'architecture se mêle aujourd'hui aux différentes parties ajoutées par les princes chrétiens. Tout le monde sait que saint Jérôme se retira à Bethléem. Bethléem conquise par les Croisés retomba avec Jérusalem sous le joug infidèle ; mais elle a toujours été l'objet de la vénération des pélerins. De saints religieux, se dévouant à un martyre perpétuel, l'ont gardée pendant sept siècles. Quant à la Bethléem moderne, à son sol, à ses productions, à ses habitans, on peut consulter M. de Volney. Je n'ai pourtant point remarqué dans la vallée de Bethléem la fécondité qu'on lui attribue ; il est vrai que sous le gouvernement turc le terrain le plus fertile devient désert en peu d'années.

Le 5 octobre, à quatre heures du matin, je commençai la revue des monumens de Bethléem. Quoique ces monumens aient été souvent décrits, le sujet par lui-même est si intéressant, que je ne puis me dispenser d'entrer dans quelques détails.

Le couvent de Bethléem tient à l'église par une cour fermée de hautes murailles. Nous traversâmes cette cour, et une petite porte latérale nous donna passage dans l'église. Cette église est certainement d'une haute antiquité, et quoique souvent détruite et souvent réparée, elle conserve les marques de son origine grecque. Sa forme est celle d'une croix. La longue nef, ou, si l'on veut, le pied de la croix, est ornée de quarante-huit colonnes d'ordre corinthien, placées sur quatre lignes. Ces colonnes ont deux pieds six pouces de diamètre, près la base, et dix-huit pieds de hauteur, y compris la base et le chapiteau. Comme la voûte de cette nef manque, les colonnes ne portent rien qu'une frise de bois qui remplace l'architrave et tient lieu de l'entablement entier. Une charpente à jour prend sa naissance au haut des murs et s'élève en dôme pour porter un toit qui n'existe plus, ou qui n'a jamais été achevé. On dit que cette charpente est de bois de cèdre, mais c'est une erreur. Les murs sont percés de grandes fenêtres : ils étoient ornés autrefois de tableaux en mosaïque et de passages de l'Evangile, écrits en caractères grecs et latins : on en voit encore des traces. La plupart de ces inscriptions sont rapportées par Quaresmius. L'abbé Mariti relève avec aigreur une méprise de ce savant religieux, touchant une date : un très-habile homme peut se tromper ; mais celui qui en avertit le public, sans égard et sans politesse, prouve moins sa science que sa vanité.

Les restes des mosaïques que l'on aperçoit çà et là, et quelques tableaux peints sur bois, sont intéressans pour l'histoire de l'art : ils présentent en général des figures de face, droites, roides, sans mouvement et sans ombre ; mais l'effet en est majestueux et le caractère noble et sévère. Je n'ai pu, en examinant ces peintures, m'empêcher de penser au respectable M. d'Agincourt, qui fait à Rome l'Histoire des Arts du dessin dans le moyen âge (1), et qui trouveroit à Bethléem de grands secours.

La secte chrétienne des Arméniens est en possession de la nef que je viens de décrire. Cette nef est séparée des trois autres branches de la croix par un mur, de sorte que l'église n'a plus d'unité. Quand vous avez passé ce mur, vous vous trouvez en face du sanctuaire ou du chœur, qui occupe le haut de la croix. Ce chœur est élevé de trois degrés au-dessus de la nef. On y voit un autel dédié aux Mages. Sur le pavé, au bas de cet autel, on remarque une étoile de marbre : la tradition veut que cette étoile corresponde au point du ciel où s'arrêta l'étoile miraculeuse qui conduisit les trois Rois. Ce qu'il y a de certain, c'est que l'endroit où naquit le Sauveur du monde, se trouve perpendiculairement au dessous de cette étoile de marbre, dans l'église souterraine de la Crèche. Je parlerai de celle-ci dans un moment. Les Grecs occupent le sanctuaire des Mages, ainsi que les

---

(1) Nous jouissons enfin des premières livraisons de cet excellent ouvrage, fruit d'un travail de trente années et des recherches les plus curieuses.

deux autres nefs formées par les deux extrémités de la traverse de la croix. Ces deux dernières nefs sont vides et sans autels.

Deux escaliers tournans, composés chacun de quinze degrés, s'ouvrent aux deux côtés du chœur de l'église extérieure, et descendent à l'église souterraine, placée sous ce chœur. Celle-ci est le lieu à jamais révéré de la nativité du Sauveur. Avant d'y entrer, le supérieur me mit un cierge à la main et me fit une courte exhortation. Cette sainte grotte est irrégulière, parce qu'elle occupe l'emplacement irrégulier de l'Etable et de la Crèche. Elle a trente-sept pieds et demi de long, onze pieds trois pouces de large, et neuf pieds de haut. Elle est taillée dans le roc : les parois de ce roc sont revêtus de marbre, et le pavé de la grotte est également d'un marbre précieux. Ces embellissemens sont attribués à sainte Hélène. L'église ne tire aucun jour du dehors, et n'est éclairée que par la lumière de trente-deux lampes envoyées par différens princes chrétiens. Tout au fond de la grotte, du côté de l'orient, est la place où la Vierge enfanta le Rédempteur des hommes. Cette place est marquée par un marbre blanc, incrusté de jaspe et entouré d'un cercle d'argent, radié en forme de soleil. On lit ces mots à l'entour :

HIC DE VIRGINE MARIA
JESUS CHRISTUS NATUS EST.

Une table de marbre qui sert d'autel, est appuyée contre le flanc du rocher, et s'élève au-dessus de l'endroit où le Messie vint à la lumière. Cet autel est éclairé par trois lampes, dont la plus belle a été donnée par Louis XIII.

A sept pas de là, vers le midi, après avoir passé l'entrée d'un des escaliers qui montent à l'église supérieure, vous trouvez la Crèche. On y descend par deux degrés, car elle n'est pas de niveau avec le reste de la grotte. C'est une voûte peu élevée, enfoncée dans le rocher. Un bloc de marbre blanc, exhaussé d'un pied au-dessus du sol, et creusé en forme de berceau, indique l'endroit même où le Souverain du ciel fut couché sur la paille :

« Joseph partit aussi de la ville de Naza» reth qui est en Galilée, et vint en Judée
» à la ville de David appelée Bethléem, parce

» qu'il étoit de la maison et de la famille de
» David,

» Pour se faire enregistrer avec Marie son
» épouse, qui étoit grosse.

» Pendant qu'ils étoient en ce lieu, il arriva
» que le temps auquel elle devoit accoucher
» s'accomplit;

» Et elle enfanta son fils premier-né, et
» l'ayant emmailloté, elle le coucha dans
» une crèche, parce qu'il n'y avoit point de
» place pour eux dans l'hôtellerie. » (1)

A deux pas, vis-à-vis la crèche, est un autel qui occupe la place où Marie étoit assise lorsqu'elle présenta l'enfant des douleurs aux adorations des Mages :

« Jésus étant donc né dans Bethléem, ville
» de la tribu de Juda, du temps du roi Hé-
» rode, des Mages vinrent de l'Orient en Jé-
» rusalem,

» Et ils demandèrent : Où est le Roi des
» Juifs, qui est nouvellement né? Car nous
» avons vu son étoile en Orient, et nous
» sommes venus l'adorer.

» . . . .

---

(1) Saint Luc.

» Et en même temps l'étoile qu'ils avoient
» vue en Orient, alloit devant eux, jusqu'à
» ce qu'étant arrivée sur le lieu où étoit l'en-
» fant, elle s'y arrêta.

» Lorsqu'ils virent l'étoile, ils furent tous
» transportés de joie :

» Et entrant dans la maison, ils trouvèrent
» l'enfant avec Marie sa mère, et se pros-
» ternant en terre, ils l'adorèrent ; puis,
» ouvrant leurs trésors, ils lui offrirent
» pour présens, de l'or, de l'encens et de la
» myrrhe. » (1)

Rien n'est plus agréable et plus dévot que cette église souterraine. Elle est enrichie de tableaux des écoles italienne et espagnole. Ces tableaux représentent les mystères de ces lieux, des Vierges et des Enfans d'après Raphaël, des Annonciations, l'Adoration des Mages, la Venue des Pasteurs, et tous ces miracles mêlés de grandeur et d'innocence. Les ornemens ordinaires de la Crèche sont de satin bleu brodés en argent. L'encens fume sans cesse devant le berceau du Sauveur. J'ai entendu un orgue, fort bien touché, jouer, à la

---

(1) Saint Matth.

messe, les airs les plus doux et les plus tendres des meilleurs compositeurs d'Italie. Ces concerts charment l'Arabe chrétien qui, laissant paître ses chameaux, vient, comme les antiques bergers de Bethléem, adorer le Roi des Rois dans sa Crèche. J'ai vu cet habitant du désert communier à l'autel des Mages, avec une ferveur, une piété, une religion inconnues des Chrétiens de l'Occident. « Nul
» endroit dans l'univers, dit le père Neret,
» n'inspire plus de dévotion..... L'abord con-
» tinuel des caravanes de toutes les nations
» chrétiennes..... les prières publiques, les
» prosternations..... la richesse même des pré-
» sens que les princes chrétiens y ont en-
» voyés..... tout cela excite en votre ame des
» choses qui se font sentir beaucoup mieux
» qu'on ne peut les exprimer. »

Ajoutons qu'un contraste extraordinaire rend encore ces choses plus frappantes; car en sortant de la grotte où vous avez retrouvé la richesse, les arts, la religion des peuples civilisés, vous êtes transportés dans une solitude profonde, au milieu des masures arabes, parmi des Sauvages demi-nus et des Musulmans sans foi. Ces lieux sont pourtant ceux-là même où s'opérèrent tant de merveilles; mais cette terre sainte n'ose plus faire éclater au-dehors son allégresse, et les souvenirs de sa gloire sont renfermés dans son sein.

Nous descendîmes, de la grotte de la Nativité, dans la chapelle souterraine où la tradition place la sépulture des Innocens: « Hérode envoya tuer à Bethléem et en tout le » pays d'alentour, tous les enfans âgés de » deux ans et au-dessous: alors s'accomplit » ce qui avoit été dit par le prophète Jérémie: » *Vox in Ramâ audita est.* »

La chapelle des Innocens nous conduisit à la grotte de saint Jérôme: on y voit le sépulcre de ce docteur de l'Eglise, celui de saint Eusèbe, et les tombeaux de sainte Paule et de sainte Eustochie.

Saint Jérôme passa la plus grande partie de sa vie dans cette grotte. C'est de là qu'il vit la chute de l'Empire romain; ce fut là qu'il reçut ces patriciens fugitifs, qui, après avoir possédé les palais de la terre, s'estimèrent heureux de partager la cellule d'un cénobite. La paix du saint et les troubles du monde font un merveilleux effet dans les lettres du savant interprète de l'Ecriture.

Sainte Paule et sainte Eustochie sa fille étoient deux grandes dames romaines de la famille des Gracques et des Scipions. Elles quittèrent les délices de Rome pour venir vivre et mourir à Bethléem dans la pratique des vertus monastiques. Leur épitaphe, faite par saint Jérôme, n'est pas assez bonne, et est trop connue pour que je la rapporte ici.

Scipio quam genuit, etc.

On voit dans l'oratoire de saint Jérôme un tableau où ce saint conserve l'air de tête qu'il a pris sous le pinceau du Carrache et du Dominiquin. Un autre tableau offre les images de Paule et d'Eustochie. Ces deux héritières de Scipion sont représentées mortes et couchées dans le même cercueil. Par une idée touchante, le peintre a donné aux deux saintes une ressemblance parfaite; on distingue seulement la fille de la mère, à sa jeunesse et à son voile blanc : l'une a marché plus long-temps et l'autre plus vîte dans la vie; et elles sont arrivées au port au même moment.

Dans les nombreux tableaux que l'on voit aux Lieux-Saints, et qu'aucun voyageur n'a décrits (1); j'ai cru quelquefois reconnoître la touche mystique et le ton inspiré du Murillos : il seroit assez singulier qu'un grand-maître eût, à la Crèche ou au Tombeau du Sauveur, quelque chef-d'œuvre inconnu.

Nous remontâmes au couvent. J'examinai la campagne du haut d'une terrasse. Bethléem est bâti sur un monticule qui domine une longue vallée. Cette vallée s'étend de l'Est à l'ouest : la colline du midi est couverte d'oliviers clair-semés sur un terrain rougeâtre, hérissé de cailloux ; la colline du nord porte des figuiers, sur un sol semblable à celui de l'autre colline. On découvre çà et là quelques ruines, entr'autres, les débris d'une tour qu'on appelle la Tour de Sainte-Paule. Je rentrai dans le monastère qui doit une partie de sa richesse à Baudouin, roi de Jérusalem et successeur de Godefroy de Bouillon : c'est une véritable forteresse, et ses murs sont si épais, qu'ils soutiendroient aisément un siége contre les Turcs.

---

(1) Villamont avoit été frappé de la beauté d'un Saint-Jérôme.

L'escorte arabe étant arrivée, je me préparai à partir pour la mer Morte. En déjeunant avec les religieux qui formoient un cercle autour de moi, ils m'apprirent qu'il y avoit au couvent un Père, français de nation. On l'envoya chercher : il vint les yeux baissés, les deux mains dans ses manches, marchant d'un air sérieux ; il me donna un salut froid et court. Je n'ai jamais entendu chez l'étranger, le son d'une voix française sans être ému :

Ω φίλτατον φώνημα! φεῦ τὸ καὶ λαϐεῖν
Πρόσφθεγμα τοιοῦδ᾽ ἀνδρὸς ἐν χρόνῳ μακρῷ!

Après un si long temps. . . . .
O que cette parole à mon oreille est chère.

Je fis quelques questions à ce religieux. Il me dit qu'il s'appeloit le père Clément ; qu'il étoit des environs de Mayenne ; que se trouvant dans un monastère en Bretagne, il avoit été déporté en Espagne avec une centaine de prêtres comme lui ; qu'ayant reçu l'hospitalité dans un couvent de son Ordre, ses supérieurs l'avoient ensuite envoyé missionnaire en Terre-Sainte. Je lui demandai s'il n'avoit point envie de revoir sa patrie, et s'il vouloit écrire à sa famille. Voici sa réponse mot pour mot : « Qui est-ce qui se » souvient encore de moi en France ? Sais-» je si j'ai encore des frères et des sœurs ? » J'espère obtenir, par le mérite de la Crèche » du Sauveur, la force de mourir ici, sans » importuner personne, et sans songer à un » pays où je suis oublié. »

Le père Clément fut obligé de se retirer : ma présence avoit réveillé dans son cœur des sentimens qu'il cherchoit à éteindre. Telles sont les destinées humaines : un Français gémit aujourd'hui sur la perte de son pays, aux mêmes bords dont les souvenirs inspirèrent autrefois le plus beau des cantiques sur l'amour de la patrie :

Super flumina Babylonis!

Mais ces fils d'Aaron qui suspendirent leurs harpes aux saules de Babylone, ne rentrèrent pas tous dans la cité de David; ces filles de Judée qui s'écrioient sur les bords de l'Euphrate :

O rives du Jourdain ! ô champs aimés des cieux !

ces compagnes d'Esther ne revirent pas toutes

Emmaüs et Bethel : plusieurs laissèrent leurs dépouilles aux champs de la captivité.

A dix heures du matin nous montâmes à cheval et nous sortîmes de Bethléem. Six Arabes bethléémites à pied, armés de poignards et de longs fusils à mèche, formoient notre escorte. Ils marchoient trois en avant et trois en arrière de nos chevaux. Nous avions ajouté à notre cavalerie un âne qui portoit l'eau et les provisions. Nous prîmes la route du monastère de Saint-Saba, d'où nous devions ensuite descendre à la mer Morte et revenir par le Jourdain.

Nous suivîmes d'abord le vallon de Bethléem, qui s'étend au levant, comme je l'ai dit. Nous passâmes une croupe de montagnes où l'on voit sur la droite une vigne nouvellement plantée, chose assez rare dans le pays pour que je l'aie remarquée. Nous arrivâmes à une grotte appelée la Grotte des Pasteurs. Les Arabes l'appellent encore *Dia-el-Natour*, le Village des Bergers. On prétend qu'Abraham faisoit paître ses troupeaux dans ce lieu, et que les bergers de Judée furent avertis dans ce même lieu de la naissance du Sauveur :

« Or, il y avoit aux environs des bergers
» qui passoient la nuit dans les champs, veil-
» lant tour-à-tour à la garde de leur trou-
» peau :

» Et tout d'un coup un ange du Seigneur
» se présenta à eux, et une lumière divine les
» environna, ce qui les remplit d'une extrême
» crainte :

» Alors l'ange leur dit : Ne craignez point;
» car je viens vous apporter une nouvelle
» qui sera pour tout le peuple le sujet d'une
» grande joie :

» C'est qu'aujourd'hui, dans la ville de
» David, il vous est né un Sauveur, qui est
» le Christ, le Seigneur;

» Et voici la marque à laquelle vous le
» reconnoîtrez : Vous trouverez un enfant
» emmaillotté, couché dans une crèche.

» Au même instant il se joignit à l'ange
» une grande troupe de l'armée céleste,
» louant Dieu et disant :

» Gloire à Dieu au plus haut des cieux,
» et paix sur la terre aux hommes de bonne
» volonté, chéris de Dieu. »

La piété des Fidèles a transformé cette grotte en une chapelle. Elle devoit être autrefois très-ornée : j'y ai remarqué trois chapitaux d'ordre corinthien, et deux autres d'ordre ionique. La découverte de ces derniers étoit une véritable merveille ; car on ne trouve plus guères après le siècle d'Hélène, que l'éternel corinthien.

En sortant de cette grotte, et marchant toujours à l'orient, une pointe de compas au midi, nous quittâmes les montagnes rouges pour entrer dans une chaîne de montagnes blanchâtres. Nos chevaux enfonçoient dans une terre molle et craïeuse, formée des débris d'une roche calcaire. Cette terre étoit si horriblement dépouillée qu'elle n'avoit pas même une écorce de mousse. On voyoit seulement croître çà et là quelques touffes de plantes épineuses, aussi pâles que le sol qui les produit, et qui semblent couvertes de poussière, comme les arbres de nos grands chemins, pendant l'été.

En tournant une des croupes de ces montagnes, nous aperçûmes deux camps de Bédouins : l'un formé de sept tentes de peaux de brebis noires, disposées en carré long ouvert à l'extrémité orientale ; l'autre composé d'une douzaine de tentes plantées en cercle.

Quelques chameaux et des cavales paissoient dans les environs.

Il étoit trop tard pour reculer : il fallut faire bonne contenance et traverser le second camp. Tout se passa bien d'abord. Les Arabes touchèrent la main des Bethléémites et la barbe d'Ali-Aga. Mais à peine avions-nous franchi les dernières tentes, qu'un Bédouin arrêta l'âne qui portoit nos vivres. Les Bethléémites voulurent le repousser; l'Arabe appela ses frères à son secours. Ceux-ci sautent à cheval; on s'arme, on nous enveloppe. Ali parvint à calmer tout ce bruit pour quelque argent. Ces Bédouins exigèrent un droit de passage : ils prennent apparemment le désert pour un grand chemin; chacun est maître chez soi. Ceci n'étoit que le prélude d'une scène plus violente.

Une lieue plus loin, en descendant le revers d'une montagne, nous découvrîmes la cîme de deux hautes tours qui s'élevoient dans une vallée profonde. C'étoit le couvent de Saint-Saba. Comme nous nous en approchions, une nouvelle troupe d'Arabes, cachée au fond d'un ravin, se jeta sur notre escorte, en poussant des hurlemens. Dans un instant, nous vîmes voler les pierres, briller les poignards, ajuster les fusils. Ali se précipite dans la mêlée ; nous courons pour lui prêter secours. Il saisit le chef des Bédouins par la barbe, l'entraîne sous le ventre de son cheval, et le menace de l'écraser s'il ne fait finir cette querelle. Pendant le tumulte, un religieux grec crioit de son côté, et gesticuloit du haut d'une tour ; il cherchoit inutilement à mettre la paix. Nous étions tous arrivés à la porte de Saint-Saba. Les frères, en dedans, tournoient la clef mais avec lenteur ; car ils craignoient que dans ce désordre on ne pillât le monastère. Le janissaire, fatigué de ces délais, entroit en fureur, et contre les religieux, et contre les Arabes. Enfin, il tira son sabre et alloit abattre la tête du chef des Bédouins, qu'il tenoit toujours par la barbe avec une force surprenante, lorsque le couvent s'ouvrit. Nous nous précipitâmes tous pêle-mêle dans une cour, et la porte se referma sur nous. L'affaire devint alors plus sérieuse : nous n'étions point dans l'intérieur du couvent ; il y avoit une autre cour à passer, et la porte de cette cour n'étoit point ouverte. Nous étions renfermés dans un espace étroit, où nous nous blessions avec nos armes, et où nos chevaux, animés par le bruit, étoient devenus furieux. Ali prétendit avoir détourné un coup de poignard qu'un Arabe me portoit par derrière, et il montroit sa main ensanglantée; mais Ali, très-brave homme d'ailleurs, aimoit l'argent, comme tous les Turcs. La dernière porte du monastère s'ouvrit; le chef des religieux parut, dit quelques mots, et le bruit cessa. Nous apprîmes alors le sujet de la contestation.

Les derniers Arabes qui nous avoient attaqués appartenoient à une tribu qui prétendoit avoir seule le droit de conduire les étrangers à Saint-Saba. Les Bethléémites, qui desiroient avoir le prix de l'escorte, et qui ont une réputation de courage à soutenir, n'avoient pas voulu céder. Le supérieur du monastère avoit promis que je satisferois les Bédouins, et l'affaire s'étoit arrangée. Je ne leur voulois rien donner, pour les punir. Ali-Aga me représenta que si je tenois à cette résolution, nous ne pourrions jamais arriver au Jourdain; que ces Arabes iroient appeler les autres tribus; que nous serions infailliblement massacrés; que c'étoit la raison pour laquelle il n'avoit pas voulu tuer le chef; car une fois le sang versé, nous n'aurions eu d'autre parti à prendre que de retourner promptement à Jérusalem.

Je doute que les couvens de Scété soient placés dans des lieux plus tristes et plus désolés que le couvent de Saint-Saba. Il est bâti dans la ravine même du torrent de Cédron, qui peut avoir trois ou quatre cents pieds de profondeur dans cet endroit. Ce torrent est à sec et ne roule qu'au printemps une eau fangeuse et rougie. L'église occupe une petite éminence dans le fond du lit. De là les bâtimens du monastère s'élèvent par des escaliers perpendiculaires et des passages creusés dans le roc, sur le flanc de la ravine, et parviennent ainsi jusqu'à la croupe de la montagne, où ils se terminent par deux tours carrées. L'une de ces tours est hors du couvent; elle servoit autrefois de poste avancé pour surveiller les Arabes. Du haut de ces tours, on découvre les sommets stériles des montagnes de Judée; au-dessous de soi, l'œil plonge dans le ravin desséché du torrent de Cédron, où l'on voit des grottes qu'habitèrent jadis les premiers anachorètes. Des colombes bleues nichent aujourd'hui dans ces grottes, comme pour rappeler par leurs gémissemens, leur innocence et leur douceur, les saints qui peuploient autrefois ces rochers. Je ne dois point oublier un palmier qui croît dans un mur sur une des terrasses du couvent; je suis persuadé que tous les voyageurs le remarqueront comme moi : il faut être environné d'une stérilité aussi affreuse pour sentir le prix d'une touffe de verdure.

Quant à la partie historique du couvent de Saint-Saba, le lecteur peut avoir recours à la lettre du père Neret et à la Vie des Pères du Désert. On montre aujourd'hui dans ce monastère trois ou quatre mille têtes de morts, qui sont celles des religieux massacrés par les Infidèles. Les moines me laissèrent un quart d'heure tout seul avec ces reliques : ils sembloient avoir deviné que mon dessein étoit de peindre un jour la situation de l'ame des Solitaires de la Thébaïde. Mais je ne me rappelle pas encore sans un sentiment pénible, qu'un caloyer me voulut parler politique, et me raconter les secrets de la cour de Russie. « Hélas, mon Père, lui dis-je, où chercherez-» vous la paix, si vous ne la trouvez pas ici? »

Nous quittâmes le couvent à trois heures de l'après-midi ; nous remontâmes le torrent de Cédron ; ensuite, traversant la ravine, nous reprîmes notre route au levant. Nous découvrîmes Jérusalem par une ouverture des montagnes. Je ne savois trop ce que j'apercevois ; je croyois voir un amas de rochers brisés : l'apparition subite de cette Cité des Désolations au milieu d'une solitude désolée, avoit quelque chose d'effrayant ; c'étoit véritablement la Reine du Désert.

Nous avancions : l'aspect des montagnes étoit toujours le même, c'est-à-dire, blanc, poudreux, sans ombre, sans arbre, sans herbe et sans mousse. A quatre heures et demie, nous descendîmes de la haute chaîne de ces montagnes sur une chaîne moins élevée. Nous cheminâmes pendant cinquante minutes sur un plateau assez égal. Nous parvînmes enfin au dernier rang des monts qui bordent à l'Occident la vallée du Jourdain et les eaux de la mer Morte. Le soleil étoit près de se coucher : nous mîmes pied à terre pour laisser reposer les chevaux, et je contemplai à loisir le lac, la vallée et le fleuve.

Quand on parle d'une vallée, on se représente une vallée cultivée ou inculte : cultivée, elle est couverte de moissons, de vignes, de villages, de troupeaux; inculte, elle offre des herbages ou des forêts : si elle est arrosée par un fleuve, ce fleuve a des replis : les collines qui forment cette vallée, ont elles-mêmes des sinuosités dont les perspectives attirent agréablement les regards.

Ici, rien de tout cela : qu'on se figure deux longues chaînes de montagnes, courant parallèlement du septentrion au midi, sans détours, sans sinuosités. La chaîne du levant, appelée montagne d'Arabie, est la plus élevée; vue à la distance de huit à dix lieues, on diroit un grand mur perpendiculaire, tout-à-fait semblable au Jura par sa forme et par sa couleur azurée : on ne distingue pas un sommet, pas la moindre cime; seulement on aperçoit çà et là de légères inflexions, comme si la main du peintre qui a tracé cette ligne horizontale sur le ciel, eût tremblé dans quelques endroits. (1)

---

(1) Toutes ces descriptions de la mer Morte et du Jourdain se retrouvent dans les Martyrs, livre

La chaîne du couchant appartient aux montagnes de Judée. Moins élevée et plus inégale que la chaîne de l'Est, elle en diffère encore par sa nature : elle présente de grands monceaux de craie et de sable qui imitent la forme de faisceaux d'armes, de drapeaux ployés, ou de tentes d'un camp assis au bord d'une plaine. Du côté de l'Arabie, ce sont au contraire de noirs rochers à pic qui répandent au loin leur ombre sur les eaux de la mer Morte. Le plus petit oiseau du ciel ne trouveroit pas dans ces rochers un brin d'herbe pour se nourrir; tout y annonce la patrie d'un peuple réprouvé; tout semble y respirer l'horreur et l'inceste d'où sortirent Ammon et Moab.

La vallée comprise entre ces deux chaînes de montagnes offre un sol semblable au fond d'une mer depuis long-temps retirée : des plages de sel, une vase desséchée, des sables mouvans et comme sillonnés par les flots. Çà et là des arbustes chétifs croissent pénible-

---

XIX; mais comme le sujet est important, et que j'ai ajouté dans l'Itinéraire plusieurs traits à ces descriptions, je n'ai pas craint de les répéter.

ment sur cette terre privée de vie ; leurs feuilles sont couvertes du sel qui les a nourries, et leur écorce a le goût et l'odeur de la fumée. Au lieu de villages on aperçoit les ruines de quelques tours. Au milieu de la vallée passe un fleuve décoloré ; il se traîne à regret vers le lac empesté qui l'engloutit. On ne distingue son cours au milieu de l'arène, que par les saules et les roseaux qui le bordent : l'Arabe se cache dans ces roseaux pour attaquer le voyageur et dépouiller le pélerin.

Tels sont ces lieux fameux par les bénédictions et par les malédictions du ciel : ce fleuve est le Jourdain ; ce lac est la mer Morte ; elle paroît brillante, mais les villes coupables qu'elle cache dans son sein semblent avoir empoisonné ses flots. Ses abîmes solitaires ne peuvent nourrir aucun être vivant (1) ; jamais vaisseau n'a pressé ses ondes (2) ; ses

---

(1) Je suis l'opinion générale. On va voir qu'elle n'est peut-être pas fondée.

(2) Strabon, Pline et Diodore de Sicile parlent de radeaux avec lesquels les Arabes vont recueillir l'asphalte. Diodore décrit ces radeaux : ils étoient

grèves sont sans oiseaux, sans arbres, sans verdure; et son eau, d'une amertume affreuse, est si pesante, que les vents les plus impétueux peuvent à peine la soulever.

Quand on voyage dans la Judée, d'abord un grand ennui saisit le cœur; mais lorsque passant de solitude en solitude, l'espace s'étend sans bornes devant vous, peu à peu l'ennui se dissipe; on éprouve une terreur secrète, qui, loin d'abaisser l'ame, donne du courage et élève le génie. Des aspects extraordinaires décèlent de toutes parts une terre travaillée par des miracles : le soleil brûlant, l'aigle impétueux, le figuier stérile, toute la poésie, tous les tableaux de l'Ecriture sont là. Chaque nom renferme un mystère; chaque grotte déclare l'avenir; chaque sommet retentit des accens d'un prophète. Dieu même a parlé sur ces bords : les torrens desséchés, les rochers fendus, les tombeaux entr'ouverts attestent le prodige; le Désert paroît encore muet de ter-

---

faits avec des nattes de joncs entrelacés (Diodore, liv. XIX.). Tacite fait mention d'un bateau, mais il se trompe visiblement.

reur, et l'on diroit qu'il n'a osé rompre le silence depuis qu'il a entendu la voix de l'Eternel.

Nous descendîmes de la croupe de la montagne, afin d'aller passer la nuit au bord de la mer Morte, pour remonter ensuite au Jourdain. En entrant dans la vallée, notre petite troupe se resserra : nos Bethléémites préparèrent leurs fusils, et marchèrent en avant avec précaution. Nous nous trouvions sur le chemin des Arabes du désert qui vont chercher du sel au lac, et qui font une guerre impitoyable au voyageur. Les mœurs des Bédouins commencent à s'altérer par une trop grande fréquentation avec les Turcs et les Européens. Ils prostituent maintenant leurs filles et leurs épouses, et égorgent le voyageur qu'ils se contentoient autrefois de dépouiller.

Nous marchâmes ainsi pendant deux heures le pistolet à la main, comme en pays ennemi. Nous suivions, entre les dunes de sables, les fissures qui s'étoient formées dans une vase cuite aux rayons du soleil. Une croûte de sel recouvroit l'arène, et présentoit comme un champ de neige, d'où s'élevoient quelques arbustes rachitiques. Nous arrivâmes tout-à-coup au lac; je dis tout-à-coup, parce que je m'en croyois encore assez éloigné. Aucun bruit, aucune fraîcheur ne m'avoit annoncé l'approche des eaux. La grève semée de pierres étoit brûlante : le flot étoit sans mouvement, et absolument mort sur la rive.

Il étoit nuit close : la première chose que je fis en mettant pied à terre, fut d'entrer dans le lac jusqu'aux genoux, et de porter l'eau à ma bouche. Il me fut impossible de l'y retenir. La salure en est beaucoup plus forte que celle de la mer, et elle produit sur les lèvres l'effet d'une forte solution d'alun. Mes bottes furent à peine séchées, qu'elles se couvrirent de sel ; nos vêtemens, nos chapeaux, nos mains furent, en moins de trois heures, impregnés de ce minéral. Galien avoit déjà remarqué ces effets, et Pococke en a confirmé l'existence.

Nous établîmes notre camp au bord du lac, et les Bethléémites firent du feu pour préparer le café. Ils ne manquoient pas de bois, car le rivage étoit encombré de branches de tamarins apportées par les Arabes. Outre le sel que ceux-ci trouvent tout formé dans cet endroit, ils le tirent encore de l'eau, par ébullition. Telle est la force de l'habitude :

nos Bethléémites avoient marché avec beaucoup de prudence dans la campagne, et ils ne craignirent point d'allumer un feu qui pouvoit bien plus aisément les trahir. L'un d'eux se servit d'un moyen singulier pour faire prendre le bois : il enfourcha le bûcher et s'abaissa sur le feu : sa tunique s'enfla par la fumée ; alors il se releva brusquement : l'air aspiré par cette espèce de pompe, fit sortir du foyer une flamme brillante. Après avoir bu le café, mes compagnons s'endormirent, et je restai seul éveillé avec nos Arabes.

Vers minuit j'entendis quelque bruit sur le lac. Les Bethléémites me dirent que c'étoient des légions de petits poissons qui viennent sauter au rivage. Ceci contrediroit l'opinion généralement adoptée que la mer Morte ne produit aucun être vivant. Pococke étant à Jérusalem, avoit entendu dire qu'un missionnaire avoit vu des poissons dans le lac Asphaltite. Hasselquits et Maundrell découvrirent des coquillages sur la rive. M. Steetzen, qui voyage encore en Arabie, n'a remarqué dans la mer Morte ni hélices ni moules ; mais il y a trouvé quelques escargots.

Pococke fit analyser une bouteille d'eau de

cette mer. En 1778, MM. Lavoisier, Macquer et Sage renouvelèrent cette analyse; ils prouvèrent que l'eau contenoit, par quintal, quarante-quatre livres six onces de sel, savoir: six livres quatre onces de sel marin ordinaire, et trente-huit livres deux onces de sel marin à base terreuse. Dernièrement M. Gordon a fait faire à Londres la même expérience. « La » pesanteur spécifique des eaux (dit M. Malte-Brun dans ses Annales) est de 1,211, » celle de l'eau douce étant 1,000 : elles sont » parfaitement transparentes. Les réactifs y » démontrent la présence de l'acide marin et » de l'acide sulphurique ; il n'y a point d'alu- » mine ; elles ne sont point saturées de sel ma- » rin ; elles ne changent point les couleurs, » telles que le tournesol ou la violette. Elles » tiennent en dissolution les substances sui- » vantes, et dans les proportions que nous » allons indiquer :

Muriate de chaux	3,920
De magnésie	10,246
De soude	10,360
Sulfate de chaux	0,054
	24,580 sur 100

» Ces substances étrangères forment donc en-
» viron un quart de son poids à l'état de des-
» sication parfaite ; mais desséchées seulement
» à 180 degrés (Fahrenheit), elles en forment
» 41 pour 100. M. Gordon qui a apporté la
» bouteille d'eau soumise à l'analyse, a lui-
» même constaté que les hommes y flottent,
» sans avoir appris à nager. »

Je possède un vase de fer-blanc rempli de l'eau que j'ai prise moi-même dans la mer Morte : je ne l'ai point encore ouvert, mais au poids et au bruit je juge que le fluide est peu diminué. Mon projet étoit d'essayer l'expérience que Pococke propose, c'est-à-dire, de mettre de petits poissons de mer dans cette eau, et d'examiner s'ils y pourroient vivre : d'autres occupations m'ayant empêché de tenter plus tôt cet essai, je crains à présent qu'il ne soit trop tard.

La lune en se levant à deux heures du matin amena une forte brise qui ne rafraîchit pas l'air, mais qui agita un peu le lac. Le flot chargé de sel retomboit bientôt par son poids, et battoit à peine la rive. Un bruit lugubre sortit de ce lac de mort, comme les clameurs étouffées du peuple abîmé dans ses eaux.

L'aurore parut sur la montagne d'Arabie en face de nous. La mer Morte et la vallée du Jourdain se teignirent d'une couleur admirable ; mais une si riche apparence ne servoit qu'à mieux faire paroître la désolation du fond.

Le lac fameux qui occupe l'emplacement de Sodome et de Gomorrhe, est nommé mer Morte ou mer Salée, dans l'Ecriture ; Asphaltite par les Grecs et les Latins ; Almotanah et Bahar-Loth par les Arabes ; Ula-Degnisi par les Turcs. Je ne puis être du sentiment de ceux qui supposent que la mer Morte n'est que le cratère d'un volcan. J'ai vu le Vésuve, la Solfatare, le Monte-Nuovo dans le lac Fusin, le Pic des Açores, le Mamelife, vis-à-vis de Carthage, les volcans éteints d'Auvergne, j'ai partout remarqué les mêmes caractères, c'est-à-dire des montagnes creusées en entonnoir, des laves et des cendres où l'action du feu ne se peut méconnoître. La mer Morte, au contraire, est un lac assez long, courbé en arc, encaissé entre deux chaînes de montagnes qui n'ont entr'elles aucune cohérence de formes, aucune homogénéité de sol. Elles ne se rejoignent point aux deux extrémités du lac : elles continuent, d'un côté, à border la vallée du Jourdain, en se rapprochant vers le nord jusqu'au lac de Tibériade; et de l'autre, elles vont, en s'écartant, se perdre au midi dans les sables de l'Yémen. Il est vrai qu'on trouve du bitume, des eaux chaudes et des pierres phosphoriques, dans la chaîne des montagnes d'Arabie; mais je n'en ai point vu dans la chaîne opposée. D'ailleurs la présence des eaux thermales, du soufre et de l'asphalte, ne suffit point pour attester l'existence antérieure d'un volcan. C'est dire assez que, quant aux villes abîmées, je m'en tiens au sens de l'Ecriture, sans appeler la physique à mon secours. D'ailleurs, en adoptant l'idée du professeur Michaëlis et du savant Busching, dans son Mémoire sur la mer Morte, la physique peut encore être admise dans la catastrophe des villes coupables, sans blesser la religion. Sodome étoit bâtie sur une carrière de bitume, comme on le sait par le témoignage de Moyse et de Josephe qui parlent des puits de bitume de la vallée de Siddim. La foudre alluma ce gouffre, et les villes s'enfoncèrent dans l'incendie souterrain. M. Malte-Brun conjecture très-ingénieusement que Sodome et Gomorrhe pouvoient être elles-mêmes bâties en pierres bitumineuses, et s'être enflammées au feu du ciel.

Strabon parle de treize villes englouties dans le lac Asphaltite ; Etienne de Byzance en compte huit ; la Genèse en place cinq *in valle silvestri*, Sodome, Gomorrhe, Adam, Seboim, et Bala ou Segor : mais elle ne marque que les deux premières comme détruites par la colère de Dieu ; le Deutéronome en cite quatre, Sodome, Gomorrhe, Adam et Seboim ; la Sagesse en compte cinq sans les désigner : *Descendente igne in Pentapolim*.

Jacques Cerbus ayant remarqué que sept grands courans d'eau tombent dans la mer Morte, Reland en conclut que cette mer devoit se dégager de la superfluité de ses eaux, par des canaux souterrains ; Sandy et quelques autres voyageurs ont énoncé la même opinion, mais elle est aujourd'hui abandonnée, d'après les observations du docteur Halley sur l'évaporation : observations admises par Shaw, qui trouve pourtant que le Jourdain roule par jour à la mer Morte six millions quatre-vingt-dix mille tonnes d'eau, sans compter les eaux de l'Arnon et de sept autres torrens. Plusieurs voyageurs, entr'autres

Troïlo et d'Arvieux, disent avoir remarqué des débris de murailles et de palais dans les eaux de la mer Morte. Ce rapport semble confirmé par Maundrel et par le père Nau. Les anciens sont plus positifs à ce sujet : Josephe qui se sert d'une expression poétique, dit qu'on apercevoit au bord du lac les *ombres* des cités détruites. Strabon donne soixante stades de tour aux ruines de Sodome. Tacite parle de ces débris ; je ne sais s'ils existent encore, je ne les ai point vus ; mais comme le lac s'élève ou se retire selon les saisons, il peut cacher ou découvrir tour-à-tour les squelettes des villes réprouvées.

Les autres merveilles racontées de la mer Morte ont disparu devant un examen plus sévère. On sait aujourd'hui que les corps y plongent ou y surnagent suivant les lois de la pesanteur de ces corps, et de la pesanteur de l'eau du lac. Les vapeurs empestées qui devoient sortir de son sein, se réduisent à une forte odeur de marine, à des fumées qui annoncent ou suivent l'émersion de l'asphalte, et à des brouillards à la vérité malsains comme tous les brouillards. Si jamais les Turcs le permettoient, et qu'on pût transporter une barque de Jafa à la mer Morte, on feroit certainement des découvertes curieuses sur ce lac. Les anciens le connoissoient beaucoup mieux que nous, comme on le voit par Aristote, Strabon, Diodore de Sicile, Pline, Tacite, Solin, Josephe, Galien, Dioscoride, Etienne de Byzance. Nos vieilles cartes tracent aussi la forme de ce lac d'une manière plus satisfaisante que les cartes modernes. Personne jusqu'à présent n'en a fait le tour, si ce n'est Daniel, abbé de Saint-Saba. Nau nous a conservé dans son Voyage le récit de ce solitaire. Nous apprenons par ce récit: « Que la mer » Morte, à sa fin, est comme séparée en deux, » et qu'il y a un chemin par où on la traverse » n'ayant de l'eau qu'à demi-jambe au moins » en été; que là, la terre s'élève et borne un » autre petit lac, de figure ronde un peu ovale, » entouré de plaines et de montagnes de sel; » que les campagnes des environs sont peu- » plées d'Arabes sans nombre; etc. » Nyembourg dit à peu près les mêmes choses; l'abbé Mariti et M. de Volney ont fait usage de ces documens. Quand nous aurons le Voyage de M. Steetzen, nous serons vraisemblablement mieux instruits.

Il n'y a presque point de lecteur qui n'ait entendu parler du fameux arbre de Sodome : cet arbre doit porter une pomme agréable à l'œil, mais amère au goût et pleine de cendres. Tacite, dans le cinquième livre de son *Histoire*, et Josephe, dans sa *Guerre des Juifs*, sont, je crois, les deux premiers auteurs qui aient fait mention des fruits singuliers de la mer Morte. Foulcher de Chartres, qui voyageoit en Palestine, vers l'an 1100, vit la pomme trompeuse, et la compara aux plaisirs du monde. Depuis cette époque, les uns, comme Ceverius de Vera, Baumgarten (*Peregrinationis in Ægyptum*, etc.), Pierre de la Vallée (*Viaggi*), Troïlo et quelques missionnaires, confirment le récit de Foulcher; d'autres, comme Reland, le père Neret, Maundrell, inclinent à croire que ce fruit n'est qu'une image poétique de nos fausses joies, *mala mentis gaudia*; d'autres enfin, tels que Pococke, Shaw, etc., doutent absolument de son existence.

Amman semble trancher la difficulté; il décrit l'arbre, qui selon lui, ressemble à une aubépine : « Le fruit, dit-il, est une petite » pomme d'une belle couleur, etc. »

Le botaniste Hasselquist survient; il dérange tout cela. La pomme de Sodome n'est plus le fruit d'un arbre ni d'un arbrisseau, mais c'est la production du *solanum melongena*, de Linné. « On en trouve, dit-il, quan-
» tité près de Jéricho, dans les vallées qui sont
» près du Jourdain, dans le voisinage de la
» mer Morte; il est vrai qu'ils sont quelque-
» fois remplis de poussière, mais cela n'arrive
» que lorsque le fruit est attaqué par un in-
» secte (*tenthredo*), qui convertit tout le de-
» dans en poussière, ne laissant que la peau
» entière, sans lui faire rien perdre de sa
» couleur. »

Qui ne croiroit, après cela, la question décidée, sur l'autorité d'Hasselquist, et sur celle beaucoup plus grande, de Linné, dans sa *Flora Palæstina?* Pas du tout: M. Steetzen, savant aussi, et le plus moderne de tous ces voyageurs, puisqu'il est encore en Arabie, ne s'accorde point avec Hasselquist, sur le *solanum Sodomeum*: « Je vis, dit-il, pendant
» mon séjour à Karrak, chez le curé grec de
» cette ville, une espèce de coton ressemblant
» à la soie; ce coton, me dit-il, vient dans la
» plaine El-Gor, à la partie orientale de la

» mer Morte, sur un arbre pareil au figuier,
» et qui porte le nom d'*Aoéscha-èz*; on le
» trouve dans un fruit ressemblant à la gre-
» nade. J'ai pensé que ces fruits, qui n'ont
» point de chair intérieurement, et qui sont
» inconnus dans tout le reste de la Palestine,
» pourroient bien être les fameuses pommes
» de Sodome. »

Me voilà bien embarrassé; car je crois aussi avoir trouvé le fruit tant cherché: l'arbuste qui le porte croît partout à deux ou trois lieues de l'embouchure du Jourdain; il est épineux, et ses feuilles sont grêles et menues; il ressemble beaucoup à l'arbuste décrit par Amman; son fruit est tout-à-fait semblable en couleur et en forme au petit limon d'Egypte. Lorsque ce fruit n'est pas encore mûr, il est enflé d'une sève corrosive et salée; quand il est desséché, il donne une semence noirâtre, qu'on peut comparer à des cendres, et dont le goût ressemble à un poivre amer. J'ai cueilli une demi-douzaine de ces fruits; j'en possède encore quatre desséchés bien conservés et qui peuvent mériter l'attention des naturalistes.

J'employai deux heures entières (5 octobre)

à errer au bord de la mer Morte, malgré les Bethléémites qui me pressoient de quitter cet endroit dangereux. Je voulois voir le Jourdain à l'endroit où il se jette dans le lac, point essentiel qui n'a encore été reconnu que par Hasselquits ; mais les Arabes refusèrent de m'y conduire, parce que le fleuve, à une lieue environ de son embouchure, fait un détour sur la gauche, et se rapproche de la montagne d'Arabie. Il fallut donc me contenter de marcher vers la courbure du fleuve la plus rapprochée de nous. Nous levâmes le camp et nous cheminâmes pendant une heure et demie avec une peine excessive dans une arène blanche et fine. Nous avancions vers un petit bois d'arbres de baume et de tamarins, qu'à mon grand étonnement je voyois s'élever du milieu d'un sol stérile. Tout-à-coup les Bethléémites s'arrêtèrent et me montrèrent de la main, au fond d'une ravine, quelque chose que je n'avois pas aperçu. Sans pouvoir dire ce que c'étoit, j'entrevoyois comme une espèce de sable en mouvement sur l'immobilité du sol. Je m'approchai de ce singulier objet, et je vis un fleuve jaune que j'avois peine à distinguer de l'arène

de ses deux rives. Il étoit profondément encaissé, et rouloit avec lenteur une onde épais-
sie : c'étoit le Jourdain.

J'avois vu les grands fleuves de l'Amérique avec ce plaisir qu'inspirent la solitude et
la nature ; j'avois visité le Tibre avec empressement, et recherché avec le même intérêt
l'Eurotas et le Céphise ; mais je ne puis dire
ce que j'éprouvai à la vue du Jourdain. Non-
seulement ce fleuve me rappeloit une antiquité fameuse et un des plus beaux noms que
jamais la plus belle poésie ait confiés à la mémoire des hommes, mais ses rives m'offroient
encore le théâtre des miracles de ma religion.
La Judée est le seul pays de la terre qui re-
trace au voyageur le souvenir des affaires
humaines et des choses du ciel, et qui fasse
naître au fond de l'ame par ce mélange un
sentiment et des pensées qu'aucun autre lieu
ne peut inspirer.

Les Bethléémites se dépouillèrent et se plon-
gèrent dans le Jourdain. Je n'osai les imiter
à cause de la fièvre qui me tourmentoit toujours; mais je me mis à genoux sur le bord
avec mes deux domestiques et le drogman
du monastère. Ayant oublié d'apporter une

Bible, nous ne pûmes réciter les passages de l'Evangile relatifs au lieu où nous étions, mais le drogman qui connoissoit les coutumes, psalmodia l'*Ave maris stella*. Nous y répondîmes comme des matelots au terme de leur voyage: Sire de Joinville n'étoit pas plus habile que nous. Je puisai ensuite de l'eau du fleuve dans un vase de cuir: elle ne me parut pas aussi douce que du sucre, ainsi que le dit un bon missionnaire; je la trouvai au contraire un peu saumâtre; mais quoique j'en busse en grande quantité, elle ne me fit aucun mal: je crois qu'elle seroit fort agréable, si elle étoit purgée du sable qu'elle charrie.

Ali-Aga fit lui-même des ablutions: le Jourdain est un fleuve sacré pour les Turcs et les Arabes, qui conservent plusieurs traditions hébraïques et chrétiennes, les unes dérivées d'Ismaël, dont les Arabes habitent encore le pays, les autres introduites chez les Turcs à travers les fables du Coran.

Selon d'Anville, les Arabes donnent au Jourdain le nom de Nahar-el-Arden; selon le père Roger, ils le nomment Nahar-el-Chiria. L'abbé Mariti fait prendre à ce nom la forme italienne de Scheria, et M. de Volney écrit El-Charia.

Saint Jérôme, dans son traité, *de Situ et Nominibus locorum Hebraicorum*, espèce de traduction des *Topiques d'Eusèbe*, trouve le nom du Jourdain dans la réunion des noms des deux sources, *Jor* et *Dan*, de ce fleuve; mais il varie ailleurs sur cette opinion; d'autres la rejettent sur l'autorité de Josephe, de Pline et d'Eusèbe, qui placent l'unique source du Jourdain à Panéades, au pied du mont Hémon dans l'Anti-Liban. La Roque traite à fond cette question dans son Voyage de Syrie: l'abbé Mariti n'a fait que le répéter, en citant de plus un passage de Guillaume de Tyr, pour prouver que Dan et Panéades étoient la même ville : c'est ce que l'on savoit. Il faut remarquer avec Reland (*Palæstina ex monumentis veteribus illustrata*), contre l'opinion de saint Jérôme, que le nom du fleuve sacré n'est pas en hébreu Jordan, mais Jorden : qu'en admettant même la première manière de lire, on explique Jordan par fleuve du Jugement; Jor, que saint Jérôme traduit ῥεῖθρον, *fluvius*, et Dan, que l'on rend par *judicans*, *sive judicium* : étymologie si juste, qu'elle rendroit improbable l'opinion des deux fontaines Jor et Dan, si d'ailleurs la géographie laissoit quelque doute à ce sujet.

A environ deux lieues de l'endroit où nous étions arrêtés, j'aperçus, plus haut, sur le cours du fleuve, un bocage d'une grande étendue. Je le voulus visiter; car je calculai que c'étoit à peu près là, en face de Jéricho, que les Israélites passèrent le fleuve, que la manne cessa de tomber, que les Hébreux goûtèrent les premiers fruits de la Terre-Promise, que Naaman fut guéri de la lèpre, et qu'enfin Jésus-Christ reçut le baptême de la main de saint Jean-Baptiste. Nous marchâmes vers cet endroit pendant quelque temps; mais comme nous en approchions, nous entendîmes des voix d'hommes dans le bocage. Malheureusement, la voix de l'homme qui vous rassure partout, et que vous aimeriez à entendre au bord du Jourdain, est précisément ce qui vous alarme dans ces déserts. Les Bethléémites et le drogman vouloient à l'instant s'éloigner. Je leur déclarai que je n'étois pas venu si loin pour m'en retourner si vite; que je consentois à ne pas remonter plus haut, mais que je voulois revoir le fleuve en face de l'endroit où nous nous trouvions.

On se conforma à regret à ma déclaration, et nous revînmes au Jourdain, qu'un détour avoit éloigné de nous sur la droite. Je lui trouvai la même largeur et la même profondeur qu'à une lieue plus bas ; c'est-à-dire, six à sept pieds de profondeur sous la rive, et à peu près cinquante pas de largeur.

Les guides m'importunoient pour partir ; Ali-Aga même murmuroit. Après avoir achevé de prendre les notes qui me parurent les plus importantes, je cédai au desir de la caravane ; je saluai pour la dernière fois le Jourdain ; je pris une bouteille de son eau et quelques roseaux de sa rive. Nous commençâmes à nous éloigner pour gagner le village de Rihha (1), l'ancienne Jéricho, sous la montagne de Judée. A peine avions-nous fait un quart de lieue dans la vallée, que nous aperçûmes sur le sable des traces nombreuses de pas d'hom-

---

(1) Il est remarquable que ce nom, qui signifie parfum, est presque celui de la femme qui reçut les espions de l'armée de Josué à Jéricho. Elle s'appeloit Rahab.

mes et de chevaux. Ali proposa de serrer notre troupe afin d'empêcher les Arabes de nous compter. « S'ils peuvent nous prendre, dit-il, » à notre ordre et à nos vêtemens pour des » *soldats chrétiens*, ils n'oseront pas nous atta- » quer. » Quel magnifique éloge de la bravoure de nos armées !

Nos soupçons étoient fondés. Nous découvrîmes bientôt derrière nous, au bord du Jourdain, une troupe d'une trentaine d'Arabes, qui nous observoient. Nous fîmes marcher en avant notre *infanterie*, c'est-à-dire nos six Bethléémites, et nous couvrîmes leur retraite avec notre *cavalerie*; nous mîmes nos *bagages* au milieu; malheureusement l'âne qui les portoit étoit rétif, et n'avançoit qu'à force de coups. Le cheval du drogman ayant mis le pied dans un guêpier, les guêpes se jettèrent sur lui, et le pauvre Michel, emporté par sa monture, jetoit des cris pitoyables; Jean, tout Grec qu'il étoit, faisoit bonne contenance; Ali étoit brave comme un janissaire de Mahomet II. Quant à Julien, il n'étoit jamais étonné; le monde avoit passé sous ses yeux sans qu'il l'eût regardé; il se croyoit toujours dans la rue Saint-Honoré, et me disoit du plus grand sang-froid du monde, en menant son cheval au petit pas : « Monsieur, est-ce » qu'il n'y a pas de police dans ce pays-ci » pour réprimer ces gens-là ? »

Après nous avoir regardés long-temps, les Arabes firent quelques mouvemens vers nous; puis à notre grand étonnement ils rentrèrent dans les buissons qui bordent le fleuve. Ali avoit raison; ils nous prirent sans doute pour des soldats chrétiens. Nous arrivâmes sans accident à Jéricho.

L'abbé Mariti a très-bien recueilli les faits historiques touchant cette ville célèbre (1); il a aussi parlé des productions de Jéricho, de la manière d'extraire l'huile de Zaccon, etc : il seroit donc inutile de le répéter, à moins de faire, comme tant d'autres, un Voyage avec des Voyages. On sait aussi que les environs de Jéricho sont ornés d'une source dont les eaux autrefois amères furent adoucies par un miracle d'Elisée. Cette source est située à deux milles au-dessus de la ville, au pied de

---

(1) Il en a cependant oublié quelques-uns, tels que le don fait par Antoine à Cléopâtre du territoire de Jéricho, etc.

la montagne où Jésus-Christ pria et jeûna pendant quarante jours. Elle se divise en deux bras. On voit sur ses bords quelques champs de doura, des groupes d'acacias, l'arbre qui donne le baume de Judée (1), et des arbustes qui ressemblent au lilas, pour la feuille, mais dont je n'ai pas vu la fleur. Il n'y a plus de roses ni de palmiers à Jéricho, et je n'ai pu y manger les nicolaï d'Auguste : ces dattes, au temps de Belon, étoient fort dégénérées. Un vieil acacia protége la source ; un autre arbre se penche un peu plus bas sur le ruisseau qui sort de cette source, et forme sur ce ruisseau un pont naturel.

J'ai dit qu'Ali-Aga étoit né dans le village de Rihha (Jéricho), et qu'il en étoit gouverneur. Il me conduisit dans ses Etats, où je ne pouvois manquer d'être bien reçu de ses sujets : en effet, ils vinrent complimenter leur souverain. Il voulut me faire entrer dans une vieille masure qu'il appeloit son château ; je

---

(1) Il ne faut pas le confondre avec le fameux baumier qui n'existe plus à Jéricho. Il paroît que celui-ci a péri vers le septième siècle, car Alculfe ne le trouva plus. (*De Loo.-Sanct. ap. Ven. Bed.*)

refusai cet honneur, préférant dîner au bord de la source d'Elisée, nommée aujourd'hui source du Roi. En traversant le village, nous vîmes un jeune Arabe assis à l'écart, la tête ornée de plumes, et paré comme dans un jour de fête. Tous ceux qui passoient devant lui s'arrêtoient pour le baiser au front et aux joues: on me dit que c'étoit un nouveau marié. Nous nous arrêtâmes à la source d'Elisée. On égorgea un agneau qu'on mit rôtir tout entier à un grand bûcher au bord de l'eau ; un Arabe fit griller des gerbes de doura. Quand le festin fut préparé, nous nous assîmes en rond autour d'un plateau de bois, et chacun déchira avec ses mains une partie de la victime.

On aime à distinguer dans ces usages quelques traces des mœurs des anciens jours, et à retrouver chez les descendans d'Ismaël des souvenirs d'Abraham et de Jacob.

Les Arabes, partout où je les ai vus, en Judée, en Egypte, et même en Barbarie, m'ont paru d'une taille plutôt grande que petite. Leur démarche est fière. Ils sont bien faits et légers. Ils ont la tête ovale, le front haut et arqué, le nez aquilin, les yeux grands et coupés en amandes, le regard humide et singulièrement doux. Rien n'annonceroit chez eux le sauvage, s'ils avoient toujours la bouche fermée ; mais aussitôt qu'ils viennent à parler, on entend une langue bruyante et fortement aspirée ; on aperçoit de longues dents éblouissantes de blancheur, comme celles des chacals et des onces : différens en cela du Sauvage américain, dont la férocité est dans le regard, et l'expression humaine dans la bouche.

Les femmes arabes ont la taille plus haute en proportion que celle des hommes. Leur port est noble ; et, par la régularité de leurs traits, la beauté de leurs formes et la disposition de leurs voiles, elles rappellent un peu les statues des Prêtresses et des Muses. Ceci doit s'entendre avec restriction : ces belles statues sont souvent drapées avec des lambeaux ; l'air de misère, de saleté et de souffrance, dégrade ces formes si pures ; un teint cuivré cache la régularité des traits ; en un mot, pour voir ces femmes telles que je viens de les peindre, il faut les contempler d'un peu loin, se contenter de l'ensemble, et ne pas entrer dans les détails.

La plupart des Arabes portent une tunique

nouée autour des reins par une ceinture. Tantôt ils ôtent un bras de la manche de cette tunique, et ils sont alors drapés à la manière antique; tantôt ils s'enveloppent dans une couverture de laine blanche, qui leur sert de toge, de manteau ou de voile, selon qu'ils la roulent autour d'eux, la suspendent à leurs épaules, ou la jettent sur leurs têtes. Ils marchent pieds nus. Ils sont armés d'un poignard, d'une lance ou d'un long fusil. Les tribus voyagent en caravane; les chameaux cheminent à la file. Le chameau de tête est attaché par une corde de bourre de palmier au cou d'un âne, qui est le guide de la troupe : celui-ci, comme chef, est exempt de tout fardeau, et jouit de divers priviléges; chez les tribus riches, les chameaux sont ornés de franges, de banderoles et de plumes.

Les jumens, selon la noblesse de leurs races, sont traitées avec plus ou moins d'honneurs, mais toujours avec une rigueur extrême. On ne met point les chevaux à l'ombre : on les laisse exposés à toute l'ardeur du soleil, attachés en terre à des piquets par les quatre pieds, de manière à les rendre immobiles; on ne leur ôte jamais la selle; souvent ils ne boivent qu'une seule fois, et ne mangent qu'un peu d'orge en vingt-quatre heures. Un traitement si rude, loin de les faire dépérir, leur donne la sobriété, la patience et la vitesse. J'ai souvent admiré un cheval arabe ainsi enchaîné dans le sable brûlant, les crins descendans épars, la tête baissée entre ses jambes pour trouver un peu d'ombre, et laissant tomber de son œil sauvage un regard oblique sur son maître. Avez-vous dégagé ses pieds des entraves? Vous êtes-vous élancé sur son dos? *Il écume, il frémit, il dévore la terre ; la trompette sonne, il dit : Allons* (1) *!* Et vous reconnoissez le cheval de Job.

Tout ce qu'on dit de la passion des Arabes pour les contes est vrai, et j'en vais citer un exemple : pendant la nuit que nous venions de passer sur la grève de la mer Morte, nos Bethléémites étoient assis autour de leur bûcher, leurs fusils couchés à terre à leurs côtés, les chevaux, attachés à des piquets, formant un second cercle en dehors. Après

---

(1) *Fervens et fremens sorbet terram ; ubi audierit buccinam, dicit vah!*

avoir bu le café et parlé beaucoup ensemble; ces Arabes tombèrent dans le silence, à l'exception du scheik. Je voyois, à la lueur du feu, ses gestes expressifs, sa barbe noire, ses dents blanches, les diverses formes qu'il donnoit à son vêtement en continuant son récit. Ses compagnons l'écoutoient dans une attention profonde, tous penchés en avant, le visage sur la flamme, tantôt poussant un cri d'admiration, tantôt répétant avec emphase les gestes du conteur; quelques têtes de chevaux qui s'avançoient au-dessus de la troupe, et qui se dessinoient dans l'ombre, achevoient de donner à ce tableau le caractère le plus pittoresque, surtout lorsqu'on y joignoit un coin du paysage de la mer Morte et des montagnes de Judée.

Si j'avois étudié avec tant d'intérêt au bord de leurs lacs les hordes américaines, quelle autre espèce de sauvages ne contemplois-je pas ici! J'avois sous les yeux les descendans de la race primitive des hommes; je les voyois avec les mêmes mœurs qu'ils ont conservées depuis les jours d'Agar et d'Ismaël; je les voyois dans le même désert qui leur fut assigné par Dieu en héritage : *Moratus est in solitudine, habitavitque in deserto Pharan.* Je les rencontrois dans la vallée du Jourdain, aux pieds des montagnes de Samarie, sur les chemins d'Habron, dans les lieux où la voix de Josué arrêta le soleil, dans les champs de Gomorrhe encore fumans de la colère de Jéhovah, et que consolèrent ensuite les merveilles miséricordieuses de Jésus-Christ.

Ce qui distingue surtout les Arabes des peuples du Nouveau-Monde, c'est qu'à travers la rudesse des premiers on sent pourtant quelque chose de délicat dans leurs mœurs : on sent qu'ils sont nés dans cet Orient d'où sont sortis tous les arts, toutes les sciences, toutes les religions. Caché aux extrémités de l'Occident, dans un canton détourné de l'univers, le Canadien habite des vallées ombragées par des forêts éternelles, et arrosées par des fleuves immenses; l'Arabe, pour ainsi dire jeté sur le grand chemin du monde, entre l'Afrique et l'Asie, erre dans les brillantes régions de l'aurore, sur un sol sans arbres et sans eau. Il faut, parmi les tribus des descendans d'Ismaël, des maîtres, des serviteurs, des animaux domestiques, une liberté soumise à des lois. Chez les hordes américaines, l'homme est encore tout seul avec sa fière et cruelle indépendance ; au lieu de la couverture de laine, il a la peau d'ours ; au lieu de la lance, la flèche ; au lieu du poignard, la massue ; il ne connoît point et il dédaigneroit la datte, la pastèque, le lait du chameau : il veut à ses festins de la chair et du sang. Il n'a point tissu le poil de chèvre pour se mettre à l'abri sous des tentes ; l'orme tombé de vétusté fournit l'écorce à sa hutte. Il n'a point dompté le cheval pour poursuivre la gazelle ; il prend lui-même l'orignal à la course. Il ne tient point par son origine à de grandes nations civilisées ; on ne rencontre point le nom de ses ancêtres dans les fastes des Empires ; les contemporains de ses aïeux sont de vieux chênes encore debout. Monumens de la nature, et non de l'histoire, les tombeaux de ses pères s'élèvent inconnus dans des forêts ignorées. En un mot, tout annonce chez l'Américain le sauvage qui n'est point encore parvenu à l'état de civilisation, tout indique chez l'Arabe l'homme civilisé retombé dans l'état sauvage.

Nous quittâmes la source d'Elisée le 6, à trois heures de l'après-midi, pour retourner à Jérusalem. Nous laissâmes à droite le mont de la *Quarantaine* qui s'élève au-dessus de Jéricho, précisément en face du mont Abarim, d'où Moïse, avant de mourir, aperçut la terre de Promission. En rentrant dans la montagne de Judée, nous vîmes les restes d'un aqueduc romain. L'abbé Mariti, poursuivi par le souvenir des moines, veut encore que cet aqueduc ait appartenu à une ancienne communauté, ou qu'il ait servi à arroser les terres voisines, lorsqu'on cultivoit la canne à sucre dans la plaine de Jéricho. Si la seule inspection de l'ouvrage ne suffisoit pas pour détruire cette idée bizarre, on pourroit consulter Adrichomius (*Theatrum Terræ-Sanctæ*), l'*Elucidatio historica Terræ-Sanctæ* de Quaresmius, et la plupart des voyageurs déjà cités. Le chemin que nous suivions dans la montagne, étoit large et quelquefois pavé ; c'est peut-être une ancienne voie romaine. Nous passâmes au pied d'une montagne couronnée autrefois par un château gothique qui protégeoit et fermoit le chemin. Après cette montagne nous descendîmes dans une vallée noire et profonde, appelée en hébreu Adommin, ou le lieu du sang. Il y avoit là une petite cité de la tribu de Juda, et ce fut dans cet endroit solitaire que le Samaritain secourut le voyageur blessé. Nous y rencontrâmes la cavalerie du pacha qui alloit faire, de l'autre côté du Jourdain, l'expédition dont j'aurai occasion de parler. Heureusement la nuit nous déroba à la vue de cette soldatesque.

Nous passâmes à Bahurim, où David, fuyant devant Absalon, faillit d'être lapidé par Seméi. Un peu plus loin, nous mîmes pied à terre à la fontaine où Jésus-Christ avoit coutume de se reposer avec les apôtres en revenant de Jéricho. Nous commençâmes à gravir le revers de la montagne des Oliviers; nous traversâmes le village de Béthanie où l'on montre les ruines de la maison de Marthe et le sépulcre de Lazare. Ensuite, nous descendîmes la montagne des Oliviers qui domine Jérusalem, et nous traversâmes le torrent de Cédron dans la vallée de Josaphat. Un sentier qui circule au pied du Temple et s'élève sur le mont Sion, nous conduisit à la porte des Pélerins, en faisant le tour entier de la ville. Il étoit minuit. Ali-Aga se fit ouvrir. Les six Arabes retournèrent à Bethléem. Nous rentrâmes au couvent. Mille bruits fâcheux s'étoient déjà répandus sur notre compte : on disoit que nous avions été tués par les Arabes ou par la cavalerie du pacha; on me blâmoit d'avoir entrepris ce voyage avec une escorte aussi foible ; chose qu'on rejetoit sur le caractère imprudent des Français. Les évènemens qui suivirent prouvèrent pourtant que si je n'avois pas pris ce parti ni mis à profit les premières heures de mon arrivée à Jérusalem, je n'aurois jamais pu pénétrer jusqu'au Jourdain. (1)

---

(1) On m'a conté qu'un Anglais, habillé en Arabe, étoit allé seul, deux ou trois fois, de Jérusalem à la mer Morte. Cela est très-possible, et je crois même que l'on court moins de risques ainsi, qu'avec une escorte de dix ou douze hommes.

QUATRIÈME PARTIE.

VOYAGE DE JÉRUSALEM.

Je m'occupai pendant quelques heures à crayonner des notes sur les lieux que je venois de voir; manière de vivre que je suivis tout le temps que je demeurai à Jérusalem, courant le jour et écrivant la nuit. Le Père procureur entra chez moi, le 7 octobre, de très-grand matin; il m'apprit la suite des démêlés du pacha et du Père gardien. Nous convînmes de ce que nous avions à faire. On envoya mes firmans à Abdallah. Il s'emporta, cria, menaça, et finit cependant par exiger des religieux une somme un peu moins considérable. Je regrette bien de ne pouvoir donner la copie d'une lettre écrite par le Père Bonaventure de Nola au général Sébastiani; je tiens cette copie du père Bonaventure lui-même. On y verroit, avec l'histoire du pacha, des choses aussi honorables pour la France que pour M. le général Sébastiani. Mais je ne pourrois publier cette lettre sans la permission de celui à qui elle est écrite, et malheureusement l'absence du général m'ôte tout moyen d'obtenir cette permission.

Il falloit tout le desir que j'avois d'être utile aux Pères de Terre-Sainte, pour m'occuper d'autre chose que de visiter le Saint-Sépulcre. Je sortis du couvent le même jour, à neuf heures du matin, accompagné de deux religieux, d'un drogman, de mon domestique et d'un janissaire. Je me rendis à pied à l'église qui renferme le Tombeau de Jésus-Christ. Tous les voyageurs ont décrit cette église, la plus vénérable de la terre, soit que l'on pense en philosophe ou en Chrétien. Ici j'éprouve un véritable embarras. Dois-je offrir la peinture exacte des Lieux-Saints? Mais alors je ne puis que répéter ce que l'on a dit avant moi : jamais sujet ne fut peut-être moins connu des lecteurs modernes, et toutefois jamais sujet ne fut plus complétement épuisé. Dois-je omettre le tableau de ces lieux sacrés?

Mais ne sera-ce pas enlever la partie la plus essentielle de mon Voyage et en faire disparoître ce qui en est et la fin et le but? Après avoir balancé long-temps, je me suis déterminé à décrire les principales Stations de Jérusalem, par les considérations suivantes:

1º. Personne ne lit aujourd'hui les anciens pélerinages à Jérusalem; et ce qui est très-usé paroîtra vraisemblablement tout neuf à la plupart des lecteurs;

2º. L'église du Saint-Sépulcre n'existe plus; elle a été incendiée de fond en comble depuis mon retour de Judée; je suis, pour ainsi dire, le dernier voyageur qui l'ait vue; et j'en serai, par cette raison même, le dernier historien.

Mais comme je n'ai point la prétention de refaire un tableau déjà très-bien fait, je profiterai des travaux de mes devanciers, prenant soin seulement de les éclaircir par des observations.

Parmi ces travaux, j'aurois choisi de préférence ceux des voyageurs protestans, à cause de l'esprit du siècle : nous sommes toujours prêts à rejeter aujourd'hui ce que nous croyons sortir d'une source trop religieuse. Malheureusement, je n'ai rien trouvé de satisfaisant sur le Saint-Sépulcre dans Pococke, Shaw, Maundrell, Hasselquist et quelques autres. Les savans et les voyageurs qui ont écrit en latin touchant les antiquités de Jérusalem, tels que Adamannus, Bède, Brocard, Willibaldus, Breydenbach, Sanut, Ludolphe, Reland (1), Andrichomius, Quaresmius, Baumgerten, Fureri, Bochart, Arius-Montanus, Reuwich, Hese, Cotovic (2), m'obligeroient à des traductions qui, en dernier résultat, n'apprendroient rien de nouveau au lecteur (3).

---

(1) Son ouvrage, *Palæstina ex monumentis veteribus illustrata*, est un miracle d'érudition.

(2) Sa description du Saint-Sépulcre va jusqu'à donner en entier les hymnes que les pèlerins chantent à chaque station.

(3) Il y a aussi une description de Jérusalem en arménien, et une autre en grec moderne : j'ai vu la dernière. Les descriptions très-anciennes, comme celle de Sanut, de Ludolphe, de Brocard, de Breydenbach, de Willibaldus ou Guillebaud, d'Adamanus, ou plutôt d'Alcufe, et du vénérable Bède, sont curieuses parce qu'en les lisant on peut juger des changemens survenus depuis à l'église du Saint-Sépulcre, mais elles seroient inutiles quant au monument moderne.

Je m'en suis donc tenu aux voyageurs français (1); et parmi ces derniers j'ai préféré la description du Saint-Sépulcre par Deshayes; voici pourquoi :

Belon (1550), assez célèbre d'ailleurs, dit à peine un mot du Saint-Sépulcre : son style en outre a trop vieilli. D'autres auteurs plus anciens encore que lui, ou ses contemporains, tels que Cachermois (1490), Regnault (1522), Salignac (1522), le Huen (1525), Gassot (1536), Renaud (1548), Postel (1553), Giraudet (1575), se servent également d'une langue trop éloignée de celle que nous parlons aujourd'hui. (2)

Villamont (1588) se noie dans les détails, et il n'a ni méthode ni critique. Le père Boucher (1610) est si pieusement exagéré, qu'il est impossible de le citer. Benard (1616) écrit

---

(1) De Vera, en espagnol, est très-concis, et pourtant très-clair. Zuallardo, en italien, est confus et vague. Pierre de la Vallée est charmant, à cause de la grâce particulière de son style et de ses singulières aventures; mais il ne fait point autorité.

(2) Quelques-uns de ces auteurs ont écrit en latin; mais on a d'anciennes versions françaises de leurs ouvrages.

avec assez de sagesse, quoiqu'il n'eût que vingt ans à l'époque de son voyage ; mais il est diffus, plat et obscur. Le père Pacifique (1622) est vulgaire, et sa narration est trop abrégée. Monconys (1647) ne s'occupe que de recettes de médecine. Doubdan (1651) est clair, savant, très-digne d'être consulté ; mais long et sujet à s'appesantir sur les petites choses. Le frère Roger (1653), attaché pendant cinq années au service des Lieux-Saints, a de la science, de la critique, un style vif et animé : sa description du Saint-Sépulcre est trop longue ; c'est ce qui me l'a fait exclure. Thévenot (1656), un de nos voyageurs les plus connus, a parfaitement parlé de l'église de Saint-Sauveur ; et j'engage les lecteurs à consulter son ouvrage (Voyage au Levant, ch. XXXIX) ; mais il ne s'éloigne guère de Deshayes. Le père Nau, jésuite (1674), joignit à la connoissance des langues de l'Orient l'avantage d'accomplir le voyage de Jérusalem avec le marquis de Nointel, notre ambassadeur à Constantinople, et le même à qui nous devons les premiers dessins d'Athènes : c'est bien dommage que le savant jésuite soit d'une intolérable prolixité. La lettre du père

Neret dans les Lettres Edifiantes, est excellente de tout point ; mais elle omet trop de choses. J'en dis autant de du Loir et de la Roque (1688). Quant aux voyageurs tout-à-fait modernes, Muller, Vanzow, Korte Bscheider, Mariti, Volney, Niebuhr, Brown, ils se taisent presqu'entièrement sur les Saints-Lieux.

Deshayes (1621), envoyé par Louis XIII en Palestine, m'a donc paru mériter qu'on s'attachât à son récit :

1°. Parce que les Turcs s'empressèrent de montrer eux-mêmes Jérusalem à cet ambassadeur, et qu'il seroit entré jusque dans la mosquée du Temple, s'il l'avoit voulu ;

2°. Parce qu'il est si clair et si précis dans le style un peu vieilli de son secrétaire, que Paul Lucas l'a copié mot à mot, sans avertir du plagiat, selon sa coutume ;

3°. Parce que d'Anville, et c'est la raison péremptoire, a pris la carte de Deshayes pour l'objet d'une dissertation qui est, peut-être, le chef-d'œuvre de notre célèbre géographe (1). Deshayes va nous donner ainsi le

---

(1) C'étoit l'opinion du savant M. de Sainte-Croix. La dissertation de d'Anville porte le titre de *Disser-*

matériel de l'église du Saint-Sépulcre : j'y joindrai ensuite mes observations :

« Le Saint-Sépulcre et la plupart des Saints-
» Lieux, sont servis par des religieux corde-
» liers, qui y sont envoyés de trois ans en
» trois ans : et encore qu'il y en ait de toutes
» nations, ils passent néanmoins tous pour
» Français, ou pour Vénitiens, et ne subsis-
» tent que parce qu'ils sont sous la protection
» du roi. Il y a près de soixante ans qu'ils de-
» meurent hors de la ville sur le mont de Sion,
» au même lieu où Notre-Seigneur fit la cène
» avec ses apôtres; mais leur église ayant été
» convertie en mosquée, ils ont toujours de-
» puis demeuré dans la ville sur le mont Gion,
» où est leur couvent que l'on appelle Saint-
» Sauveur. C'est où leur Gardien demeure
» avec le corps de la famille, qui pourvoit
» de religieux en tous les lieux de la Terre-
» Sainte, où il est besoin qu'il y en ait.

» L'église du Saint-Sépulcre n'est éloignée
» de ce couvent que de deux cents pas. Elle

---

tation sur l'étendue de l'ancienne Jérusalem. Elle est fort rare, et je la donnerai à la fin de cet Itinéraire pour la satisfaction des lecteurs.

» comprend le Saint-Sépulcre ; le mont Cal-
» vaire, et plusieurs autres lieux saints. Ce
» fut sainte Hélène qui en fit bâtir une partie
» pour couvrir le Saint-Sépulcre : mais les
» princes chrétiens qui vinrent après, la firent
» augmenter, pour y comprendre le mont
» Calvaire qui n'est qu'à cinquante pas du
» Saint-Sépulcre.

» Anciennement le mont Calvaire étoit hors
» de la ville, ainsi que je l'ai déjà dit : c'étoit
» le lieu où l'on exécutoit les criminels con-
» damnés à mort ; et, afin que tout le peuple
» y pût assister, il y avoit une grande place
» entre le mont et la muraille de la ville. Le
» reste du mont étoit environné de jardins,
» dont l'un appartenoit à Joseph d'Arimathie,
» disciple secret de Jésus-Christ, où il avoit
» fait faire un sépulcre pour lui, dans lequel
» fut mis le corps de Notre-Seigneur. La cou-
» tume parmi les Juifs n'étoit pas d'enterrer
» les corps, comme nous faisons en chré-
» tienté. Chacun, selon ses moyens, faisoit
» pratiquer dans quelque roche une forme de
» petit cabinet, où l'on mettoit le corps que
» l'on étendoit sur une table du rocher même ;
» et puis on refermoit ce lieu avec une pierre

» que l'on mettoit devant la porte qui n'avoit
» d'ordinaire que quatre pieds de haut.

» L'église du Saint-Sépulcre est fort irré-
» gulière ; car l'on s'est assujetti aux lieux que
» l'on vouloit enfermer dedans. Elle est à peu
» près faite en croix, ayant six-vingts pas
» de long, sans compter la descente de l'in-
» vention de la sainte Croix, et soixante et
» dix de large. Il y a trois dômes, dont celui
» qui couvre le Saint-Sépulcre sert de nef à
» l'église. Il a trente pas de diamètre, et est
» ouvert par haut comme la rotonde de Rome.
» Il est vrai qu'il n'y a point de voûte : la
» couverture en est soutenue seulement par
» de grands chevrons de cèdre, qui ont été
» apportés du mont Liban. L'on entroit au-
» trefois en cette église par trois portes ; mais
» aujourd'hui il n'y en a plus qu'une, dont
» les Turcs gardent soigneusement les clefs,
» de crainte que les pélerins n'y entrent sans
» payer les neuf sequins, ou trente-six livres,
» à quoi ils sont taxés ; j'entends ceux qui
» viennent de chrétienté : car pour les Chré-
» tiens sujets au Grand-Seigneur, ils n'en
» paient pas la moitié. Cette porte est toujours
» fermée, et il n'y a qu'une petite fenêtre tra-

» versée d'un barreau de fer, par où ceux de
» dehors donnent des vivres à ceux qui sont
» dedans, lesquels sont de huit nations dif-
» férentes.

» La première est celle des Latins ou Ro-
» mains, que représentent les religieux cor-
» deliers. Ils gardent le Saint-Sépulcre ; le lieu
» du mont Calvaire, où Notre-Seigneur fut
» attaché à la Croix ; l'endroit où la sainte
» Croix fut trouvée ; la pierre de l'onction,
» et la chapelle où Notre-Seigneur apparut
» à la Vierge, après sa résurrection.

» La seconde nation est celle des Grecs,
» qui ont le chœur de l'église, où ils officient;
» au milieu duquel il y a un petit cercle de
» marbre, dont ils estiment que le centre soit
» le milieu de la terre.

» La troisième nation est celle des Abys-
» sins; ils tiennent la chapelle où est la colonne
» d'*Impropere*.

» La quatrième nation est celle des Ko-
» phites, qui sont les Chrétiens d'Egypte ; ils
» ont un petit oratoire proche du Saint-Sé-
» pulcre.

» La cinquième est celle des Arméniens;
» ils ont la chapelle de Sainte-Hélène, et celle

» où les habits de Notre-Seigneur furent par-
» tagés et joués.

» La sixième nation est celle des Nestoriens,
» ou Jacobites, qui sont venus de Chaldée et
» de Syrie ; ils ont une petite chapelle proche
» du lieu où Notre-Seigneur apparut à la
» Magdeleine, en forme de jardinier, qui
» pour cela est appelée la chapelle de Mag-
» deleine.

» La septième nation est celle des Géor-
» giens, qui habitent entre la mer Majeure
» et la mer Caspienne ; ils tiennent le lieu du
» mont Calvaire où fut dressée la Croix, et
» la prison où demeura Notre-Seigneur, en
» attendant que l'on eût fait le trou pour la
» placer.

» La huitième nation est celle des Maro-
» nites qui habitent le mont Liban ; ils re-
» connoissent le pape comme nous faisons.

» Chaque nation, outre ces lieux que
» tous ceux qui sont dedans peuvent visi-
» ter, a encore quelqu'endroit particulier
» dans les voûtes et dans les coins de cette
» église qui lui sert de retraite, et où elle
» fait l'office selon son usage : car les prê-
» tres et religieux qui y entrent, demeurent

» d'ordinaire deux mois sans en sortir, jusqu'à
» ce que du couvent qu'ils ont dans la ville
» l'on y en envoie d'autres pour servir en
» leur place. Il seroit malaisé d'y demeurer
» longuement, sans être malade, parce qu'il
» y a fort peu d'air, et que les voûtes et les
» murailles rendent une fraîcheur assez mal-
» saine ; néanmoins nous y trouvâmes un
» bon hermite, qui a pris l'habit de Saint-
» François, qui y a demeuré vingt ans sans
» en sortir ; encore qu'il y ait tellement à
» travailler, pour entretenir deux cents lam-
» pes, et pour nettoyer et parer tous les
» Lieux-Saints, qu'il ne sauroit reposer plus
» de quatre heures par jour.

» En entrant dans l'église, on rencontre
» la pierre de l'onction, sur laquelle le corps
» de Notre-Seigneur fut oint de myrrhe et
» d'aloès, avant que d'être mis dans le sé-
» pulcre. Quelques-uns disent qu'elle est du
» même rocher du Mont-Calvaire, et les
» autres tiennent qu'elle fut apportée dans
» ce lieu par Joseph et Nicodème, disciples
» secrets de Jésus-Christ, qui lui rendirent
» ce pieux office, et qu'elle tire sur le vert.
» Quoi qu'il en soit, à cause de l'indiscré-

» tion de quelques pélerins qui la rompoient,
» l'on a été contraint de la couvrir de marbre
» blanc, et de l'entourer d'un petit balustre
» de fer, de peur que l'on ne marche dessus.
» Elle a huit pieds moins trois pouces de long,
» et deux pieds moins un pouce de large,
» et au-dessus il y a huit lampes qui brûlent
» continuellement.

» Le Saint-Sépulcre est à trente pas de cette
» pierre, justement au milieu du grand
» dôme dont j'ai parlé : c'est comme un petit
» cabinet qui a été creusé et pratiqué dans
» une roche vive, à la pointe du ciseau. La
» porte qui regarde l'orient n'a que quatre
» pieds de haut et deux et un quart de large;
» de sorte qu'il se faut grandement baisser
» pour y entrer. Le dedans du sépulcre est
» presque carré. Il a six pieds moins un pouce
» de long, et six pieds moins deux pouces
» de large; et depuis le bas jusqu'à la voûte
» huit pieds un pouce. Il y a une table solide
» de la même pierre qui fut laissée en creu-
» sant le reste. Elle a deux pieds quatre pou-
» ces et demi de haut, et contient la moitié
» du sépulcre : car elle a six pieds moins un
» pouce de long, et deux pieds deux tiers et

» demi de large. Ce fut sur cette table que le
» corps de Notre-Seigneur fut mis, ayant la
» tête vers l'occident et les pieds à l'orient:
» mais à cause de la superstitieuse dévo-
» tion des Orientaux qui croient qu'ayant
» laissé leurs cheveux sur cette pierre, Dieu
» ne les abandonneroit jamais, et aussi parce
» que les pélerins en rompoient des morceaux,
» l'on a été contraint de la couvrir de marbre
» blanc, sur lequel on célèbre aujourd'hui la
» messe ; il y a continuellement quarante-
» quatre lampes qui brûlent dans ce saint lieu:
» et, afin d'en faire exhaler la fumée, l'on a
» fait trois trous à la voûte. Le dehors du
» sépulcre est aussi revêtu de tables de mar-
» bre et de plusieurs colonnes, avec un dôme
» au-dessus.

» A l'entrée de la porte du Sépulcre, il y
» a une pierre d'un pied et demi en carré, et
» relevée d'un pied qui est du même roc,
» laquelle servoit pour appuyer la grosse
» pierre qui bouchoit la porte du Sépulcre;
» c'étoit sur cette pierre qu'étoit l'ange,
» lorsqu'il parla aux Maries ; et tant à cause
» de ce mystère, que pour ne pas entrer
» d'abord dans le Saint-Sépulcre, les premiers

» Chrétiens firent une petite chapelle au-
» devant, qui est appelée la chapelle de
» l'Ange.

» A douze pas du Saint-Sépulcre, en tirant
» vers le septentrion, l'on rencontre une
» grande pierre de marbre gris, qui peut
» avoir quatre pieds de diamètre, que l'on a
» mise là, pour marquer le lieu où Notre-
» Seigneur se fit voir à la Magdeleine, en
» forme de jardinier.

» Plus avant est la chapelle de l'Apparition,
» où l'on tient par tradition que Notre-Seigneur
» apparut premièrement à la Vierge, après
» sa résurrection. C'est le lieu où les religieux
» cordeliers font leur office, et où ils se reti-
» rent : car de là ils entrent en des cham-
» bres qui n'ont point d'autre issue que par
» cette chapelle.

» Continuant à faire le tour de l'église, l'on
» trouve une petite chapelle voûtée, qui a
» sept pieds de long et six de large, que l'on
» appelle autrement la prison de Notre-Sei-
» gneur, parce qu'il fut mis dans ce lieu en
» attendant que l'on eût fait le trou pour plan-
» ter la Croix. Cette chapelle est à l'opposite
» du mont de Calvaire; de sorte que ces deux

» lieux sont comme la croisée de l'église;
» car le mont est au midi et la chapelle au
» septentrion.

» Assez proche de là est une autre chapelle
» de cinq pas de long et de trois de large, qui
» est au même lieu où Notre-Seigneur fut
» dépouillé par les soldats avant que d'être
» attaché à la Croix, et où ses vêtemens
» furent joués et partagés.

» En sortant de cette chapelle, on rencon-
» tre, à main gauche, un grand escalier qui
» perce la muraille de l'église pour descen-
» dre dans une espèce de cave qui est creu-
» sée dans le roc. Après avoir descendu
» trente marches il y a une chapelle, à main
» gauche, que l'on appelle vulgairement la
» chapelle Sainte-Hélène, à cause qu'elle
» étoit là en prière pendant qu'elle faisoit
» chercher la sainte Croix. L'on descend en-
» core onze marches jusqu'à l'endroit où elle
» fut trouvée avec les clous, la couronne
» d'épine et le fer de la lance, qui avoient
» été cachés en ce lieu plus de trois cents
» ans.

» Proche du haut de ce degré, en tirant
» vers le mont de Calvaire, est une chapelle

» qui a quatre pas de long et deux et demi
» de large, sous l'autel de laquelle l'on voit
» une colonne de marbre gris, marqueté de
» taches noires, qui a deux pieds de haut et
» un de diamètre. Elle est appelée la colonne
» d'*Impropere*, parce que l'on y fit asseoir
» Notre-Seigneur pour le couronner d'épines.

» L'on rencontre à dix pas de cette cha-
» pelle un petit degré fort étroit, dont les
» marches sont de bois au commencement
» et de pierre à la fin. Il y en a vingt en tout,
» par lesquelles on va sur le mont du Calvaire.
» Ce lieu, qui étoit autrefois si ignominieux,
» ayant été sanctifié par le sang de Notre-
» Seigneur, les premiers Chrétiens en eurent
» un soin particulier; et après avoir ôté toutes
» les immondices et toute la terre qui étoit
» dessus, ils l'enfermèrent de murailles : de
» sorte que c'est à présent comme une cha-
» pelle haute, qui est enclose dans cette grande
» église. Elle est revêtue de marbre par de-
» dans, et séparée en deux par une arcade.
» Ce qui est vers le septentrion est l'endroit
» où Notre-Seigneur fut attaché à la Croix. Il
» y a toujours trente-deux lampes ardentes,
» qui sont entretenues par les cordeliers, qui

» célèbrent aussi tous les jours la messe en
» ce saint lieu.

» En l'autre partie qui est au midi, fut
» plantée la sainte Croix. On voit encore le
» trou qui est creusé dans le roc environ un
» pied et demi, outre la terre qui étoit des-
» sus. Le lieu où étoient les croix des deux
» larrons est proche de là. Celle du bon lar-
» ron étoit au septentrion, et l'autre au midi ;
» de manière que le premier étoit à la main
» droite de Notre-Seigneur, qui avoit la face
» tournée vers l'occident, et le dos du côté
» de Jérusalem, qui étoit à l'orient. Il y a con-
» tinuellement cinquante lampes ardentes pour
» honorer ce saint lieu.

» Au-dessous de cette chapelle sont les sé-
» pultures de Godefroy de Bouillon, et de
» Baudouin son frère, où l'on lit ces inscrip-
» tions :

HIC JACET INCLYTUS DUX GODEFRIDUS DE
BULION, QUI TOTAM ISTAM TERRAM AC-
QUISIVIT CULTUI CHRISTIANO, CUJUS ANIMA
REGNET CUM CHRISTO. AMEN.

REX BALDUINUS, JUDAS ALTER MACHABEUS,
SPES PATRIÆ, VIGOR ECCLESIÆ, VIRTUS UTRIUSQUE,
QUEM FORMIDABANT CUI DONA TRIBUTA FEREBANT.

Cedar et Ægyptus Dan, ac homicida Damascus.
Proh dolor! In modico clauditur hoc tumulo. (1)

» Le mont de Calvaire est la dernière sta-
» tion de l'église du Saint-Sépulcre; car à vingt
» pas de là l'on rencontre la pierre de l'*onction*,
» qui est justement à l'entrée de l'église. »

Deshayes ayant ainsi décrit par ordre les Stations de tant de lieux vénérables, il ne me reste à présent qu'à montrer l'ensemble de ces lieux aux lecteurs.

On voit d'abord que l'église du Saint-Sépulcre se compose de trois églises: celle du Saint-Sépulcre, celle du Calvaire et celle de l'Invention de la Sainte-Croix.

L'église proprement dite du Saint-Sépulcre est bâtie dans la vallée du mont Calvaire et sur le terrain où l'on sait que Jésus-Christ fut enseveli. Cette église forme une croix; la chapelle même du Saint-Sépulcre n'est en effet que la grande nef de l'édifice: elle est circulaire comme le Panthéon à Rome, et ne reçoit le

---

(1) Outre ces deux tombeaux, on en voit quatre autres à moitié brisés. Sur un de ces tombeaux on lit encore, mais avec beaucoup de peine, une épitaphe rapportée par Cotovic.

jour que par un dôme au-dessous duquel se trouve le saint Sépulcre. Seize colonnes de marbre ornent le pourtour de cette rotonde; elles soutiennent, en décrivant dix-sept arcades, une galerie supérieure, également composée de seize colonnes et de dix-sept arcades, plus petites que les colonnes et les arcades qui les portent. Des niches correspondantes aux arcades s'élèvent au-dessus de la frise de la dernière galerie; et le dôme prend sa naissance sur l'arc de ces niches. Celles-ci étoient autrefois décorées de mosaïques représentant les douze apôtres, sainte Hélène, l'empereur Constantin, et trois autres portraits inconnus.

Le chœur de l'église du Saint-Sépulcre est à l'orient de la nef du Tombeau : il est double comme dans les anciennes basiliques; c'est-à-dire, qu'il a d'abord une enceinte avec des stalles pour les prêtres, ensuite un sanctuaire reculé et élevé de deux degrés au-dessus du premier. Autour de ce double sanctuaire règnent les ailes du chœur, et dans ces ailes sont placées les chapelles décrites par Deshayes.

C'est aussi dans l'aile droite, derrière le chœur, que s'ouvrent les deux escaliers qui conduisent, l'un à l'église du Calvaire, l'autre à l'église de l'Invention de la Sainte-Croix : le premier monte à la cime du Calvaire ; le second descend sous le Calvaire même : en effet, la Croix fut élevée sur le sommet du Golgotha, et retrouvée sous cette montagne. Ainsi, pour nous résumer, l'église du Saint-Sépulcre est bâtie au pied du Calvaire : elle touche par sa partie orientale à ce monticule, sous lequel et sur lequel on a bâti deux autres églises, qui tiennent par des murailles et des escaliers voûtés au principal monument.

L'architecture de l'église est évidemment du siècle de Constantin : l'ordre corinthien domine partout. Les piliers sont lourds ou maigres, et leur diamètre est presque toujours sans proportion avec leur hauteur. Quelques colonnes accouplées qui portent la frise du chœur sont toutefois d'un assez bon style. L'église étant haute et développée, les corniches se profilent à l'œil avec assez de grandeur; mais comme depuis environ soixante ans on a surbaissé l'arcade qui sépare le chœur de la nef, le rayon horizontal est brisé, et l'on ne jouit plus de l'ensemble de la voûte.

L'église n'a point de péristyle, on y entre par deux portes latérales, dont il n'y a plus qu'une d'ouverte. Ainsi le monument ne paroît pas avoir eu de décorations extérieures. Il est masqué d'ailleurs par les masures et par les couvents grecs qui sont accolés aux murailles.

Le petit monument de marbre qui couvre le Saint-Sépulcre a la forme d'un catafalque, orné d'arceaux demi-gothiques engagés dans les côtés-pleins de ce catafalque : il s'élève élégamment sous le dôme qui l'éclaire, mais il est gâté par une chapelle massive que les Arméniens ont obtenu la permission de bâtir à l'une de ses extrémités. L'intérieur du catafalque offre un tombeau de marbre blanc fort simple, appuyé d'un côté au mur du monument, et servant d'autel aux religieux catholiques : c'est le Tombeau de Jésus-Christ.

L'origine de l'église du Saint-Sépulcre est d'une haute antiquité. L'auteur de l'Epitome des Guerres Sacrées (*Epitome Bellorum Sacrorum*) prétend que quarante-six ans après la destruction de Jérusalem, par Vespasien et Titus, les Chrétiens obtinrent d'Adrien la

permission de bâtir, ou plutôt de rebâtir un temple sur le tombeau de leur Dieu, et d'enfermer dans la nouvelle cité les autres lieux révérés des Chrétiens. Il ajoute que ce temple fut agrandi et réparé par Hélène, mère de Constantin. Quaresmius combat cette opinion, « parce que, dit-il, les Fidèles, jusqu'au rè-
» gne de Contantin, n'eurent pas la permis-
» sion d'élever de pareils temples. » Le savant religieux oublie qu'avant la persécution de Dioclétien, les Chrétiens possédoient de nombreuses églises et célébroient publiquement leurs mystères. Lactance et Eusèbe vantent à cette époque la richesse et le bonheur des Fidèles.

D'autres auteurs dignes de foi, Sozomène, dans le second livre de son Histoire ; saint Jérôme, dans ses Epîtres à Paulin et à Ruffin ; Sévère, livre II ; Nicéphore, livre XVIII, et Eusèbe, dans la Vie de Constantin, nous apprennent que les Païens entourèrent d'un mur les Saints-Lieux ; qu'ils élevèrent sur le tombeau de Jésus-Christ une statue à Jupiter, et une autre statue à Vénus sur le Calvaire ; qu'ils consacrèrent un bois à Adonis sur le berceau du Sauveur. Ces témoignages démontrent également l'antiquité du vrai culte à Jérusalem, par la profanation même des Lieux-Sacrés, et prouvent que les Chrétiens avoient des sanctuaires dans ces lieux. (1)

Quoi qu'il en soit, la fondation de l'église du Saint-Sépulcre, remonte au moins au règne de Constantin : il nous reste une lettre de ce prince, qui ordonne à Macaire, évêque de Jérusalem, d'élever une église sur le lieu où s'accomplit le grand mystère du salut. Eusèbe nous a conservé cette lettre. L'évêque de Césarée fait ensuite la description de l'église nouvelle, dont la dédicace dura huit jours. Si le récit d'Eusèbe avoit besoin d'être appuyé par des témoignages étrangers, on auroit ceux de Cyrille, évêque de Jérusalem (Catéch. 1-10-13), de Théodoret, et même de l'*Itinéraire de Bordeaux à Jérusalem, en* 333 : *Ibidem, jussu Constantini imperatoris, basilica facta est, miræ pulchritudinis.*

Cette église fut ravagée par Cosroës II, roi de Perse, environ trois siècles après qu'elle eut été bâtie par Constantin. Héra-

---

(1) Voyez le deuxième Mémoire de l'Introduction.

clius reconquit la vraie Croix, et Modeste, évêque de Jérusalem rétablit l'église du Saint-Sépulcre. Quelque temps après, le calife Omar, s'empara de Jérusalem, mais il laissa aux Chrétiens le libre exercice de leur culte. Vers l'an 1009, Hequem ou Hakem, qui régnoit en Egypte, porta la désolation au Tombeau de Jésus-Christ. Les uns veulent que la mère de ce prince, qui étoit Chrétienne, ait fait encore relever les murs de l'église abattue; les autres disent que le fils du calife d'Egypte, à la sollicitation de l'empereur Argyropile, permit aux Fidèles d'enfermer les Saints-Lieux dans un monument nouveau. Mais comme à l'époque du règne de Hakem, les Chrétiens de Jérusalem n'étoient ni assez riches ni assez habiles pour bâtir l'édifice qui couvre aujourd'hui le Calvaire (1); comme, malgré un passage très-suspect de Guillaume de Tyr, rien n'indique que les Croisés aient fait construire à Jérusalem une église du Saint-

---

(1) On prétend que Marie, femme de Hakem et mère du nouveau calife, en fit les frais, et qu'elle fut aidée dans cette pieuse entreprise par Constantin-Monomaque.

Sépulcre; il est probable que l'église fondée par Constantin a toujours subsisté telle qu'elle est, du moins quant aux murailles du bâtiment. La seule inspection de l'architecture de ce bâtiment suffiroit pour démontrer la vérité de ce que j'avance.

Les Croisés s'étant emparés de Jérusalem, le 15 juillet 1099, arrachèrent le Tombeau de Jésus-Christ des mains des Infidèles. Il demeura quatre-vingt-huit ans sous la puissance des successeurs de Godefroy de Bouillon. Lorsque Jérusalem retomba sous le joug musulman, les Syriens rachetèrent à prix d'or l'église du Saint-Sépulcre, et des moines vinrent défendre avec leurs prières des lieux inutilement confiés aux armes des rois : c'est ainsi qu'à travers mille révolutions la foi des premiers Chrétiens nous avoit conservé un temple qu'il étoit donné à notre siècle de voir périr.

Les premiers voyageurs étoient bien heureux; ils n'étoient point obligés d'entrer dans toutes ces critiques : premièrement, parce qu'ils trouvoient dans leurs lecteurs la Religion qui ne dispute jamais avec la vérité; secondement, parce que tout le monde étoit persuadé que le seul moyen de voir un pays tel qu'il est, c'est de le voir avec ses traditions et ses souvenirs. C'est en effet la Bible et l'Evangile à la main, que l'on doit parcourir la Terre-Sainte. Si l'on veut y porter un esprit de contention et de chicane, la Judée ne vaut pas la peine qu'on l'aille chercher si loin. Que diroit-on d'un homme qui, parcourant la Grèce et l'Italie, ne s'occuperoit qu'à contredire Homère et Virgile? Voilà pourtant comme on voyage aujourd'hui: effet sensible de notre amour-propre qui veut nous faire passer pour habiles, en nous rendant dédaigneux.

Les lecteurs chrétiens demanderont peut-être à présent quels furent les sentimens que j'éprouvai en entrant dans ce lieu redoutable; je ne puis réellement le dire. Tant de choses se présentoient à la fois à mon esprit, que je ne m'arrêtois à aucune idée particulière. Je restai près d'une demi-heure à genoux dans la petite chambre du Saint-Sépulcre, les regards attachés sur la pierre sans pouvoir les en arracher. L'un des deux religieux qui me conduisoient demeuroit prosterné auprès de moi, le front sur le marbre; l'autre, l'Evangile à la main, me lisoit, à la lueur des lampes, les passages relatifs au Saint-Tombeau. Entre chaque verset il récitoit une prière : *Domine Jesu-Christe, qui in horâ diei vespertinâ de cruce depositus, in brachiis dulcissimæ Matris tuæ reclinatus fuisti, horâque ultimâ in hoc sanctissimo monumento corpus tuum exanime contulisti, etc.* Tout ce que je puis assurer c'est qu'à la vue de ce sépulcre triomphant, je ne sentis que ma foiblesse ; et quand mon guide s'écria avec saint Paul : *Ubi est, Mors, victoria tua ? Ubi est, Mors, stimulus tuus ?* Je prêtai l'oreille, comme si la Mort alloit répondre qu'elle étoit vaincue et enchaînée dans ce monument.

Nous parcourûmes les Stations, jusqu'au sommet du Calvaire. Où trouver dans l'antiquité rien d'aussi touchant, rien d'aussi merveilleux que les dernières scènes de l'Evangile ? Ce ne sont point ici les aventures bizarres d'une divinité étrangère à l'humanité : c'est l'histoire la plus pathétique ; histoire qui non-seulement fait couler des larmes par sa beauté, mais dont les conséquences, appliquées à l'univers, ont changé la face de la terre. Je venois de visiter les monumens de la Grèce, et j'étois encore tout rempli de leur grandeur; mais qu'ils avoient été loin de m'inspirer ce que j'éprouvois à la vue des Lieux-Saints!

L'église du Saint-Sépulcre, composée de plusieurs églises, bâtie sur un terrain inégal, éclairée par une multitude de lampes, est singulièrement mystérieuse; il y règne une obscurité favorable à la piété, et au recueillement de l'ame. Les prêtres chrétiens des direntes sectes habitent les différentes parties de l'édifice. Du haut des arcades, où ils se sont nichés comme des colombes, du fond des chapelles et des souterrains, ils font entendre leurs cantiques à toutes les heures du jour et de la nuit: l'orgue du religieux latin, les cymbales du prêtre abyssin, la voix du caloyer grec, la prière du solitaire arménien, l'espèce de plainte du moine cophte, frappent tour-à-tour ou tout à la fois votre oreille; vous ne savez d'où partent ces concerts; vous respirez l'odeur de l'encens, sans apercevoir la main qui le brûle: seulement vous voyez passer, s'enfoncer derrière des colonnes, se perdre dans l'ombre du temple, le pontife qui va célébrer les plus redoutables mystères aux lieux mêmes où ils se sont accomplis.

Je ne sortis point de l'enceinte sacrée sans m'arrêter aux monumens de Godefroy et de Baudouin : ils font face à la porte de l'église, et sont appuyés contre le mur du chœur. Je saluai les cendres de ces rois chevaliers qui méritèrent de reposer près du grand sépulcre qu'ils avoient délivré. Ces cendres sont des cendres françaises et les seules qui soient ensevelies à l'ombre du Tombeau de Jésus-Christ. Quel titre d'honneur pour ma patrie !

Je retournai au couvent à onze heures, et j'en sortis de nouveau à midi pour suivre la Voie Douloureuse : on appelle ainsi le chemin que parcourut le Sauveur du monde en se rendant de la maison de Pilate au Calvaire.

La maison de Pilate (1) est une ruine d'où l'on découvre le vaste emplacement du Temple de Salomon et la mosquée bâtie sur cet emplacement.

Jésus-Christ ayant été battu de verges, couronné d'épines, et revêtu d'une casa-

---

(1) Le gouverneur de Jérusalem demeuroit autrefois dans cette maison ; mais on n'y loge plus que ses chevaux parmi des débris. Voyez l'Introduction, sur la vérité des traditions religieuses à Jérusalem.

que de pourpre, fut présenté aux Juifs par Pilate : *Ecce Homo*, s'écria le juge ; et l'on voit encore la fenêtre d'où il prononça ces paroles mémorables.

Selon la tradition latine à Jérusalem, la couronne de Jésus-Christ fut prise sur l'arbre-épineux, *lycium spinosum*. Mais le savant botaniste Hasselquist croit qu'on employa pour cette couronne le *nabka* des Arabes. La raison qu'il en donne mérite d'être rapportée :

« Il y a toute apparence, dit l'auteur, que
» le nabka fournit la couronne que l'on mit
» sur la tête de Notre-Seigneur : il est com-
» mun dans l'Orient. On ne pouvoit choisir
» une plante plus propre à cet usage ; car elle
» est armée de piquans ; ses branches sont
» souples et pliantes, et sa feuille est d'un vert
» foncé comme celle du lierre. Peut-être les
» ennemis de Jésus-Christ choisirent-ils, pour
» ajouter l'insulte au châtiment une plante
» approchant de celle dont on se servoit
» pour couronner les empereurs et les géné-
» raux d'armée. »

Une autre tradition conserve à Jérusalem la sentence prononcée par Pilate contre le Sauveur du monde :

Jesum Nazarenum, subversorem gentis, contemptorem Cæsaris, et falsum Messiam, ut majorum suæ gentis testimonio probatum est, ducite ad communis supplicii locum, et cum ludibriis regiæ majestatis in medio duorum latronum cruci affigite : I, lictor, expedi cruces.

A cent vingt pas de l'arc de l'*Ecce Homo*, on me montra, à gauche, les ruines d'une église consacrée autrefois à Notre-Dame-des-Douleurs. Ce fut dans cet endroit que Marie, chassée d'abord par les gardes, rencontra son Fils chargé de la Croix. Ce fait n'est point rapporté dans les Evangiles; mais il est cru généralement sur l'autorité de saint Boniface et de saint Anselme. Saint Boniface dit que la Vierge tomba comme demi-morte, et qu'elle ne put prononcer un seul mot : *Nec verbum dicere potuit.* Saint Anselme assure que le Christ la salua par ces mots : *Salve, Mater!* Comme on retrouve Marie au pied de la Croix (1), ce récit des Pères n'a rien que de

---

(1) *In Joan.*

très-probable; la foi ne s'oppose point à ces traditions; elles montrent à quel point la merveilleuse et sublime histoire de la Passion, s'est gravée dans la mémoire des hommes. Dix-huit siècles écoulés, des persécutions sans fin, des révolutions éternelles, des ruines toujours croissantes, n'ont pu effacer ou cacher la trace d'une mère qui vint pleurer sur son fils.

Cinquante pas plus loin, nous trouvâmes l'endroit où Simon le Cyrénéen aida Jésus-Christ à porter sa Croix.

« Comme ils le menoient à la mort, ils » prirent un homme de Cyrène, appelé Si- » mon, qui revenoit des champs, et le char- » gèrent de la Croix, la lui faisant porter » après Jésus. » (1)

Ici le chemin qui se dirigeoit Est et ouest fait un coude et tourne au nord; je vis à main droite le lieu où se tenoit Lazare le Pauvre, et en face, de l'autre côté de la rue, la maison du Mauvais Riche.

« Il y avoit un homme riche qui étoit vêtu » de pourpre et de lin, et qui se traitoit ma- » gnifiquement tous les jours.

---

(1) Saint Luc.

» Il y avoit aussi un pauvre appelé Lazare,
» tout couvert d'ulcères, couché à sa porte,
» Qui eût bien voulu se rassasier des miettes
» qui tomboient de la table du riche ; mais
» personne ne lui en donnoit ; et les chiens
» venoient lui lécher ses plaies.
» Or il arriva que le pauvre mourut, et
» fut emporté par les anges dans le sein
» d'Abraham. Le riche mourut aussi, et eut
» l'enfer pour sépulcre. »

Saint Chrysostôme, saint Ambroise, et saint Cyrille ont cru que l'histoire du Lazare et du Mauvais Riche n'étoit point une simple parabole, mais un fait réel et connu. Les Juifs mêmes nous ont conservé le nom du Mauvais Riche, qu'ils appellent Nabal.

Après avoir passé la maison du Mauvais Riche, on tourne à droite, et l'on reprend la direction du couchant. A l'entrée de cette rue qui monte au Calvaire, le Christ rencontra les saintes femmes qui pleuroient.

« Or il étoit suivi d'une grande multitude
» de peuple et de femmes qui se frappoient
» la poitrine et qui le pleuroient.
» Mais Jésus se tournant vers elles leur dit:
» Filles de Jérusalem, ne pleurez pas sur

» moi, mais pleurez sur vous-mêmes et sur
» vos enfans. » (1)

A cent dix pas de là on montre l'emplacement de la maison de Véronique, et le lieu où cette pieuse femme essuya le visage du Sauveur. Le premier nom de cette femme étoit Bérénice ; il fut changé dans la suite en celui de *Verá-icon*, vraie image, par la transposition de deux lettres : en outre la transmutation du *b* en *v* est très-fréquente dans les langues anciennes.

Après avoir fait une centaine de pas, on trouve la porte Judiciaire : c'étoit la porte par où sortoient les criminels qu'on exécutoit sur le Golgotha. Le Golgotha aujourd'hui renfermé dans la nouvelle cité, étoit hors de l'enceinte de l'ancienne Jérusalem.

De la porte Judiciaire au haut du Calvaire on compte à peu près deux cents pas : là se termine la Voie Douloureuse qui peut avoir en tout un mille de longueur. Nous avons vu que le Calvaire est maintenant compris dans l'église du Saint-Sépulcre. Si ceux qui lisent la Passion dans l'Évangile, sont frappés

---

(1) Saint Luc.

d'une sainte tristesse et d'une admiration profonde, qu'est-ce donc que d'en suivre les scènes au pied de la montagne de Sion, à la vue du Temple, et dans les murs mêmes de Jérusalem?

Après la description de la Voie Douloureuse et de l'église du Saint-Sépulcre, je ne dirai qu'un mot des autres lieux de dévotion que l'on trouve dans l'enceinte de la ville. Je me contenterai de les nommer dans l'ordre où je les ai parcourus pendant mon séjour à Jérusalem:

1º. La maison d'Anne, le pontife, près de la porte de David, au pied du mont Sion, en dedans du mur de la ville: les Arméniens possèdent l'église bâtie sur les ruines de cette maison.

2º. Le lieu de l'apparition du Sauveur à Marie-Madeleine, Marie, mère de Jacques, et Marie Salomé, entre le château et la porte du mont Sion.

3º. La maison de Simon le Pharisien. Madeleine y confessa ses erreurs. C'est une église totalement ruinée, à l'orient de la ville.

4º. Le monastère de sainte Anne, mère de la Sainte-Vierge; et la grotte de la Conception immaculée, sous l'église du monastère. Ce monastère est converti en mosquée, mais on y entre pour quelques médins. Sous les rois chrétiens, il étoit habité par des religieuses. Il n'est pas loin de la maison de Simon.

5°. La prison de saint Pierre, près du Calvaire. Ce sont de vieilles murailles où l'on montre des crampons de fer.

6°. La maison de Zébédée, assez près de la prison de saint Pierre, grande église qui appartient au patriarche grec.

7°. La maison de Marie, mère de Jean-Marc, où saint Pierre se retira lorsqu'il eut été délivré par l'ange. C'est une église desservie par les Syriens.

8°. Le lieu du martyre de saint Jacques-le-Majeur. C'est le couvent des Arméniens. L'église en est fort riche et fort élégante. Je parlerai bientôt du patriarche arménien.

Le lecteur a maintenant sous les yeux le tableau complet des monumens chrétiens dans Jérusalem. Nous allons à présent visiter les dehors de la Ville-Sainte.

J'avois employé deux heures à parcourir à pied la Voie Douloureuse. J'eus soin chaque jour de revoir ce chemin sacré, ainsi que l'église du Calvaire, afin qu'aucune circonstance essentielle n'échappât à ma mémoire. Il étoit donc deux heures quand j'achevai, le 7 octobre, ma première revue des Saints-Lieux. Je montai alors à cheval avec Ali-Aga, le drogman Michel et mes domestiques. Nous sortîmes par la porte de Jafa pour faire le tour complet de Jérusalem. Nous étions couverts d'armes, habillés à la française, et très-décidés à ne souffrir aucune insulte. On voit que les temps sont bien changés, grâce au renom de nos victoires; car l'ambassadeur Deshayes, sous Louis XIII, eut toutes les peines du monde à obtenir la permission d'entrer à Jérusalem avec son épée.

Nous tournâmes à gauche en sortant de la porte de la ville; nous marchâmes au midi, et nous passâmes à la piscine de Bethsabée, fossé large et profond, mais sans eau; ensuite nous gravîmes la montagne de Sion, dont une partie se trouve maintenant hors de l'enceinte de Jérusalem.

Je suppose que ce nom de Sion réveille dans la mémoire des lecteurs un grand souvenir; qu'ils sont curieux de connoître cette montagne si mystérieuse dans l'Ecriture, si célèbre dans les cantiques de Salomon, cette montagne objet des bénédictions ou des larmes des prophètes, et dont Racine a soupiré les malheurs.

C'est un monticule d'un aspect jaunâtre et stérile, ouvert en forme de croissant du côté de Jérusalem, à peu près de la hauteur de Montmartre, mais plus arrondi au sommet. Ce sommet sacré est marqué par trois monumens ou plutôt par trois ruines : la maison de Caïphe, le Saint-Cénacle, et le tombeau ou le palais de David. Du haut de la montagne vous voyez au midi la vallée de Ben-Hinnon, par-delà cette vallée, le Champ-du-Sang acheté des trente deniers de Judas, le mont du Mauvais-Conseil, les tombeaux des Juges, et tout le désert vers Habron et Bethléem. Au nord, le mur de Jérusalem qui passe sur la cime de Sion, vous empêche de voir la ville; celle-ci va toujours en s'inclinant vers la vallée de Josaphat.

La maison de Caïphe est aujourd'hui une église desservie par les Arméniens; le tombeau de David est une petite salle voûtée, où l'on trouve trois sépulcres de pierre noirâtre ; le Saint-Cénacle est une mosquée et un hôpital turcs : c'étoient autrefois une église et un monastère occupés par les Pères de Terre-Sainte. Ce dernier sanctuaire est également fameux dans l'Ancien et dans le Nouveau Testament : David y bâtit son palais et son tombeau ; il y garda, pendant trois mois, l'Arche d'Alliance ; Jésus-Christ y fit la dernière Pâques et il y institua le sacrement d'Eucharistie ; il y apparut à ses disciples le jour de sa résurrection ; le Saint-Esprit y descendit sur les apôtres. Le Saint-Cénacle devint le premier temple chrétien que le monde ait vu ; saint Jacques-le-Mineur y fut consacré premier évêque de Jérusalem, et saint Pierre y tint le premier concile de l'Eglise ; enfin ce fut de ce lieu que les apôtres partirent, pauvres et nus, pour monter sur tous les trônes de la terre : *Docete omnes gentes !*

L'historien Josephe nous a laissé une description magnifique du palais et du tombeau de David. Benjamin de Tudèle fait, au sujet de ce tombeau, un conte assez curieux.

« Toute l'étendue de Jérusalem est envi-
» ronnée de hautes montagnes ; mais c'est sur
» celle de Sion que doivent être les sépulcres
» de la famille de David dont on ignore le
» lieu. En effet, il y a quinze ans qu'un des
» murs du temple, que j'ai dit être sur la
» montagne de Sion, croula. Là-dessus, le
» patriarche donna ordre à un prêtre de le
» réparer des pierres qui se trouveroient dans
» le fondement des murailles de l'ancienne
» Sion. Pour cet effet, celui-ci fit marché
» avec environ vingt ouvriers, entre lesquels
» il se trouva deux hommes amis et de bonne
» intelligence. L'un d'eux mena un jour l'autre
» dans sa maison pour lui donner à déjeuner.
» Etant revenus après avoir mangé ensemble,
» l'inspecteur de l'ouvrage leur demanda la
» raison pourquoi ils étoient venus si tard ; au-
» quel ils répondirent qu'ils récompenseroient
» cette heure de travail par une autre. Pendant
» donc que le reste des ouvriers furent à dî-
» ner, et que ceux-ci faisoient le travail qu'ils
» avoient promis, ils levèrent une pierre qui
» bouchoit l'ouverture d'un antre, et se dirent
» l'un à l'autre : Voyons s'il n'y a pas là-des-
» sous quelque trésor caché. Après y être

» entrés, ils avancèrent jusqu'à un palais sou-
» tenu par des colonnes de marbre, et cou-
» vert de feuilles d'or et d'argent. Au-devant
» il y avoit une table avec un sceptre et une
» couronne dessus : c'étoit là le sépulcre de
» David roi d'Israël; celui de Salomon, avec
» les mêmes ornemens, étoit à la gauche,
» aussi-bien que plusieurs autres rois de Juda
» de la famille de David, qui avoient été en-
» terrés en ce lieu. Il s'y trouva aussi des
» coffres fermés ; mais on ignore encore ce
» qu'ils contenoient. Les deux ouvriers ayant
» voulu pénétrer dans le palais, il s'éleva un
» tourbillon de vent qui, entrant par l'ou-
» verture de l'antre, les renversa par terre,
» où ils demeurèrent comme s'ils eussent été
» morts, jusqu'au soir. Un autre souffle de vent
» les réveilla, et ils entendirent une voix sem-
» blable à celle d'un homme, qui leur dit:
» *Levez-vous, et sortez de ce lieu.* La frayeur
» dont ils étoient saisis les fit retirer en dili-
» gence, et ils rapportèrent tout ce qui leur
» étoit arrivé au patriarche, qui le leur fit
» répéter en présence d'Abraham de Cons-
» tantinople, le Pharisien, et surnommé le
» Pieux, qui demeuroit alors à Jérusalem.

» Il l'avoit envoyé chercher pour lui deman-
» der quel étoit son sentiment là-dessus ; à
» quoi il répondit, que c'étoit le lieu de la
» sépulture de la maison de David, destinée
» pour les rois de Juda. Le lendemain, on
» trouva ces deux hommes couchés dans leurs
» lits, et fort malades de la peur qu'ils avoient
» eue. Ils refusèrent de retourner dans le
» même lieu à quelque prix que ce fût, assu-
» rant qu'il n'étoit pas permis à aucun mortel
» de pénétrer dans un lieu dont Dieu défen-
» doit l'entrée ; de sorte qu'elle a été bouchée
» par le commandement du patriarche, et
» la vue en a été ainsi cachée jusqu'aujour-
» d'hui. » (1)

En descendant de la montagne de Sion, du
côté du levant, nous arrivâmes à la vallée, à
la fontaine, et à la piscine de Siloë où Jésus-
Christ rendit la vue à l'aveugle. La fontaine
sort d'un rocher ; elle coule en silence, *cum*

---

(1) Cette histoire paroît être renouvelée de celle
que raconte Josephe au sujet du même tombeau.
Hérode-le-Grand ayant voulu faire ouvrir le cercueil
de David, il en sortit une flamme qui l'empêcha de
poursuivre son dessein.

silentio, selon le témoignage de Jérémie; ce qui contredit un passage de saint Jérôme; elle a une espèce de flux et reflux, tantôt versant ses eaux comme la fontaine de Vaucluse, tantôt les retenant et les laissant à peine couler. Les lévites répandoient l'eau de Siloë sur l'autel à la fête des Tabernacles, en chantant: *Haurietis aquas in gaudio de fontibus Salvatoris.* Milton invoque cette source, au commencement de son poëme, au lieu de la fontaine Castalie:

>   Or if Sion hill
> Delight thee more, and Siloa's brook that flow'd
>   Fast by the Oracle of God:

beaux vers que M. Delille a magnifiquement rendus:

> Toi donc qui célébrant les merveilles des cieux,
> Prends loin de l'Hélicon un vol audacieux;
> Soit que te retenant sous ses palmiers antiques,
> Sion avec plaisir répète tes cantiques;
> . . . .
> Soit que, chantant le jour où Dieu donna sa loi,
> Le Sina sous tes pieds tressaille encor d'effroi;
> Soit que près du saint lieu d'où partent ses oracles
> Les flots du Siloë te disent ses miracles:
> Muse sainte, soutiens mon vol présomptueux!

Les uns racontent que cette fontaine sortit

tout-à-coup de la terre pour apaiser la soif d'Isaïe, lorsque ce prophète fut scié en deux avec une scie de bois, par l'ordre de Manassès; les autres prétendent qu'on la vit paroître sous le règne d'Ezéchias, dont nous avons l'admirable cantique :

> J'ai vu mes tristes journées
> Décliner vers leur penchant! etc.

Selon Josephe, cette source miraculeuse couloit pour l'armée de Titus, et refusoit ses eaux aux Juifs coupables. La piscine ou plutôt les deux piscines du même nom, sont tout auprès de la source. Elles servent aujourd'hui à laver le linge comme autrefois; et nous y vîmes des femmes qui nous dirent des injures en s'enfuyant. L'eau de la fontaine est saumâtre et assez désagréable au goût; on s'y baigne les yeux en mémoire du miracle de l'aveugle-né.

Près de là, on montre l'endroit où le prophète Isaïe subit le supplice dont j'ai parlé. On y voit aussi un village appelé Siloan; au pied de ce village est une autre fontaine que l'Ecriture nomme Rogel : en face de cette fontaine, au pied de la montagne de Sion, se trouve une troisième fontaine qui porte le nom de Marie. On croit que la Vierge y venoit chercher de l'eau, comme les filles de Laban au puits dont Jacob ôta la pierre : *Ecce Rachel veniebat cum ovibus patris sui, etc.* la fontaine de la Vierge mêle ses eaux à celles de la fontaine de Siloé.

Ici, comme le remarque saint Jérôme, on est à la racine du mont Moria, sous les murs du Temple, à peu près en face de la porte Sterquilinaire. Nous avançâmes jusqu'à l'angle oriental du mur de la ville, et nous entrâmes dans la vallée de Josaphat. Elle court, du nord au midi, entre la montagne des Oliviers et le mont Moria. Le torrent de Cédron passe au milieu. Ce torrent est à sec la plus grande partie de l'année; dans les orages ou dans les printemps pluvieux, il roule une eau rougie.

La vallée de Josaphat est encore appelée dans l'Ecriture vallée de Savé, vallée du Roi, vallée de Melchisédec (1). Ce fut dans

---

(1) Sur tout cela, il y a différentes opinions. La vallée du Roi pourroit bien être vers les montagnes du Jourdain, et cette position conviendroit même davantage à l'histoire d'Abraham.

la vallée de Melchisédec, que le roi de Sodome chercha Abraham, pour le féliciter de la victoire remportée sur les cinq rois. Moloch et Béelphégor furent adorés dans cette même vallée. Elle prit dans la suite le nom de Josaphat, parce que le roi de ce nom y fit élever son tombeau. La vallée de Josaphat semble avoir toujours servi de cimetière à Jérusalem ; on y rencontre les monumens des siècles les plus reculés et des temps les plus modernes : les Juifs viennent y mourir des quatre parties du monde ; un étranger leur vend au poids de l'or un peu de terre pour couvrir leurs corps dans le champ de leurs aïeux. Les cèdres dont Salomon planta cette vallée (1), l'ombre du Temple dont elle étoit couverte, le torrent qui la traversoit (2), les cantiques de deuil

---

(1) Josephe raconte que Salomon fit couvrir de cèdres les montagnes de la Judée.

(2) Cédron est un mot hébreu qui signifie noirceur et tristesse. On observe qu'il y a faute dans l'Évangile de saint Jean, qui nomme ce torrent, Torrent des Cèdres. L'erreur vient d'un oméga écrit au lieu d'un omicron : κέδρων, au lieu de κέδρον.

que David y composa, les Lamentations que Jérémie y fit entendre, la rendoient propre à la tristesse et à la paix des tombeaux. En commençant sa Passion dans ce lieu solitaire, Jésus-Christ le consacra de nouveau aux douleurs : ce David innocent y versa, pour effacer nos crimes, les larmes que le David coupable y répandit pour expier ses propres erreurs. Il y a peu de noms qui réveillent dans l'imagination des pensées à la fois plus touchantes et plus formidables que celui de la vallée de Josaphat ; vallée si pleine de mystères, que, selon le prophète Joël, tous les hommes y doivent comparoître un jour devant le juge redoutable. *Congregabo omnes gentes, et deducam eas in vallem Josaphat, et disceptabo cum eis ibi.* « Il est raisonnable, dit le père Nau, que
» l'honneur de Jésus-Christ soit réparé pu-
» bliquement dans le lieu où il lui a été ravi
» par tant d'opprobres et d'ignominies ; et
» qu'il juge justement les hommes où ils l'ont
» jugé si injustement. »

L'aspect de la vallée de Josaphat est désolé : le côté occidental est une haute falaise de craie qui soutient les murs gothiques de la

DE PARIS A JÉRUSALEM.

ville, au-dessus desquels on aperçoit Jérusalem ; le côté oriental est formé par le mont des Oliviers et par la montagne du Scandale, *mons Offensionis,* ainsi nommée de l'idolâtrie de Salomon. Ces deux montagnes qui se touchent sont presque nues et d'une couleur rouge et sombre : sur leurs flancs déserts, on voit çà et là quelques vignes noires et brûlées, quelques bouquets d'oliviers sauvages, des friches couvertes d'hysope, des chapelles, des oratoires et des mosquées en ruines. Au fond de la vallée, on découvre un pont d'une seule arche, jeté sur la ravine du torrent de Cédron. Les pierres du cimetière des Juifs se montrent comme un amas de débris, au pied de la montagne du Scandale, sous le village arabe de Siloan : on a peine à distinguer les masures de ce village des sépulcres dont elles sont environnées. Trois monumens antiques, les tombeaux de Zacharie, de Josaphat et d'Absalon, se font remarquer dans ce champ de destruction. A la tristesse de Jérusalem dont il ne s'élève aucune fumée, dont il ne sort aucun bruit ; à la solitude des montagnes où l'on n'aperçoit pas un être vivant ; au désordre de toutes ces tombes fracassées, brisées, demi-ouvertes, on diroit que la trompette du Jugement s'est déjà fait entendre, et que les morts vont se lever dans la vallée de Josaphat.

Au bord même, et presqu'à la naissance du torrent de Cédron, nous entrâmes dans le jardin des Oliviers ; il appartient aux Pères latins qui l'ont acheté de leurs propres deniers : on y voit huit gros oliviers d'une extrême décrépitude. L'olivier est pour ainsi dire immortel parce qu'il renaît de sa souche : on conservoit, dans la citadelle d'Athènes, un olivier dont l'origine remontoit à la fondation de la ville. Les oliviers du jardin de ce nom à Jérusalem, sont au moins du temps du Bas-Empire ; en voici la preuve : en Turquie, tout olivier trouvé debout par les Musulmans, lorsqu'ils envahirent l'Asie, ne paie qu'un médin au fisc, tandis que l'olivier planté depuis la conquête doit au Grand-Seigneur la moitié de ses fruits (1) ; or, les huit

---

(1) Cette loi est aussi absurde que la plupart des autres lois en Turquie : chose bizarre d'épargner le vaincu au moment de la conquête, lorsque la vio-

oliviers dont nous parlons, ne sont taxés qu'à huit médins.

Nous descendîmes de cheval à l'entrée de ce jardin, pour visiter à pied les Stations de la montagne. Le village de Gethsémani étoit à quelque distance du jardin des Oliviers. On le confond aujourd'hui avec ce jardin, comme le remarquent Thévenot et Roger.

Nous entrâmes d'abord dans le sépulcre de la Vierge. C'est une église souterraine où l'on descend par cinquante degrés assez beaux : elle est partagée entre toutes les sectes chrétiennes ; les Turcs mêmes ont un oratoire dans ce lieu; les Catholiques possèdent le tombeau de Marie. Quoique la Vierge ne soit pas morte à Jérusalem, elle fut (selon l'opinion de plusieurs pères) miraculeusement ensevelie à Géthsemani, par les apôtres. Euthymius raconte l'histoire de ces merveilleuses funérailles. Saint Thomas ayant fait ouvrir le cercueil, on n'y trouva plus qu'une robe virginale, simple et pauvre vê-

---

lence peut amener l'injustice, et d'accabler le sujet en pleine paix !

tement de cette Reine de gloire que les anges avoient enlevée aux cieux.

Les tombeaux de saint Joseph, de saint Joachim et de sainte Anne se voient aussi dans cette église souterraine.

Sortis du Sépulcre de la Vierge, nous allâmes voir, dans le jardin des Oliviers, la grotte où le Sauveur répandit une sueur de sang, en prononçant ces paroles : *Pater, si possibile est, transeat à me calix iste.*

Cette grotte est irrégulière; on y a pratiqué des autels. A quelques pas en dehors, on voit la place où Judas trahit son maître par un baiser. A quelle espèce de douleur Jésus-Christ consentit à descendre! Il éprouva ces affreux dégoûts de la vie que la vertu même a de la peine à surmonter. Et à l'instant où un ange est obligé de sortir du ciel, pour soutenir la Divinité défaillante sous le fardeau des misères de l'homme, cette Divinité miséricordieuse est trahie par l'homme!

« A peine, dit Massillon, l'ame sainte du
» Sauveur a-t-elle ainsi accepté le ministère
» sanglant de notre réconciliation, que la jus-
» tice de son Père commence à le regarder
» comme un homme de péché. Dès-lors il ne

» voit plus en lui son Fils bien-aimé, en qui
» il avoit mis toute sa complaisance; il n'y
» voit plus qu'une hostie d'expiation et de
» colère, chargée de toutes les iniquités du
» monde, et qu'il ne peut plus se dispenser
» d'immoler à toute la sévérité de sa ven-
» geance. Et c'est ici que tout le poids de sa
» justice commence à tomber sur cette ame
» pure et innocente : c'est ici où Jésus-Christ,
» comme le véritable Jacob, va lutter toute
» la nuit contre la colère d'un Dieu même,
» et où va se consommer par avance son sa-
» crifice ; mais d'une manière d'autant plus
» douloureuse, que son ame sainte va expirer,
» pour ainsi dire, sous les coups de la justice
» d'un Dieu irrité, au lieu que sur le Calvaire
» elle ne sera livrée qu'à la fureur et à la
» puissance des hommes. . . . .
» . . . .

» L'ame sainte du Sauveur, pleine de grâce,
» de vérité et de lumière; ah ! elle voit le
» péché dans toute son horreur ; elle en voit
» le désordre, l'injustice, la tache immor-
» telle ; elle en voit les suites déplorables ; la
» mort, la malédiction, l'ignorance, l'or-
» gueil, la corruption, toutes les passions,

» de cette source fatale nées et répandues
» sur la terre. En ce moment douloureux, la
» durée de tous les siècles se présente à elle :
» depuis le sang d'Abel jusqu'à la dernière
» consommation, elle voit une tradition non
» interrompue de crimes sur la terre ; elle
» parcourt cette histoire affreuse de l'univers,
» et rien n'échappe aux secrètes horreurs de
» sa tristesse; elle y voit les plus monstrueuses
» superstitions établies parmi les hommes ; la
» connoissance de son Père effacée ; les crimes
» infâmes érigés en divinité ; les adultères,
» les incestes, les abominations avoir leurs
» temples et leurs autels ; l'impiété et l'irré-
» ligion devenues le parti des plus modérés
» et des plus sages. Si elle se tourne vers les
» siècles des Chrétiens, elle y découvre les
» maux futurs de son Eglise, les schismes, les
» erreurs, les dissensions qui devoient déchi-
» rer le mystère précieux de son unité, les
» profanations de ses autels ; l'indigne usage
» des Sacremens, l'extinction presque de sa
» foi, et les mœurs corrompues du paganis-
» me rétablies parmi ses disciples. . . . . . .
» . . . .
  » Aussi cette ame sainte ne pouvant plus

« porter le poids de ses maux, et retenue
« d'ailleurs dans son corps par la rigueur de
« la justice divine; triste jusqu'à la mort et
« ne pouvant mourir; hors d'état et de finir
« ses peines, et de les soutenir, semble com-
« battre par les défaillances et les douleurs
« de son agonie, contre la mort et contre la
« vie; et une sueur de sang qu'on voit couler
« à terre, est le triste fruit de ses pénibles
« efforts: *Et factus est sudor ejus sicut guttæ*
« *sanguinis decurrentis in terram.* Père juste,
« falloit-il encore du sang à ce sacrifice in-
« térieur de votre Fils? N'est-ce pas assez
« qu'il doive être répandu par ses ennemis?
« Faut-il que votre justice se hâte, pour ainsi
« dire, de le voir répandre? »

En quittant la grotte du Calice d'amertume, et gravissant un chemin tortueux semé de cailloux, le drogman nous arrêta près d'une roche d'où l'on prétend que Jésus-Christ regarda la ville coupable, en pleurant sur la désolation prochaine de Sion. Baronius observe que Titus planta ses tentes à l'endroit même où le Sauveur avoit prédit la ruine de Jérusalem. Doubdan qui combat cette opinion sans citer Baronius, croit que la sixième légion romaine campa au sommet de la montagne des Oliviers, et non pas sur le penchant de la montagne. Cette critique est trop sévère, et la remarque de Baronius n'en est ni moins belle ni moins juste.

La destruction de Jérusalem, prédite et pleurée par Jésus-Christ, mérite bien qu'on s'y arrête. Ecoutons Josephe, témoin oculaire de cet évènement. La ville étant prise, un soldat met le feu au Temple.

« Lorsque le feu dévoroit ainsi ce superbe
» Temple, les soldats, ardens au pillage, tuoient
» tous ceux qu'ils y rencontroient. Ils ne par-
» donnoient ni à l'âge ni à la qualité : les
» vieillards aussi-bien que les enfans, et les
» prêtres comme les laïques, passoient par le
» tranchant de l'épée : tous se trouvoient en-
» veloppés dans ce carnage général, et ceux
» qui avoient recours aux prières n'étoient
» pas plus humainement traités que ceux qui
» avoient le courage de se défendre jusqu'à
» la dernière extrémité. Les gémissemens des
» mourans se mêloient au bruit du pétillement
» du feu qui gagnoit toujours plus avant ; et
» l'embrasement d'un si grand édifice, joint à
» la hauteur de son assiette, faisoit croire à

» ceux qui ne le voyoient que de loin, que
» toute la ville étoit en feu.

» On ne sauroit rien imaginer de plus ter-
» rible que le bruit dont l'air retentissoit de
» toutes parts : car, quel n'étoit pas celui que
» faisoient les légions romaines dans leur fu-
» reur? Quels cris ne jetoient pas les factieux
» qui se voyoient environnés de tous côtés du
» fer et du feu? Quelle plainte ne faisoit point
» ce pauvre peuple qui, se trouvant alors
» dans le Temple, étoit dans une telle frayeur
» qu'il se jetoit, en fuyant, au milieu des en-
» nemis? Et quelles voix confuses ne pous-
» soit point jusqu'au ciel la multitude de ceux
» qui, de dessus la montagne opposée au Tem-
» ple, voyoient un spectacle si affreux? Ceux
» même que la faim avoit réduits à une telle
» extrémité que la mort étoit prête à leur fer-
» mer pour jamais les yeux, apercevant cet
» embrasement du Temple, rassembloient tout
» ce qui leur restoit de force pour déplorer un
» si étrange malheur ; et les échos des mon-
» tagnes d'alentour et du pays qui est au-delà
» du Jourdain redoubloient encore cet hor-
» rible bruit : mais quelqu'épouvantable qu'il
» fût, les maux qui le causoient l'étoient en-

» core davantage. Ce feu qui dévoroit le Tem-
» ple étoit si grand et si violent, qu'il sembloit
» que la montagne même sur laquelle il étoit
» assis brûlât jusque dans ses fondemens. Le
» sang couloit en telle abondance, qu'il pa-
» roissoit disputer avec le feu à qui s'éten-
» droit davantage. Le nombre de ceux qui
» étoient tués surpassoit celui de ceux qui
» les sacrifioient à leur colère et à leur ven-
» geance : toute la terre étoit couverte de
» corps morts; et les soldats marchoient des-
» sus pour suivre par un chemin si effroyable
» ceux qui s'enfuyoient. . . . .
» . . . .

» Quatre ans avant le commencement de
» la guerre, lorsque Jérusalem étoit encore
» dans une profonde paix et dans l'abondan-
» ce, Jésus, fils d'Ananus, qui n'étoit qu'un
» simple paysan, étant venu à la fête des Ta-
» bernacles, qui se célèbre tous les ans dans
» le Temple, en l'honneur de Dieu, cria:
« Voix du côté de l'orient; voix du côté de
» l'occident; voix du côté des quatre vents;
» voix contre Jérusalem et contre le Temple;
» voix contre les nouveaux mariés et les nou-
» velles mariées; voix contre tout le peuple. »

» Et il ne cessoit point, jour et nuit, de cou-
» rir par toute la ville en répétant la même
» chose. Quelques personnes de qualité ne
» pouvant souffrir des paroles d'un si mau-
» vais présage, le firent prendre et extrême-
» ment fouetter . . . .
» . . . .
» Mais à chaque coup qu'on lui donnoit,
» il répétoit d'une voix plaintive et lamenta-
» ble : « Malheur ! malheur sur Jérusalem ! »
» . . . .
« Quand Jérusalem fut assiégée, on vit l'ef-
» fet de ses prédictions. Et faisant alors le tour
» des murailles de la ville, il se mit encore à
» crier : « Malheur, malheur sur la ville !
» malheur sur le peuple ! malheur sur le
» Temple ! » A quoi ayant ajouté, « et malheur
» sur moi ! » une pierre poussée par une ma-
» chine le porta par terre, et il rendit l'es-
» prit en proférant ces mêmes mots. »

De la roche de la Prédiction, nous montâmes à des grottes qui sont à la droite du
chemin. On les appelle les Tombeaux des
Prophètes ; elles n'ont rien de remarquable,
et l'on ne sait trop de quels prophètes elles
peuvent garder les cendres.

Un peu au-dessus de ces grottes nous trouvâmes une espèce de citerne composée de douze arcades : ce fut là que les apôtres composèrent le premier symbole de notre croyance. Tandis que le monde entier adoroit à la face du soleil mille divinités honteuses, douze pêcheurs cachés dans les entrailles de la terre, dressoient la profession de foi du genre humain, et reconnoissoient l'unité du Dieu créateur de ces astres à la lumière desquels on n'osoit encore proclamer son existence. Si quelque Romain de la cour d'Auguste, passant auprès de ce souterrain, eût aperçu les douze Juifs qui composoient cette œuvre sublime, quel mépris il eût témoigné pour cette troupe superstitieuse ! Avec quel dédain il eût parlé de ces premiers Fidèles ! Et pourtant ils alloient renverser les temples de ce Romain, détruire la religion de ses pères, changer les lois, la politique, la morale, la raison, et jusqu'aux pensées des hommes. Ne désespérons donc jamais du salut des peuples. Les Chrétiens gémissent aujourd'hui sur la tiédeur de la foi : qui sait si Dieu n'a point planté dans une aire inconnue le grain de sénevé qui doit multiplier dans les champs? Peut-être cet espoir de salut est-il sous nos yeux sans que nous nous y arrêtions ? Peut-être nous paroît-il aussi absurde que ridicule? Mais qui auroit jamais pu croire à la folie de la Croix?

On monte encore un peu plus haut, et l'on rencontre les ruines ou plutôt l'emplacement désert d'une chapelle : une tradition constante enseigne que Jésus-Christ récita dans cet endroit l'Oraison dominicale.

« Un jour comme il étoit en prière en un » certain lieu, après qu'il eut cessé de prier » un de ses disciples lui dit : Seigneur, ap- » prenez-nous à prier, ainsi que Jean l'a » appris à ses disciples.

» Et il leur dit : Lorsque vous prierez, » dites : Père, que votre nom soit sanc- » tifié, etc. » (1)

Ainsi furent composées presqu'au même lieu la profession de foi de tous les hommes, et la prière de tous les hommes.

A trente pas de là, en tirant un peu vers le nord, est un olivier au pied duquel le Fils

---

(1) Saint Luc.

du souverain Arbitre prédit le jugement universel :

» On verra, dit encore Massillon, le Fils
» de l'homme, parcourant des yeux, du haut
» des airs, les peuples et les nations confon-
» dues et assemblées à ses pieds, relisant dans
» ce spectacle l'histoire de l'univers, c'est-
» à-dire des passions ou des vertus des hom-
» mes : on le verra rassembler ses élus des
» quatre vents ; les choisir de toute langue,
» de tout état, de toute nation ; réunir les
» enfans d'Israël dispersés dans l'univers ; ex-
» poser l'histoire secrète d'un peuple saint et
» nouveau ; produire sur la scène des héros
» de la foi, jusque-là inconnus au monde ; ne
» plus distinguer les siècles par les victoires
» des conquérans, par l'établissement ou la
» décadence des Empires, par la politesse ou
» la barbarie des temps, par les grands hom-
» mes qui ont paru dans chaque âge, mais
» par les divers triomphes de la grâce, par
» les victoires cachées des Justes sur leurs
» passions, par l'établissement de son règne
» dans un cœur, par la fermeté héroïque d'un
» Fidèle persécuté . . . .

» La disposition de l'univers ainsi ordon-

» née; tous les peuples de la terre ainsi sé-
» parés; chacun immobile à la place qui lui
» sera tombée en partage; la surprise, la
» terreur, le désespoir, la confusion peinte
» sur le visage des uns; sur celui des autres
» la joie, la sérénité, la confiance; les yeux
» des Justes levés en haut vers le Fils de
» l'Homme d'où ils attendent leur délivrance;
» ceux des impies fixés d'une manière affreuse
» sur la terre, et perçant presque les abîmes
» de leurs regards, comme pour y marquer
» déjà la place qui leur est destinée. »

Enfin, on fait encore une cinquantaine de pas sur la montagne, et l'on arrive à une petite mosquée de forme octogone, reste d'une église élevée jadis à l'endroit même où Jésus-Christ monta au ciel, après sa résurrection. On distingue sur le rocher l'empreinte du pied gauche d'un homme; le vestige du pied droit s'y voyoit aussi autrefois: la plupart des pélerins disent que les Turcs ont enlevé ce second vestige pour le placer dans la mosquée du Temple; mais le père Roger affirme positivement qu'il n'y est pas. Je me tais, par respect, sans pourtant être convaincu, devant des autorités considérables:

saint Augustin, saint Jérôme, saint Paulin, Sulpice Sévère, le vénérable Bède, la tradition, tous les voyageurs anciens et modernes, assurent que cette trace marque un pas de Jésus-Christ. En examinant cette trace, on en a conclu que le Sauveur avoit le visage tourné vers le Nord au moment de son Ascension, comme pour renier ce Midi infesté d'erreurs, pour appeler à la foi les Barbares qui devoient renverser les temples des faux dieux, créer de nouvelles nations et planter l'étendard de la Croix sur les murs de Jérusalem.

Plusieurs Pères de l'Eglise ont cru que Jésus-Christ s'éleva aux cieux au milieu des ames des patriarches et des prophètes, délivrées par lui des chaînes de la mort : sa Mère et cent vingt disciples furent témoins de son Ascension. Il étendit les bras comme Moïse, dit saint Grégoire de Nazianze, et présenta ses disciples à son Père ; ensuite il croisa ses mains puissantes en les abaissant sur la tête de ses bien-aimés (1), et c'étoit de cette manière que Jacob avoit béni les fils de Joseph; puis, quittant la terre avec

---

(1) Tertull.

une majesté admirable, il monta lentement vers les demeures éternelles et se perdit dans une nue éclatante. (1)

Sainte Hélène avoit fait bâtir une église où l'on trouve aujourd'hui la mosquée octogone. Saint Jérôme nous apprend qu'on n'avoit jamais pu fermer la voûte de cette église à l'endroit où Jésus-Christ prit sa route à travers les airs. Le vénérable Bède assure que de son temps, la veille de l'Ascension, on voyoit, pendant la nuit, la montagne des Oliviers couverte de feux. Rien n'oblige à croire ces traditions que je rapporte seulement pour faire connoître l'histoire et les mœurs; mais si Descartes et Newton eussent philosophiquement douté de ces merveilles, Racine et Milton ne les auroient pas poétiquement rejetées.

Telle est l'histoire évangélique expliquée par les monumens. Nous l'avons vue commencer à Bethléem, marcher au dénouement chez Pilate, arriver à la catastrophe au Calvaire, et se terminer sur la montagne des Oliviers. Le lieu même de l'Ascension

---

(1) Ludolph.

n'est pas tout-à-fait à la cime de la montagne, mais à deux ou trois cents pas au-dessous du plus haut sommet. Bossuet a renfermé toute cette histoire en quelques pages; mais ces pages sont sublimes:

« Cependant la jalousie des Pharisiens et
» des prêtres le mène à un supplice infâme;
» ses disciples l'abandonnent; un d'eux le
» trahit; le premier et le plus zélé de tous
» le renie trois fois. Accusé devant le con-
» seil, il honore jusqu'à la fin le ministère
» des prêtres, et répond en termes précis au
» pontife qui l'interrogeoit juridiquement;
» mais le moment étoit arrivé ou la syna-
» gogue devoit être réprouvée. Le pontife
» et tout le conseil condamne Jésus-Christ,
» parce qu'il se disoit le Christ, Fils de Dieu.
» Il est livré à Ponce Pilate, président ro-
» main : son innocence est reconnue par
» son juge, que la politique et l'intérêt font
» agir contre sa conscience : le juste est con-
» damné à mort : le plus grand de tous les cri-
» mes donne lieu à la plus parfaite obéissance
» qui fut jamais : Jésus, maître de sa vie et
» de toutes choses, s'abandonne volontaire-
» ment à la fureur des méchans, et offre ce

» sacrifice qui devoit être l'expiation du genre
» humain. A la croix, il regarde dans les pro-
» phéties, ce qui lui restoit à faire; il l'achève,
» et dit enfin : « Tout est consommé. »

» A ce mot, tout change dans le monde :
» la loi cesse, les figures passent, les sacri-
» fices sont abolis par une oblation plus par-
» faite. Cela fait, Jésus-Christ expire avec
» un grand cri : toute la nature s'émeut : le
» centurion qui le gardoit, étonné d'une telle
» mort, s'écrie qu'il est vraiment le Fils de
» Dieu ; et les spectateurs s'en retournent
» frappant leur poitrine. Au troisième jour
» il ressuscite ; il paroît aux siens qui l'a-
» voient abandonné, et qui s'obstinoient à
» ne pas croire sa résurrection. Ils le voient,
» ils lui parlent, ils le touchent, ils sont
» convaincus. . . . .
» . . . .

» Sur ce fondement, douze pêcheurs en-
» treprennent de convertir le monde entier,
» qu'ils voient si opposé aux lois qu'ils
» avoient à lui prescrire, et aux vérités
» qu'ils avoient à lui annoncer. Ils ont ordre
» de commencer par Jérusalem, et de là de
» se répandre par toute la terre, pour ins-

» truire toutes les nations, et les baptiser au
» nom du Père, du Fils et du Saint-Esprit.
» Jésus-Christ leur promet d'être avec eux
» jusqu'à la consommation des siècles, et as-
» sure par cette parole, la perpétuelle durée
» du ministère ecclésiastique. Cela dit, il
» monte aux cieux en leur présence. »

Nous descendîmes de la montagne des Oliviers, et, remontant à cheval, nous continuâmes notre route. Nous laissâmes derrière nous la vallée de Josaphat, et nous marchâmes, par des chemins escarpés, jusqu'à l'angle septentrional de la ville; de là tournant à l'ouest, et longeant le mur qui fait face au nord, nous arrivâmes à la grotte où Jérémie composa ses Lamentations. Nous n'étions pas loin des Sépulcres des Rois; mais nous renonçâmes à les voir ce jour-là, parce qu'il étoit trop tard. Nous revînmes chercher la porte de Jafa, par laquelle nous étions sortis de Jérusalem. Il étoit sept heures précises quand nous rentrâmes au couvent.

Notre course avoit duré cinq heures. A pied, et en suivant l'enceinte des murs, il faut à peine une heure pour faire le tour de Jérusalem.

Le 8 octobre, à cinq heures du matin, j'entrepris avec Ali-Aga et le drogman Michel la revue de l'intérieur de la ville. Il faut nous arrêter ici pour jeter un regard sur l'histoire de Jérusalem.

Jérusalem fut fondée, l'an du monde 2023, par le grand-prêtre Melchisédech : il la nomma *Salem*, c'est-à-dire la Paix ; elle n'occupoit alors que les deux montagnes de Moria et d'Acra.

Cinquante ans après sa fondation, elle fut prise par les Jébuséens, descendans de Jébus, fils de Chanaan. Ils bâtirent sur le mont Sion une forteresse à laquelle ils donnèrent le nom de Jébus leur père : la ville prit alors le nom de *Jérusalem*, ce qui signifie Vision de Paix. Toute l'Ecriture en fait un magnifique éloge : *Jerusalem, civitas Dei, luce splendidâ fulgebis. Omnes nationes terræ adorabunt te*, etc. (1)

Josué s'empara de la ville basse de Jérusalem, la première année de son entrée dans la Terre-Promise : il fit mourir le roi Adonisédech et les quatre rois d'Ebron, de Je-

---

(1) Tobie.

rimol, de Lachis et d'Eglon. Les Jébuséens demeurèrent les maîtres de la ville haute ou de la citadelle de Jébus. Ils n'en furent chassés que par David, 824 ans après leur entrée dans la cité de Melchisédech.

David fit augmenter la forteresse de Jébus, et lui donna son propre nom. Il fit aussi bâtir sur la montagne de Sion un palais et un tabernacle afin d'y déposer l'Arche d'alliance.

Salomon augmenta la Cité-Sainte : il éleva ce premier Temple dont l'Ecriture et l'historien Josephe racontent les merveilles, et pour lequel Salomon lui-même composa de si beaux cantiques.

Cinq ans après la mort de Salomon, Sésac, roi d'Egypte, attaqua Roboam, prit et pilla Jérusalem.

Elle fut encore saccagée, cent cinquante ans après, par Joas, roi d'Israël.

Envahie de nouveau par les Assyriens, Manassès, roi de Juda, fut emmené captif à Babylone. Enfin, sous le règne de Sédécias, Nabuchodonosor renversa Jérusalem de fond en comble, brûla le Temple, et transporta les Juifs à Babylone. *Sion quasi ager arabatur*, dit Jérémie; *Hierusalem ut...... lapidum erat.*

Saint Jérôme, pour peindre la solitude de cette ville désolée, dit qu'on n'y voyoit pas voler un seul oiseau.

Le premier Temple fut détruit quatre cent soixante-dix ans six mois et dix jours après sa fondation par Salomon, l'an du monde 3513, environ six cents ans avant Jésus-Christ: quatre cent soixante-dix-sept ans s'étoient écoulés depuis David jusqu'à Sédécias, et la ville avoit été gouvernée par dix-sept rois.

Après les soixante et dix ans de captivité, Zorobabel commença à rebâtir le Temple et la ville. Cet ouvrage, interrompu pendant quelques années, fut successivement achevé par Esdras et Néhémie.

Alexandre passa à Jérusalem l'an du monde 3583, et offrit des sacrifices dans le Temple.

Ptolomée, fils de Lagus, se rendit maître de Jérusalem; mais elle fut très-bien traitée par Ptolomée Philadelphe, qui fit au Temple de magnifiques présens.

Antiochus-le-Grand reprit la Judée sur les rois d'Egypte, et la remit ensuite à Ptolomée Evergètes. Anthiocus Epiphane saccagea de nouveau Jérusalem, et plaça dans le Temple l'idole de Jupiter-Olympien.

Les Machabées rendirent la liberté à leur pays, et le défendirent contre les rois de l'Asie.

Malheureusement Aristobule et Hircan se disputèrent la couronne; ils eurent recours aux Romains, qui, par la mort de Mithridate, étoient devenus les maîtres de l'Orient. Pompée accourt à Jérusalem: introduit dans la ville, il assiége et prend le Temple. Crassus ne tarda pas à piller ce monument auguste que Pompée vainqueur avoit respecté.

Hircan, protégé de César, s'étoit maintenu dans la grande sacrificature. Antigone, fils d'Aristobule, empoisonné par les Pompéiens, fait la guerre à son oncle Hircan et appelle les Parthes à son secours. Ceux-ci fondent sur la Judée, entrent dans Jérusalem et emmènent Hircan prisonnier.

Hérode-le-Grand, fils d'Antipater, officier distingué de la cour d'Hircan, s'empare du royaume de Judée, par la faveur des Romains. Antigone que le sort des armes fait tomber entre les mains d'Hérode, est envoyé à Antoine. Le dernier descendant des Machabées, le roi légitime de Jérusalem, est attaché à un poteau, battu de verges et mis à mort par l'ordre d'un citoyen romain.

Hérode demeuré seul maître à Jérusalem, la remplit des monumens superbes dont je parlerai dans un autre lieu. Ce fut sous le règne de ce prince que Jésus-Christ vint au monde.

Archélaüs, fils d'Hérode et de Marianne, succéda à son père, tandis qu'Hérode Antipas, fils aussi du grand Hérode, eut la Tétrarchie de la Galilée et de la Pérée. Celui-ci fit trancher la tête à saint Jean-Baptiste, et renvoya Jésus-Christ à Pilate. Cet Hérode le Tétrarque fut exilé à Lyon par Caligula.

Agrippa, petit-fils d'Hérode-le-Grand, obtint le royaume de Judée ; mais son frère Hérode, roi de Calcide, eut tout pouvoir sur le Temple, le trésor sacré et la grande sacrificature.

Après la mort d'Agrippa, la Judée fut réduite en province romaine. Les Juifs s'étant révoltés contre leurs maîtres, Titus assiégea et prit Jérusalem. Deux cent mille Juifs moururent de faim pendant ce siége. Depuis le 14 avril, jusqu'au 1er de juillet, de l'an 71 de notre ère, cent quinze mille huit cent quatre-vingt cadavres sortirent par une seule porte de Jérusalem. On mangea le cuir des souliers et des boucliers; on en vint à se nourrir de foin et des ordures que l'on chercha dans les égouts de la ville : une mère dévora son enfant. Les assiégés avaloient leur or; le soldat romain, qui s'en aperçut, égorgeoit les prisonniers, et cherchoit ensuite le trésor recélé dans les entrailles de ces malheureux. Onze cent mille Juifs périrent dans la ville de Jérusalem, et deux cent trente-huit mille quatre cent soixante dans le reste de la Judée. Je ne comprends dans ce calcul ni les femmes, ni les enfans, ni les vieillards emportés par la faim, les séditions et les flammes. Enfin il y eut quatre-vingt-dix-neuf mille deux cents prisonniers de guerre; les uns furent condamnés aux travaux publics, les autres furent réservés au triomphe de Titus: ils parurent dans les amphithéâtres de l'Europe et de l'Asie, où ils s'entre-tuèrent, pour amuser la populace du monde romain. Ceux qui n'avoient pas atteint l'âge de dix-sept ans furent mis à l'encan avec les femmes; on en donnoit trente pour un denier. Le sang du

Juste avoit été vendu trente deniers à Jérusalem, et le peuple avoit crié : *Sanguis ejus super nos et super filios nostros.* Dieu entendit ce vœu des Juifs, et pour la dernière fois il exauça leur prière : après quoi il détourna ses regards de la Terre-Promise et choisit un nouveau peuple.

Le Temple fut brûlé trente-huit ans après la mort de Jésus-Christ; de sorte qu'un grand nombre de ceux qui avoient entendu la prédiction du Sauveur purent en voir l'accomplissement.

Le reste de la nation Juive s'étant soulevé de nouveau, Adrien acheva de détruire ce que Titus avoit laissé debout dans l'ancienne Jérusalem. Il éleva sur les ruines de la cité de David une autre ville, à laquelle il donna le nom d'Ælia Capitolina; il en défendit l'entrée aux Juifs sous peine de mort, et fit sculpter un pourceau sur la porte qui conduisoit à Bethléem. Saint Grégoire de Nazianze assure cependant que les Juifs avoient la permission d'entrer à Ælia une fois par an pour y pleurer; saint Jérôme ajoute qu'on leur vendoit au poids de l'or, le droit de verser des larmes sur les cendres de leur patrie.

Cinq cent quatre-vingt-cinq mille Juifs, au rapport de Dion, moururent de la main du soldat, dans cette guerre d'Adrien. Une multitude d'esclaves de l'un et de l'autre sexe fut vendue aux foires de Gaza et de Membré; on rasa cinquante châteaux et neuf cent quatre-vingt cinq bourgades.

Adrien bâtit sa ville nouvelle précisément dans la place qu'elle occupe aujourd'hui; et par une Providence particulière, comme l'observe Doubdan, il enferma le mont Calvaire dans l'enceinte des murailles. A l'époque de la persécution de Dioclétien, le nom même de Jérusalem étoit si totalement oublié, qu'un martyr ayant répondu à un gouverneur romain, qu'il étoit de Jérusalem, ce gouverneur s'imagina que le martyr parloit de quelque ville factieuse, bâtie secrètement par les Chrétiens. Vers la fin du septième siècle, Jérusalem portoit encore le nom d'Ælia, comme on le voit par le voyage d'Arculfe, de la rédaction d'Adamannus, ou de celle du vénérable Bède.

Quelques mouvemens paroissent avoir eu lieu dans la Judée, sous les empereurs Antonin, Septime-Sévère et Caracalla. Jérusalem, devenue païenne dans ses vieilles années, reconnut enfin, le Dieu qu'elle avoit rejeté. Constantin et sa mère renversèrent les idoles élevées sur le Sépulcre du Sauveur, et consacrèrent les Saints-Lieux par des édifices qu'on y voit encore.

Ce fut en vain que Julien, trente-sept ans après, rassembla les Juifs à Jérusalem, pour y rebâtir le Temple : les hommes travailloient à cet ouvrage avec des hottes, des bêches et des pelles d'argent ; les femmes emportoient la terre dans le pan de leurs plus belles robes ; mais des globes de feu, sortant des fondemens à demi creusés, dispersèrent les ouvriers, et ne permirent pas d'achever l'entreprise.

Nous trouvons une révolte des Juifs sous Justinien, l'an 501 de Jésus-Christ. Ce fut aussi sous cet Empereur que l'église de Jérusalem fut élevée à la dignité patriarcale.

Toujours destinée à lutter contre l'idolâtrie, et à vaincre les fausses religions, Jérusalem fut prise par Cosroës, roi des Perses, l'an 613 de Jésus-Christ. Les Juifs répandus dans la Judée, achetèrent de ce prince, quatre-vingt-dix mille prisonniers chrétiens et les égorgèrent.

Héraclius battit Cosroës en 627, reconquit la vraie Croix que le roi des Perses avoit enlevée, et la reporta à Jérusalem.

Neuf ans après, le calife Omar, troisième successeur de Mahomet, s'empara de Jérusalem, après l'avoir assiégée pendant quatre mois : la Palestine, ainsi que l'Egypte, passa sous le joug du vainqueur.

Omar fut assassiné à Jérusalem, en 643. L'établissement de plusieurs califats, en Arabie et en Syrie, la chute de la dynastie des Ommiades et l'élévation de celle des Abassides, remplirent la Judée de troubles et de malheurs pendant plus de deux cents ans.

Ahmed, turc Toulounide, qui de gouverneur de l'Egypte en étoit devenu le souverain, fit la conquête de Jérusalem en 868; mais son fils ayant été défait par les califes de Bagdad, la Cité-Sainte retourna sous la puissance de ces califes l'an 905 de notre ère.

Un nouveau Turc, nommé Mahomet-Ikhschid, s'étant, à son tour, emparé de l'Egypte, porta ses armes au-dehors, et soumit Jérusalem, l'an 936 de Jésus-Christ.

Les Fatimites sortis des sables de Cyrène, en 968, chassèrent les Ikhschidites de l'Egypte, et conquirent plusieurs villes de la Palestine.

Un autre Turc du nom d'Ortok, favorisé par les Seljoucides d'Alep, se rendit maître de Jérusalem en 984, et ses enfans y régnèrent après lui.

Mostali, calife d'Egypte obligea les Ortokides à sortir de Jérusalem.

Hakem ou Haquen, successeur d'Aziz, second calife fatimite, persécuta les Chrétiens à Jérusalem, vers l'an 996, comme je l'ai déjà raconté en parlant de l'église du Saint-Sépulcre. Ce calife mourut en 1021.

Meleschah, turc seljoucide, prit la Sainte-Cité en 1076, et fit ravager tout le pays. Les Ortokides qui avoient été chassés de Jérusalem par le calife Mostali y rentrèrent et s'y maintinrent contre Redouan, prince d'Alep. Mais ils en furent expulsés de nouveau par les Fatimites, en 1076 : ceux-ci y régnoient encore lorsque les Croisés parurent sur les frontières de la Palestine.

Les écrivains du dix-huitième siècle se sont plus à représenter les Croisades sous un jour odieux. J'ai réclamé un des premiers contre cette ignorance ou cette injustice (1). Les Croisades ne furent des folies, comme on affectoit de les appeler, ni dans leur principe, ni dans leur résultat. Les Chrétiens n'étoient point les agresseurs. Si les sujets d'Omar, partis de Jérusalem, après avoir fait le tour de l'Afrique, fondirent sur la Sicile, sur l'Espagne, sur la France même, où Charles-Martel les extermina, pourquoi des sujets de Philippe I, sortis de la France n'auroient-ils pas fait le tour de l'Asie pour se venger des descendans d'Omar jusque dans Jérusalem ? C'est un grand spectacle sans doute, que ces deux armées de l'Europe et de l'Asie, marchant en sens contraire autour de la Méditerranée, et venant, chacune sous la bannière de sa religion, attaquer Mahomet et Jésus-Christ au milieu de leurs adorateurs. N'apercevoir dans les Croisades que des pélerins armés qui courent délivrer un tombeau en Palestine, c'est montrer une

---

(1) Dans le Génie du Christianisme.

vue très-bornée en histoire. Il s'agissoit, non-seulement de la délivrance de ce Tombeau sacré, mais encore de savoir qui devoit l'emporter sur la terre, ou d'un culte ennemi de la civilisation, favorable par système à l'ignorance, au despotisme, à l'esclavage, ou d'un culte qui a fait revivre chez les modernes le génie de la docte antiquité, et aboli la servitude? Il suffit de lire le discours du pape Urbain II au Concile de Clermont, pour se convaincre que les chefs de ces entreprises guerrières n'avoient pas les petites idées qu'on leur suppose, et qu'ils pensoient à sauver le monde d'une inondation de nouveaux Barbares. L'esprit du Mahométisme est la persécution et la conquête ; l'Evangile au contraire ne prêche que la tolérance et la paix. Aussi les Chrétiens supportèrent-ils pendant sept cent soixante-quatre ans tous les maux que le fanatisme des Sarrasins leur voulut faire souffrir ; ils tâchèrent seulement d'intéresser en leur faveur Charlemagne ; mais ni les Espagnes soumises, ni la France envahie, ni la Grèce et les Deux-Siciles ravagées, ni l'Afrique entière tombée dans les fers, ne purent déterminer, pendant près de huit siècles, les Chrétiens à prendre les armes. Si enfin les cris de tant de victimes égorgées en Orient, si les progrès des Barbares déjà aux portes de Constantinople, réveillèrent la Chrétienté, et la firent courir à sa propre défense, qui oseroit dire que la cause des Guerres Sacrées fut injuste? Où en serions-nous, si nos pères n'eussent repoussé la force par la force? Que l'on contemple la Grèce, et l'on apprendra ce que devient un peuple sous le joug des Musulmans. Ceux qui s'applaudissent tant aujourd'hui du progrès des lumières, auroient-ils donc voulu voir régner parmi nous une religion qui a brûlé la bibliothèque d'Alexandrie, qui se fait un mérite de fouler aux pieds les hommes, et de mépriser souverainement les lettres et les arts?

Les Croisades en affoiblissant les hordes mahométanes au centre même de l'Asie, nous ont empêché de devenir la proie des Turcs et des Arabes. Elles ont fait plus: elles nous ont sauvé de nos propres révolutions; elles ont suspendu, par la *paix de Dieu*, nos guerres intestines; elles ont ouvert une issue à cet excès de population qui, tôt ou tard, cause la ruine des Etats : remarque que le père Maimbourg a faite, et que M. de Bonald a développée.

Quant aux autres résultats des Croisades, on commence à convenir que ces entreprises guerrières ont été favorables au progrès des lettres et de la civilisation. Robertson a parfaitement traité ce sujet, dans son *Histoire du Commerce des Anciens aux Indes Orientales.* J'ajouterai qu'il ne faut pas, dans ces calculs, omettre la renommée que les armes européennes ont obtenue dans les expéditions d'outre-mer. Le temps de ces expéditions est le temps héroïque de notre histoire; c'est celui qui a donné naissance à notre poésie épique. Tout ce qui répand du merveilleux sur une nation, ne doit point être méprisé par cette nation même. On voudroit en vain se le dissimuler, il y a quelque chose dans notre cœur qui nous fait aimer la gloire; l'homme ne se compose pas absolument de calculs positifs pour son bien et pour son mal, ce seroit trop le ravaler : c'est en entretenant les Romains de *l'éternité* de leur ville, qu'on les a menés à la conquête du monde, et qu'on leur a fait laisser, dans l'Histoire, un nom éternel.

Godefroi parut donc sur les frontières de la Palestine, l'an 1099 de Jésus-Christ; il étoit entouré de Baudouin, d'Eustache, de Tancrède, de Raimond de Toulouse, des comtes de Flandre et de Normandie, de l'Etolde, qui sauta le premier sur les murs de Jérusalem, de Guicher, déjà célèbre pour avoir coupé un lion par la moitié, de Gaston de Foix, de Gérard de Roussillon, de Raimbaud d'Orange, de saint Paul, de Lambert; Pierre l'Hermite, marchoit avec son bâton de pélerin à la tête de ces chevaliers. Ils s'emparèrent d'abord de Rama; ils entrèrent ensuite dans Emmaüs, tandis que Tancrède et Baudouin du Bourg, pénétroient à Bethléem. Jérusalem fut bientôt assiégée, et l'étendard de la Croix flotta sur ses murs un vendredi 15, et selon d'autres, 12 de juillet 1099, à trois heures de l'après-midi.

Je parlerai du siége de cette ville, lorsque j'examinerai le théâtre de la *Jérusalem délivrée*. Godefroy fut élu, par ses frères d'armes, roi de la Cité conquise. C'étoit le temps où de simples chevaliers sautoient de la brèche sur le trône: le casque apprend à porter le diadême; et la main blessée qui mania la pique, s'enveloppe noblement dans la pourpre. Godefroy refusa de mettre sur sa tête la couronne brillante qu'on lui offroit, « ne voulant point, dit-il, porter une couronne d'or où Jésus-Christ avoit porté une couronne d'épines. »

Naplouse ouvrit ses portes; l'armée du soudan d'Egypte fut battue à Ascalon. Robert, moine, pour peindre la défaite de cette armée, se sert précisément de la comparaison employée par J. B. Rousseau; comparaison d'ailleurs empruntée de la Bible :

> La Palestine enfin, après tant de ravages,
> Vit fuir ses ennemis, comme on voit les nuages
> Dans le vague des airs fuir devant l'aquilon.

Il est probable que Godefroy mourut à Jafa, dont il avoit fait relever les murs. Il eut pour successeur Baudouin son frère, comte d'Edesse. Celui-ci expira au milieu de ses victoires, et laissa, en 1118, le royaume à Baudouin du Bourg, son neveu.

Mélisandre, fille aînée de Baudouin II, épousa Foulques d'Anjou, et porta le royaume de Jérusalem dans la maison de son mari, vers l'an 1130. Foulques étant mort d'une chute de cheval, en 1140, son fils Baudoin III lui succéda. La deuxième Croisade prêchée par saint Bernard, conduite par Louis VII et par l'empereur Conrad, eut lieu sous le règne de Baudouin III. Après avoir occupé le trône pendant vingt ans, Baudouin laissa la couronne à son frère Amaury, qui la porta onze années. Amaury eut pour successeur son fils Baudouin, quatrième du nom.

On vit alors paroître Saladin, qui, battu d'abord, et ensuite victorieux, finit par arracher les Lieux-Saints à leurs nouveaux maîtres.

Baudouin avoit donné sa sœur Sibylle, veuve de Guillaume-Longue-Epée, en mariage à Gui de Lusignan. Les grands du royaume, jaloux de ce choix, se divisèrent. Baudouin IV, ayant fini ses jours en 1184, eut pour héritier son neveu Baudouin V, fils de Sibylle et de Guillaume-Longue-Epée. Le jeune roi, qui n'avoit que huit ans, succomba en 1186 sous une violente maladie. Sa mère Sibylle fit donner la couronne à Gui de Lusignan, son second mari. Le comte de Tripoli trahit le nouveau monarque, qui tomba entre les mains de Saladin à la bataille de Tibériade.

Après avoir achevé la conquête des villes maritimes de la Palestine, le soudan assiégea Jérusalem; il la prit l'an 1188 de notre ère. Chaque homme fut obligé de donner pour rançon dix besans d'or: quatorze mille habitans demeurèrent esclaves faute de pouvoir payer cette somme. Saladin ne voulut point entrer dans la mosquée du Temple, convertie en église par les Chrétiens, sans en avoir fait laver les murs avec de l'eau de rose. Cinq cents chameaux, dit Sanut, suffirent à peine pour porter toute l'eau de rose employée dans cette occasion: ce conte est digne de l'Orient. Les soldats de Saladin abattirent une croix d'or qui s'élevoit au-dessus du Temple; la traînèrent par les rues jusqu'au sommet de la montagne de Sion, où ils la brisèrent. Une seule église fut épargnée, et ce fut l'église du Saint-Sépulcre: les Syriens la rachetèrent pour une grosse somme d'argent.

La couronne de ce royaume à demi perdu passa à Isabelle, fille de Baudouin, sœur de Sibylle décédée, et femme d'Eufroy de Turenne. Philippe Auguste et Richard-Cœur-de-Lion arrivèrent trop tard pour sauver la Ville-Sainte; mais ils prirent Ptolémaïs ou

Saint-Jean-d'Acre. La valeur de Richard fut si renommée, que long-temps après la mort de ce prince, quand un cheval tressailloit sans cause, les Sarrasins disoient qu'il avoit vu l'ombre de Richard. Saladin mourut peu de temps après la prise de Ptolémaïs : il ordonna que l'on portât un linceul au bout d'une lance, le jour de ses funérailles, et qu'un héraut criât à haute voix :

SALADIN,
DOMPTEUR DE L'ASIE,
DE TOUTES LES RICHESSES QU'IL A CONQUISES,
N'EMPORTE QUE CE LINCEUL.

Richard, rival de gloire de Saladin, après avoir quitté la Palestine, vint se faire renfermer dans une tour en Allemagne. Sa prison donna lieu à des aventures que l'histoire a rejetées, mais que les troubadours ont conservées dans leurs ballades.

L'an 1242, l'émir de Damas Saleh-Ismaël, qui faisoit la guerre à Nedjmeddin, soudan d'Egypte, et qui étoit entré dans Jérusalem, remit cette ville entre les mains des princes latins. Le soudan envoya les Karismiens assiéger la capitale de la Judée. Ils la reprirent et en massacrèrent tous les habitans : ils la pillèrent encore une fois l'année suivante, avant de la rendre au soudan Saleh-Ayoub, successeur de Nedjmeddin.

Pendant le cours de ces évènemens, la couronne de Jérusalem avoit passé d'Isabelle à Henry, comte de Champagne, son nouvel époux; et de celui-ci à Amaury, frère de Lusignan, qui épousa en quatrièmes noces la même Isabelle. Il en eut un fils qui mourut en bas âge. Marie, fille d'Isabelle et de son premier mari Conrad, marquis de Montferrat, devint l'héritière d'un royaume imaginaire. Jean, comte de Brienne, épousa Marie. Il en eut une fille, Isabelle ou Yolante, mariée depuis à l'empereur Frédéric II. Celui-ci, arrivé à Tyr, fit la paix avec le soudan d'Egypte. Les conditions du traité furent que Jérusalem seroit partagée entre les Chrétiens et les Musulmans. Frédéric II vint en conséquence prendre la couronne de Godefroy sur l'autel du Saint-Sépulcre, la mit sur sa tête, et repassa bientôt en Europe. Il est probable que les Sarrasins ne tinrent pas les engagemens qu'ils avoient pris avec Frédéric, puisque nous voyons, vingt ans après, en 1242, Nedjmeddin saccager Jérusalem, comme je l'ai dit plus haut. Saint Louis arriva en Orient sept ans après ce dernier malheur. Il est remarquable que ce prince, prisonnier en Égypte, vit massacrer sous ses yeux les derniers héritiers de la famille de Saladin.

« Voyant le roi, qui avoit la maladie de
» l'ost et la menaison comme les autres, que
» nous laissions ; se fut bien garanti s'il
» eut voulu ès grands gallées ; mais il disoit
» qu'il aimoit mieux mourir que laisser son
» peuple : il nous commença à hucher et à
» crier, que demourassions. Et nous tiroit
» de bon garrots pour nous faire demeu-
» rer, jusqu'à ce qu'il nous donnât congé
» de nager. Or je vous lerray ici, et vous
» dirai la façon et manière comme fut prin
» le roi, ainsi que lui même me conta. Je
» lui oui dire, qu'il avoit laissé ses gens-
» d'armes et sa bataille, et s'étoit mis lui et
» messire Geffroy de Sergine en la bataille
» de messire Gaultier de Châtillon, qui fe-
» soit l'arrière-garde. Et étoit le roi monté
» sur un petit coursier, une housse de soie
» vêtüe ; et ne lui demeura, ainsi que lui ni

» depuis oy dire, de tous ses gens-d'armes,
» que le bon chevalier messire Geffroy de
» Sergine, lequel le rendit jusques à une pe-
» tite ville nommé Casel, là où le roi fut prin.
» Mais avant que les Turcs le pussent voir,
» lui oy conter que messire Geffroy de Ser-
» gine le deffendoit en la façon que le bon ser-
» viteur deffend le ganap de son seigneur, de
» peur des mouches. Car toutes les fois que
» les Sarrasins l'approchoient, messire Gef-
» froy le deffendoit à grands coups d'épée et
» de pointe, et ressembloit sa force lui être
» doublé d'outre moitié, et son preux et
» hardi courage. Et à tous les coups les
» chassoit de dessus le roi. Et ainsi l'emme-
» na jusqu'au lieu de Casel, et là fut des-
» cendu au giron d'une bourgeoise, qui
» étoit de Paris. Et là le cuidèrent voir pas-
» ser le pas de mort, et n'espéroient point
» que jamais il pût passer celui jour sans
» mourir. (1)

C'étoit déjà un coup assez surprenant de la fortune, que d'avoir livré un des plus grands rois que la France ait eus, aux

---

(1) Sire de Joinville.

mains d'un jeune soudan d'Egypte, dernier héritier du grand Saladin. Mais cette fortune qui dispose des Empires, voulant pour ainsi dire montrer en un jour l'excès de sa puissance et de ses caprices, fit égorger le roi vainqueur sous les yeux du roi vaincu.

« En ce voyant, le soudan qui étoit en-
» core jeune, et la malice qui avoit été cons-
» pirée contre sa personne ; il s'enfuit en sa
» haute tour, qu'il avoit près de sa chambre,
» dont j'ai devant parlé. Car ses gens même
» de la Haulequa lui avoient jà abattu tous
» ses pavillons, et environnoient cette tour,
» où il s'en étoit fui. Et dedans la tour il y
» avoit trois de ses évêques, qui avoient
» mangé avec lui, qui lui écrivirent qu'il
» descendit. Et il leur dit, que volontiers
» il descendroit, mais qu'ils l'assurassent.
» Ils lui répondirent que bien le feroient des-
» cendre par force, et malgré lui ; et qu'il
» n'étoit mye encore à Damiète. Et tantôt ils
» vont jeter le feu grégeois dedans cette tour,
» qui étoit seulement de perche de sapin, et
» de toile, comme j'ai devant dit. Et in-
» continent fut embrasée la tour. Et vous
» promets que jamais ne vis plus beau feu,

» ne plus soudain. Quand le Sultan vit que
» le feu le pressoit, il descendit par la voie
» du prael, dont j'ai devant parlé, et s'en-
» fuit vers le fleuve ; et en s'enfuyant, l'un
» des chevaliers de la haulequa le ferit d'un
» grand glaive parmi les côtes, et il se jette
» o tout le glaive dedans le fleuve. Et après
» lui descendirent environ de neuf cheva-
» liers, qui le tuèrent là dans le fleuve assez
» près de notre gallée. Et quand le soudan
» fut mort, l'un desdits chevaliers, qui avoit
» nom Faracataie, le fendit, et lui tira le
» cœur du ventre. Et lors il s'en vint au roi,
» sa main toute ensanglantée, et lui de-
» manda : « Que me donneras-tu, dont j'ai
» occis ton ennemi qui t'eut fait mourir s'il
» eut vécu? » Et à cette demande, ne lui
» répondit onques un seul mot le bon Roi
» saint Louis. »

Il est certain que les Mamelucs Baharites, après avoir trempé leurs mains dans le sang de leur maître, eurent un moment la pensée de briser les fers de saint Louis, et de faire de leur prisonnier leur Soudan; tant ils avoient été frappés de ses vertus. Saint Louis dit au sire de Joinville qu'il eût accepté cette couronne, si les Infidèles la lui avoient décernée. Rien peut-être ne fait mieux connoître ce prince qui n'avoit pas moins de grandeur d'ame que de piété, et en qui la Religion n'excluoit point les pensées royales.

Les Mamelucs changèrent de sentimens: Moas, Almansor - Nuradin - Ali, Sefeidin-Modfar, succédèrent tour - à - tour au trône d'Egypte et le fameux Bibars-Bondoc-Dari devint soudan, en 1263. Il ravagea la partie de la Palestine qui n'étoit pas soumise à ses armes, et fit réparer Jérusalem. Kelaoun héritier de Bondoc-Dari en 1281, poussa les Chrétiens de place en place ; et Khalil son fils leur enleva Tyr et Ptolémaïs ; enfin en 1291, ils furent entièrement chassés de la Terre-Sainte, après s'être maintenus cent quatre-vingt-douze ans dans leurs conquêtes, et avoir régné quatre-vingt-huit ans à Jérusalem.

Le vain titre de roi de Jérusalem fut transporté dans la maison de Sicile, par le frère de saint Louis, Charles, comte de Provence et d'Anjou, qui réunit sur sa tête les droits du roi de Chypre et de la princesse Marie, fille de Frédéric, prince d'Antioche. Les chevaliers de Saint-Jean-de-Jérusalem, devenus les chevaliers de Rhodes, et de Malte; les chevaliers Teutoniques, conquérans du nord de l'Europe, et fondateurs du royaume de Prusse, sont aujourd'hui les seuls restes de ces Croisés qui firent trembler l'Afrique et l'Asie, et occupèrent les trônes de Jérusalem, de Chypre et de Constantinople.

Il y a encore des personnes qui se persuadent, sur l'autorité de quelques plaisanteries usées, que le royaume de Jérusalem étoit un misérable petit vallon, peu digne du nom pompeux dont on l'avoit décoré : c'étoit un très-vaste et très-grand pays. L'Ecriture entière, les auteurs païens, comme Hécatée d'Abdère, Théophraste, Strabon même, Pausanias, Galien, Dioscoride, Pline, Tacite, Solin, Ammien Marcellin; les écrivains juifs, tels que Josephe, les compilateurs du Talmud et de la Mischna; les historiens et les géographes arabes, Massudi, Ibn-Haukal, Ibn al Quadi, Hamdoullah, Abulfeda, Edrisi, etc.; les voyageurs en Palestine, depuis les premiers temps jusqu'à nos jours, rendent unanimement témoignage à la fertilité de la Judée. L'abbé Guenée a discuté ces autorités avec une clarté et une critique admirables (1). Faudroit-il s'étonner d'ailleurs qu'une terre féconde fût devenue stérile après tant de dévastations ? Jérusalem a été prise et saccagée dix-sept fois; des millions d'hommes ont été égorgés dans son enceinte, et ce massacre dure pour ainsi dire encore; nulle autre ville n'a éprouvé un pareil sort. Cette punition si longue et presque surnaturelle, annonce un crime sans exemple, et qu'aucun châtiment ne peut expier. Dans cette contrée devenue la proie du fer et de la flamme, les champs incultes ont perdu la fécondité qu'ils devoient aux sueurs de l'homme ; les sources ont été ensevelies sous des éboulemens; la terre des montagnes, n'étant plus soutenue par l'industrie du vigneron, a été entraînée au fond des vallées; et les collines jadis couvertes de bois de sycomores, n'ont plus offert que des sommets arides.

Le tableau du royaume de Jérusalem, tracé par l'abbé Guenée, mérite d'être rapporté. Il y auroit de la témérité à vouloir refaire un ouvrage qui ne pèche que par des

---

(1) Dans les quatre Mémoires dont je parlerai bientôt.

omissions volontaires. Sans doute l'auteur ne pouvant pas tout dire, s'est contenté des principaux traits.

« Ce royaume s'étendoit, dit-il, du cou-
» chant au levant, depuis la mer Méditer-
» ranée, jusqu'au désert de l'Arabie, et du
» midi au nord, depuis le fort de Darum
» au-delà du torrent d'Egypte, jusqu'à la
» rivière qui coule entre Bérith et Biblos.
» Ainsi, il comprenoit, d'abord, les trois
» Palestines, qui avoient pour capitales : la
» première, Jérusalem, la deuxième, Césa-
» rée maritime, et la troisième Bethsan,
» puis Nazareth : il comprenoit en outre
» tout le pays des Philistins, toute la Phéni-
» cie, avec la deuxième et la troisième Ara-
» bie, et quelques parties de la première.

» Cet Etat, disent les Assises de Jérusa-
» lem, avoit deux chefs seigneurs, l'un
» spirituel et l'autre temporel; le patriarche
» étoit le seigneur spirituel, et le roi le sei-
» gneur temporel.

» Le patriarche étendoit sa juridiction sur
» les quatre archevêchés de Tyr, de Cé-
» sarée, de Nazareth et de Krak; il avoit
» pour suffragans les évêques de Bethléem,

20.

» de Lydde et d'Hébron : de lui dépen-
» doient encore les six abbés de Mont-Sion,
» de la Latine, du Temple, du Mont-Oli-
» vet, de Josaphat et de Saint-Samuel; le
» prieur du Saint-Sépulcre, et les trois ab-
» besses de Notre-Dame-la-Grande, de
» Saint-Anne et de Saint-Ladre.

» Les archevêques avoient pour suffragans :
» celui de Tyr, les évêques de Bérith, de
» Sidon, de Panéas et de Ptolémaïs; celui
» de Césarée, l'évêque de Sébaste; celui de
» Nazareth, l'évêque de Tibériade et le
» prieur du Mont-Tabor; celui de Krak,
» l'évêque du Mont-Sinaï.

» Les évêques de Saint-George, de Lydde
» et d'Acre avoient, sous leur juridiction ;
» le premier, les deux abbés de Saint-Jo-
» seph-d'Arimathie et de Saint-Habacuc,
» les deux prieurs de Saint-Jean-l'Evangé-
» liste et de Sainte-Catherine du Mont-Gi-
» sart, avec l'abbesse des Trois-Ombres; le
» deuxième la Trinité et les Repenties.

» Tous ces évêchés, abbayes, chapitres,
» couvens d'hommes et de femmes, parois-
» sent avoir eu d'assez grands biens, à en
» juger par les troupes qu'ils étoient obligés

» de fournir à l'Etat. Trois ordres surtout,
» religieux et militaires tout à la fois, se
» distinguoient par leur opulence; ils avoient
» dans le pays, des terres considérables, des
» châteaux et des villes.

» Outre les domaines que le roi possédoit
» en propre, comme Jérusalem, Naplouse,
» Acre, Tyr et leur dépendance, on comp-
» toit dans le royaume quatre grandes ba-
» ronnies: elles comprenoient, la première,
» les comtés de Jafa et d'Ascalon, avec les
» seigneuries de Rama, de Mirabel et d'Y-
» belin; la deuxième, la principauté de Ga-
» lilée; la troisième, les seigneuries de
» Sidon, de Césarée et de Bethsan; la qua-
» trième, les seigneuries de Krak, de Mont-
» réal et d'Hébron. Le comté de Tripoli for-
» moit une principauté à part, dépendante,
» mais distinguée du royaume de Jéru-
» salem.

» Un des premiers soins des rois, avoit
» été de donner un Code à leur peuple. De
» *sages hommes* furent chargés de recueillir
» les principales lois des différens pays d'où
» étoient venus les Croisés, et d'en former
» un corps de législation, d'après lequel les

» affaires civiles et criminelles seroient ju-
» gées. On établit deux cours de justice ; la
» haute pour les nobles, l'autre pour la
» bourgeoisie et toute la roture. Les Sy-
» riens obtinrent d'être jugés suivant leurs
» propres lois.

» Les différens seigneurs, tels que les
» comtes de Jafa, les seigneurs d'Ybelin,
» de Césarée, de Caïfas, de Krak, l'arche-
» vêque de Nazareth, etc., eurent leurs
» cours et justice; et les principales villes,
» Jérusalem, Naplouse, Acre, Jafa, Cé-
» sarée, Bethsan, Hébron, Gadres, Lidde,
» Assur, Panéas, Tibériade, Nazareth, etc.,
» leurs cours et justices bourgeoises : les
» justices seigneuriales et bourgeoises, au
» nombre, d'abord, de vingt à trente de
» chaque espèce, augmentèrent à propor-
» tion que l'Etat s'agrandissoit.

» Les baronnies et leurs dépendances étoient
» chargées de fournir deux mille cavaliers;
» les villes de Jérusalem, d'Acre et de Na-
» plouse en devoient six cent soixante-six, et
» cent treize sergens; les cités de Tyr, de
» Césarée, d'Ascalon, de Tibériade, mille
» sergens.

» Les églises, évêques, abbés, chapi-
» tres, etc., devoient en donner environ sept
» mille; savoir : le patriarche, l'église du
» Saint-Sépulcre, l'évêque de Tibériade, et
» l'abbé du Mont-Tabor, chacun cinq cents;
» l'archevêque de Tyr et l'évêque de Tibé-
» riade, chacun cinq cent cinquante; les
» évêques de Lidde et de Bethléem, chacun
» deux cents; et les autres à proportion de
» leurs domaines.

» Les troupes de l'Etat réunies firent d'a-
» bord une armée de dix à douze mille hom-
» mes : on les porta ensuite à quinze; et quand
» Lusignan fut défait par Saladin, son armée
» montoit à près de vingt-deux mille hom-
» mes, toutes troupes du royaume.

» Malgré les dépenses et les pertes qu'en-
» traînoient des guerres presque continuelles,
» les impôts étoient modérés, l'abondance
» régnoit dans le pays, le peuple se multi-
» plioit, les seigneurs trouvoient dans leurs
» fiefs de quoi se dédommager de ce qu'ils
» avoient quitté en Europe; et Baudouin du
» Bourg lui-même ne regretta pas long-temps
» son riche et beau comté d'Edesse. »

Les Chrétiens ayant donc perdu ce royaume en 1291, les soudans Baharites demeurèrent en possession de leur conquête jusqu'en 1382. A cette époque les Mamelucs circassiens usurpèrent l'autorité en Egypte, et donnèrent une nouvelle forme de gouvernement à la Palestine. Si les soudans circassiens sont ceux qui avoient établi une poste aux pigeons et des relais pour apporter au Caire la neige du mont Liban, il faut convenir que, pour des Barbares, ils connoissoient assez bien les agrémens de la vie. Sélim mit fin à tant de révolutions en s'emparant, en 1716, de l'Egypte et de la Syrie.

C'est cette Jérusalem des Turcs, cette dix-septième ombre de la Jérusalem primitive que nous allons maintenant examiner.

En sortant du couvent, nous nous rendîmes à la citadelle. On ne permettoit autrefois à personne de la visiter ; aujourd'hui qu'elle est en ruines, on y entre pour quelques piastres. D'Anville prouve que ce château, appelé par les Chrétiens le château ou la tour des Pisans, est bâti sur les ruines de l'ancien château de David, et qu'il occupe la place de la tour Psephina. Il n'a rien de remarquable : c'est une forteresse gothique, tel qu'il en existe partout, avec des cours intérieures, des fossés, des chemins couverts, etc. (1) On me montra une salle abandonnée, remplie de vieux casques. Quelques-uns de ces casques avoient la forme d'un bonnet égyptien : je remarquai encore des tubes de fer, de la longueur et de la grosseur d'un canon de fusil, dont j'ignore l'usage. Je m'étois intrigué secrètement pour acheter deux ou trois de ces antiquailles : je ne sais plus quel hasard fit manquer ma négociation.

Le donjon du château découvre Jérusalem du couchant à l'orient, comme le mont des Oliviers la voit de l'orient au couchant. Le paysage qui environne la ville est affreux : ce sont de toutes parts des montagnes nues, arrondies à leurs cimes, ou terminées en plateau ; plusieurs d'entr'elles, à de grandes distances, portent des ruines de tours ou des mosquées délabrées. Ces montagnes ne sont pas tellement serrées, qu'elles ne présentent des intervalles par où l'œil va chercher d'autres perspectives ; mais ces ouvertures ne

---

(1) Voyez la *Dissertation* de d'Anville à la fin de cet Itinéraire.

laissent voir que d'arrière-plans de rochers aussi arides que les premiers plans.

Ce fut du haut de la tour de David, que le roi-prophète découvrit Bethsabée se baignant dans les jardins d'Urie. La passion qu'il conçut pour cette femme lui inspira dans la suite ces magnifiques Psaumes de la Pénitence:

« Seigneur, ne me reprenez point dans
» votre fureur, et ne me châtiez pas dans
» votre colère. . . . . . Ayez pitié de moi
» selon l'étendue de votre miséricorde. . . . .
» Mes jours se sont évanouis comme la fu-
» mée. . . . . Je suis devenu semblable au
» pélican des déserts. . . . . Seigneur, je crie
» vers vous du fond de l'abîme, etc. »

On ignore pourquoi le château de Jérusalem porte le nom de château des Pisans. D'Anville, qui forme à ce sujet diverses conjectures, a laissé échapper un passage de Belon assez curieux :

« Il convient à un chacun qui veut entrer
» au Sépulcre, bailler neuf ducats, et n'y a
» personne qui en soit exempt, ne pauvres,
» ne riches. Aussi celui qui a prins la gabelle
» du sépulcre à ferme, paie huit mille ducats
» au seigneur : qui est la cause pourquoi les

» rentiers rançonnent les pélerins, ou bien
» ils n'y entreront point. Les cordeliers et les
» caloyères grecs, et autres manières de re-
» ligieux chrétiens ne paient rien pour y en-
» trer. Les Turcs le gardent en grande révé-
» rence, et y entrent avec grande dévotion.
» L'on dit que les *Pisans* imposèrent cette
» somme de neuf ducats lorsqu'ils étoient
» seigneurs en Jérusalem, et qu'elle a été
» ainsi maintenue depuis leurs temps. »

La citadelle des Pisans (1) étoit gardée quand je la vis par une espèce d'aga demi-nègre : il y tenoit ses femmes renfermées, et il faisoit bien, à en juger par l'empressement qu'elles mettoient à se montrer dans cette triste ruine. Au reste, je n'aperçus pas un canon, et je ne sais si le recul d'une seule pièce ne feroit pas crouler tous ces vieux créneaux.

Nous sortîmes du château après l'avoir examiné pendant une heure ; nous prîmes une rue qui se dirige de l'ouest à l'Est, et qu'on

---

(1) Elle portoit aussi le nom de *Neblosa* vers la fin du treizième siècle, comme on le voit par un passage de Brocard. Voyez la Dissertation de d'Anville.

appelle la rue du Bazar : c'est la grande rue et le beau quartier de Jérusalem. Mais quelle désolation et quelle misère ! N'anticipons pas sur la description générale. Nous ne rencontrions personne, car la plupart des habitans s'étoient retirés dans la montagne, à l'arrivée du pacha. La porte de quelques boutiques abandonnées étoit ouverte ; on apercevoit par cette porte de petites chambres de sept ou huit pieds carrés, où le maître, alors en fuite, mange, couche et dort sur la seule natte qui compose son ameublement.

A la droite du bazar, entre le Temple et le pied de la montagne de Sion, nous entrâmes dans le quartier des Juifs. Ceux-ci, fortifiés par leur misère, avoient bravé l'assaut du pacha : ils étoient là tous en guenilles, assis dans la poussière de Sion, cherchant les insectes qui les dévoroient, et les yeux attachés sur le Temple. Le drogman me fit entrer dans une espèce d'école : je voulus acheter le Pentateuque hébreu dans lequel un rabbin montroit à lire à un enfant, mais le rabbin ne voulut jamais me le vendre. On a observé que les Juifs étrangers qui se fixent à Jérusalem, vivent peu de temps. Quant à ceux de la Palestine, ils sont si pauvres, qu'ils envoient chaque année faire des quêtes parmi leurs frères, en Egypte et en Barbarie.

J'avois commencé d'assez longues recherches sur l'état des Juifs à Jérusalem, depuis la ruine de cette ville par Titus jusqu'à nos jours; j'étois entré dans une discussion importante, touchant la fertilité de la Judée: à la publication des derniers volumes des Mémoires de l'Académie des Inscriptions, j'ai supprimé mon travail. On trouve dans ces volumes, quatre Mémoires de l'abbé Guenée qui ne laissent rien à désirer sur les deux sujets que je me proposois de traiter. Ces Mémoires sont de véritables chefs-d'œuvre de clarté, de critique et d'érudition. L'auteur des *Lettres de quelques Juifs Portugais*, est un de ces hommes dont les cabales littéraires ont étouffé la renommée durant sa vie, mais dont la réputation croîtra dans la postérité. Je renvoie le lecteur curieux à ces excellens Mémoires; il les trouvera aisément, puisqu'ils viennent d'être publiés, et qu'ils existent dans une collection qui n'est pas rare. Je n'ai point la prétention de surpasser les maîtres; je sais très-bien jeter au feu le fruit de mes études, et reconnoître qu'on a fait mieux que moi. (1)

Je ne puis cependant m'empêcher de donner ici un calcul qui faisoit partie de mon travail : il est tiré de l'Itinéraire de Benjamin de Tudèle. Ce Juif espagnol avoit parcouru la terre, au treizième siècle, pour déterminer l'état du peuple Hébreu dans le monde connu (2). J'ai relevé, la plume à la main, les nom-

---

(1) J'aurois pu piller les Mémoires de l'abbé Guenée, sans en rien dire, à l'exemple de tant d'auteurs, qui se donnent l'air d'avoir puisé dans les sources, quand ils n'ont fait que dépouiller des savans dont ils taisent le nom. Ces fraudes sont très-faciles aujourd'hui ; car dans ce siècle de lumières, l'ignorance est grande. On commence par écrire sans avoir rien lu, et l'on continue ainsi toute sa vie. Les véritables gens de lettres gémissent, en voyant cette nuée de jeunes auteurs qui auroient peut-être du talent s'ils avoient quelques études. Il faudroit se souvenir que Boileau lisoit Longin dans l'original, et que Racine savoit par cœur le Sophocle et l'Euripide grec. Dieu nous ramène au siècle des pédans ! Trente Vadius ne feront jamais autant de mal aux lettres qu'un écolier en bonnet de docteur.

(2) Il n'est pourtant pas bien clair que Benja-

bres donnés par le voyageur, et j'ai trouvé sept cent soixante-huit mille huit cent soixante-cinq Juifs dans l'Afrique, l'Asie et l'Europe. Il est vrai que Benjamin parle des Juifs d'Allemagne sans en citer le nombre, et qu'il se tait sur les Juifs de Londres et de Paris. Portons la somme totale à un million d'hommes; ajoutons à ce million d'hommes, un million de femmes et deux millions d'enfans: nous aurons quatre millions d'individus pour la population Juive, au treizième siècle. Selon la supputation la plus probable, la Judée proprement dite, la Galilée, la Palestine ou l'Idumée comptoient, du temps de Vespasien, environ six ou sept millions d'habitans; quelques auteurs portent ce nombre beaucoup plus haut: au seul siége de Jérusalem, par Titus, il périt onze cent mille Juifs. La population juive auroit donc été au treizième siècle, le sixième de ce qu'elle étoit avant sa dispersion. Voici le tableau tel que je l'ai

---

min ait parcouru tous les lieux qu'il a nommés. Il est même évident, par des passages du texte hébreu, que le voyageur juif n'a souvent écrit que sur des Mémoires.

ITINÉRAIRE

composé d'après l'Itinéraire de Benjamin. Il est curieux d'ailleurs pour la géographie du moyen âge; mais les noms des lieux y sont souvent estropiés par le voyageur : l'original hébreu a dû se refuser à leur véritable orthographe dans certaines lettres ; Arias Montanus a porté de nouvelles altérations dans la version latine, et la traduction française achève de défigurer ces noms :

Villes.	Juifs.	
Barcelonne	4	chefs
Narbonne	300	
Bidrasch	3	chefs
Monpellier	6	chefs
Lunel	300	
Baucaire	40	
Saint-Gille	100	
Arles	200	
Marseille	300	
Génes	20	
Lucques	40	
Rome	200	
Capoue	300	
	1,813	

Villes.	Juifs.
	1,813
Naples	500
Salerne	600
Malfi	20
Bénévent	200
Malchi	200
Ascoli	40
Trani	200
Tarente	300
Bardenis	10
Otrante	500
Corfou	1
Leptan	100
Achilon	10
Patras	50
Lépante	100
Crissa	200
Corinthe	300
Thebes	2,000
Egrifou	100
Jasbutérisa	100
Sinon-Potamon	40
Gardegin (quelques Juifs).	
	7,384

2.

21

Villes.	Juifs.
	7,384
Armilon	500
Bissine	100
Seleucie	500
Mitricin	20
Darman	140
Canisthol	20
Constantinople	1,000
Doroston	100
Galipoline	200
Galas	50
Mytylen (une université).	
Giham	500
Ismos	300
Rodes	500
Dophros (assemblée de Juifs)	
Laodicée	200
Gébal	120
Birot	40
Sidon	20
Tyr	500
Akadi	100
Césarée	10
	12,304

DE PARIS A JÉRUSALEM.

Villes.	Juifs.
	12,304
Luz....................	
Bethgebarin.............	3
Torondolos (autrefois Sunam)...................	30
Nob.....................	2
Ramas...................	3
Joppé...................	1
Ascalon.................	240
Dans la même ville, Juifs samaritains.............	300
Ségura..................	1
Tibériade...............	50
Timin...................	20
Ghalmal.................	50
Damas...................	3,000
Thadmur.................	4,000
Siha....................	1,500
Kelagh-Geher............	2,000
Dakia...................	700
Hharan..................	700
Achabor.................	2,000
Nisibis.................	1,000
	27,905

Villes.	Juifs.
	27,905
Gezir-Ben Ghamar	4,000
Al-Mutsal (autrefois Assur)	7,000
Rahaban	2,000
Karkésia	5,000
Al-Jobar	2,000
Hhardan	15,000
Ghukbéran	10,000
Bagdad	1,000
Géhiaga	5,000
Dans un lieu à vingt pas de Géhiaga	20,000
Hhilan	10,000
Naphahh	200
Alkotsonath	300
Rupha	7,000
Séphitbib (une sinagogue)	
Juifs qui habitent dans les villes et autres lieux du pays de Thema	300,000
Chibar	50,000
Vira, fleuve du pays d'Elimau (au bord)	3,000
	469,405

Villes.	Juifs.
	469,405
Néasat	7,000
Bostan	1,000
Samura	1,500
Chuzsetham	7,000
Robard-Bar	2,000
Vaanath	4,000
Pays de Molhhaath (deux sinagogues).	
Charian	25,000
Hhamdan	50,000
Tabarethan	4,000
Asbaham	15,000
Scaphas	10,000
Ginat	8,000
Samareant	50,000
Dans les montagnes de Nisbon, appartenant au roi de Perses, ou dit qu'il y a quatre trubus Israël, savoir, Dan, Zabulon, Asser et Nepthali.	
Cherataan	500
	654,405

Villes.	Juifs.
	654,405
Kathiphan	50,000
Pays de Haalan (les Juifs, au nombre de vingt familles).	
Isle de Cheneray	23,000
Gingalan	1,000
L'Ynde (une grande quantité de Juifs).	
Hhalavan	1,300
Kita	30,000
Misraim	2,000
Gossen	1,000
Al-Bubug	200
Ramira	700
Lamhhala	500
Alexandrie	3,000
Damiéte	200
Tunis	40
Messine	20
Palerme	1,500
Total	768,865

Benjamin ne spécifie point le nombre des Juifs d'Allemagne; mais il cite les villes où se trouvoient les principales synagogues ; ces villes sont : Coblents, Andernache, Caub, Creulznach, Bengen, Germesheim, Munster, Strasbourg, Mantern, Freising, Bamberg, Tsor et Reguespurch. En parlant des Juifs de Paris, il dit : *In quâ sapientum discipuli sunt omnium qui hodiè in omni regione sunt doctissimi.*

Continuons la revue de Jérusalem. Du quartier des Juifs nous nous rendîmes à la maison de Pilate, afin d'examiner par une fenêtre la mosquée du Temple ; il est défendu à tout Chrétien, sous peine de mort, d'entrer dans le parvis qui environne cette mosquée : je me réserve à en faire la description lorsque je parlerai des monumens de Jérusalem. A quelque distance du prétoire de Pilate, nous trouvâmes la Piscine Probatique et le palais d'Hérode : ce dernier est une ruine dont les fondations appartiennent à l'antiquité.

Un ancien hôpital chrétien, aujourd'hui consacré au soulagement des Turcs, attira notre attention. On nous y montra une immense chaudière, appelée la chaudière de Sainte-Hélène. Chaque Musulman qui se présentoit autrefois à cet hôpital recevoit deux petits pains et des légumes cuits à l'huile ; le vendredi, on ajoutoit à cette distribution du riz accommodé au miel ou au raisiné : tout cela n'a plus lieu; à peine reste-t-il quelque trace de cette charité évangélique, dont les émanations s'étoient comme attachées aux murs de cet hôpital.

Nous traversâmes de nouveau la ville, et revenant chercher la porte de Sion, Ali-Aga me fit monter avec lui sur les murs : le drogman n'osa pas nous y suivre. Je trouvai quelques vieux canons de vingt-quatre ajustés sur des affûts sans roues, et placés aux embrasures d'un bastion gothique. Un garde qui fumoit sa pipe dans un coin voulut crier ; Ali le menaça de le jeter dans le fossé, s'il ne se taisoit ; et il se tut : je lui donnai une piastre.

Les murs de Jérusalem, dont j'ai fait trois fois le tour à pied, présentent quatre faces aux quatre vents; ils forment un carré-long, dont le grand côté court d'orient en occident, deux pointes de la boussole au midi. D'Anville a prouvé par les mesures et les positions locales que l'ancienne Jérusalem n'étoit pas beaucoup plus vaste que la moderne : elle occupoit quasi le même emplacement, si ce n'est qu'elle enfermoit toute la montagne de Sion, et qu'elle laissoit dehors le Calvaire (1). On ne doit pas prendre à la lettre le texte de Josephe, lorsque cet historien assure que les murs de la cité s'avançoient, au nord, jusqu'aux Sépulcres des Rois: le nombre des stades s'y oppose; d'ailleurs, on pourroit dire encore que les murailles touchent aujourd'hui à ces sépulcres; car elles n'en sont pas éloignées de cinq cents pas.

Le mur d'enceinte qui existe aujourd'hui est l'ouvrage de Soliman, fils de Sélim (2), comme le prouvent les inscriptions turques placées dans ce mur. On prétend que le dessein de Soliman étoit d'enclore la montagne de Sion dans la circonvallation de Jérusalem, et qu'il fit mourir l'architecte pour n'avoir pas suivi ses ordres. Ces murailles, flanquées de tours carrées, peuvent avoir, à la plate-forme des bastions, une trentaine de pieds de largeur, et cent vingt pieds d'éléva-

---

(1) Voyez la *Disssertation* de d'Anville, à la fin de cet Itinéraire.

(2) En 1534.

tion; elles n'ont d'autres fossés que les vallées qui environnent la ville. Six pièces de douze, tirées à barbette, en poussant seulement quelques gabions sans ouvrir de tranchée, y feroient dans une nuit une brèche praticable; mais on sait que les Turcs se défendent très-bien derrière un mur par le moyen des épaulemens. Jérusalem est dominée de toutes parts; pour la rendre tenable contre une armée régulière, il faudroit faire de grands ouvrages avancés à l'ouest et au nord, et bâtir une citadelle sur la montagne des Oliviers.

Dans cet amas de décombres, qu'on appelle une ville, il a plu aux gens du pays de donner des noms de rues à des passages déserts. Ces divisions sont assez curieuses, et méritent d'être rapportées, d'autant plus qu'aucun voyageur n'en a parlé : toutefois, les pères Roger, Nau, etc., nomment quelques portes en arabe. Je commence par ces dernières :

Bab-el-Kzalil, la porte du Bien-Aimé : elle s'ouvre à l'ouest. On sort par cette porte pour aller à Bethléem, Hébron et Saint-Jean-du-Désert. Nau écrit *Bal-el-Khalil*, et traduit, porte d'Abraham : c'est la porte de Jafa de Deshayes, la porte des Pélerins, et quelquefois la porte de Damas des autres voyageurs.

Bal-el-Nabi-Dahoud, la porte du Prophète David : elle est au midi, sur le sommet de la montagne de Sion, presqu'en face du tombeau de David et du Saint-Cénacle. Nau écrit *Bab-Sidi-Daod*. Elle est nommée Porte de Sion, par Deshayes, Doubdan, Roger, Cotovic, Bénard, etc.

Bab-el-Maugrarbé, la porte des Maugrabins ou des Barbaresques : elle se trouve entre le levant et le midi, sur la vallée d'Annon, presqu'au coin du Temple et en regard du village de Siloan. Nau écrit *Bab-el-Megarebé*. C'est la porte Sterquiline ou des Ordures, par où les Juifs amenèrent Jésus-Christ à Pilate, après l'avoir pris au jardin des Oliviers.

Bab-el-Darahie, la porte Dorée : elle est au levant, et donne sur le parvis du Temple. Les Turcs l'ont murée : une prédiction leur annonce que les Chrétiens prendront un jour la ville par cette porte ; on croit que Jésus-Christ entra à Jérusalem par cette même porte le jour des Rameaux.

Bab-el-Sidi-Mariam, la porte de la Sainte Vierge, à l'orient vis-à-vis la montagne des

Oliviers. Nau l'appelle en arabe *Heutta*. Toutes les relations de la Terre-Sainte la nomment porte de Saint-Etienne, ou de Marie, parce qu'elle fut témoin du martyre de saint Etienne, et qu'elle conduit au sépulcre de la Vierge. Du temps des Juifs elle se nommoit la porte des Troupeaux.

Bab-el-Zahara, la porte de l'Aurore ou du Cerceau, *Cerchiolino* : elle regarde le septentrion, et conduit à la grotte des Lamentations de Jérémie. Les meilleurs plans de Jérusalem s'accordent à nommer cette porte, porte d'Ephraïm ou d'Hérode. Cotovic la supprime et la confond avec la porte de Damas; il écrit : *Porta Dumascena sive Effraim;* mais son plan, trop petit et très-défectueux, ne se peut comparer à celui de Deshayes, ni encore moins à celui de Shaw. Le plan du Voyage espagnol de Vera est très-beau, mais chargé et inexact. Nau ne donne point le nom arabe de la porte d'Ephraïm, et il est peut-être le seul voyageur qui l'appelle *porte des Turcmans*. La porte d'Ephraïm et la porte Sterquilinaire ou du Fumier, sont les deux petites portes de Jérusalem.

Bâb-el-Hamond ou *Bab-el-Cham*, la porte

de la Colonne ou de Damas: elle est tournée au nord-ouest, et mène aux Sépulcres des Rois, à Naplouse ou Sichem, à Saint-Jean-d'Acre et à Damas. Nau écrit *Bâb-el-Amond*. Quand Simon le Cyrénéen rencontra Jésus-Christ chargé de la Croix, il venoit de la porte de Damas. Les pélerins entroient anciennement par cette porte, maintenant ils entrent par celle de Jafa ou de Bethléem; d'où il est arrivé qu'on a transporté le nom de la porte de Damas à la porte de Jafa ou des Pélerins. Cette observation n'a point encore été faite, et je la consigne ici pour expliquer une confusion de lieux qui embarrasse quelquefois dans les récits des voyageurs.

Venons maintenant au détail des rues. Les trois principales se nomment:

Harat-bab-el-Hamond, la rue de la Porte de la Colonne: elle traverse la ville du nord au midi.

Souk-el-Kebiz, la rue du Grand-Basar: elle court du couchant au levant.

Harat-el-Allam, la Voie Douloureuse: elle commence à la porte de la Vierge, passe au prétoire de Pilate, et va finir au Calvaire.

On trouve ensuite sept autres petites rues:

Harat-el-Muslmin, la rue des Turcs.

Harat-el-Nassara, la rue des Chrétiens : elle va du Saint-Sépulcre au couvent latin.

Harat-el-Asman, la rue des Arméniens, au levant du château.

Harat-el-Youd, la rue des Juifs : les boucheries de la ville sont dans cette rue.

Harat-bab-Hotta, la rue près du Temple.

Harat-el-Zahara. Mon drogman me traduisoit ces mots par *strada Comparita*. Je ne sais trop ce que cela veut dire. Il m'assuroit encore que les *rebelles* et les *méchantes gens* demeuroient dans cette *rue Comparue*.

Harat-el-Magarbé, rue des Maugrabins. Ces Maugrabins, comme je l'ai dit, sont les Occidentaux ou Barbaresques. On compte parmi eux quelques descendans des Maures chassés d'Espagne par Ferdinand et Isabelle. Ces bannis furent reçus dans la Ville Sainte avec une grande charité; on leur fit bâtir une mosquée : on leur distribue encore aujourd'hui du pain, des fruits et quelqu'argent. Les héritiers des fiers Abencerrages, les élégans architectes de l'Alhambra, sont devenus à Jérusalem des portiers qu'on recherche à cause de leur intelligence, et des courriers estimés pour leur légèreté. Que diroient Saladin et Richard si revenant tout-à-coup au monde, ils trouvoient les chevaliers maures transformés en concierges au Saint-Sépulcre, et les chevaliers chrétiens représentés par des frères quêteurs?

A l'époque du voyage de Benjamin de Tudèle, c'est-à-dire sous les rois français de Jérusalem, la ville avoit trois enceintes de murailles, et quatre portes que Benjamin appelle, *porta somnus Abrahæ, porta David, porta Sion, porta Jehosaphat*. Quant aux trois enceintes, elles ne s'accordent guères avec ce que nous savons du local de Jérusalem, lors de la prise de cette ville par Saladin. Benjamin trouva plusieurs juifs établis dans le quartier de la Tour de David: ils y avoient le privilége exclusif de la teinture des draps et des laines, moyennant une somme qu'ils payoient tous les ans au roi.

Les lecteurs qui voudront comparer la Jérusalem moderne avec la Jérusalem antique, peuvent avoir recours à d'Anville, dans sa *Dissertation sur l'ancienne Jérusalem* (1), à

---

(1) Voyez cette *Dissertation* à la fin de cet Itinéraire.

Reland, et au père Lami, *de Sanctâ Civitate et Templo.*

Nous rentrâmes au couvent vers neuf heures. Après avoir déjeuné, j'allai faire une visite au patriarche grec et au patriarche arménien qui m'avoient envoyé saluer par leurs drogmans.

Le couvent grec touche à l'église du Saint-Sépulcre. De la terrasse de ce couvent on découvre un assez vaste enclos où croissent deux ou trois oliviers, un palmier et quelques cyprès: la maison des chevaliers de Saint-Jean-de-Jérusalem occupoit autrefois ce terrain abandonné. Le patriarche grec me parut un très-bon homme. Il étoit dans ce moment aussi tourmenté par le pacha, que le gardien de Saint-Sauveur. Nous parlâmes de la Grèce: je lui demandai s'il possédoit quelques manuscrits ; on me fit voir des Rituels, et des Traités des Pères. Après avoir bu le café, et reçu trois ou quatre chapelets, je passai chez le patriarche arménien.

Celui-ci s'appeloit Arsenios de la ville de Césarée en Cappadoce ; il étoit métropolitain de Scythopoli, et procureur patriarcal de Jérusalem ; il m'écrivit lui-même son nom et ses titres en caractères syriaques, sur un petit billet que j'ai encore. Je ne trouvai point chez lui l'air de souffrance et d'oppression que j'avois remarqué chez les malheureux Grecs, esclaves partout. Le couvent arménien est agréable, l'église charmante et d'une propreté rare. Le patriarche qui ressembloit à un riche Turc, étoit enveloppé dans des robes de soie et assis sur des coussins. Je bus d'excellent café de Moka. On m'apporta des confitures, de l'eau fraîche, des serviettes blanches; on brûla du bois d'aloès, et je fus parfumé d'essence de rose, au point de m'en trouver incommodé. Arsenios me parla des Turcs avec mépris. Il m'assura que l'Asie entière attendoit l'arrivée des Français, que s'il paroissoit un seul soldat de ma nation dans son pays, le soulèvement seroit général. On ne sauroit croire à quel point les esprits fermentent dans l'orient (1). J'ai vu Ali-Aga se fâcher à Jéricho contre

---

(1) M. Seetzen, qui passa à Jérusalem quelques mois avant moi, et qui voyage encore dans l'Arabie, dit, dans sa lettre à M. de Zach, que les habitans du pays ne firent que lui parler des armées françaises. *Ann. des Voy.* par M. Malte-Brun.

un Arabe qui se moquoit de lui, et qui lui disoit que si l'Empereur avoit voulu prendre Jérusalem, il y seroit entré aussi aisément qu'un chameau dans un champ de doura. Les peuples de l'Orient sont beaucoup plus familiarisés que nous avec les idées d'invasion. Ils ont vu passer tous les hommes qui ont changé la face de la terre : Sésostris, Cyrus, Alexandre, Mahomet et le dernier Conquérant de l'Europe. Accoutumés à suivre les destinées d'un maître, ils n'ont point de loi qui les attache à des idées d'ordre et de modération politique : tuer, quand on est le plus fort, leur semble un droit légitime ; ils s'y soumettent ou l'exercent avec la même indifférence. Ils appartiennent essentiellement à l'épée ; ils aiment tous les prodiges qu'elle opère : le glaive est pour eux la baguette d'un Génie qui élève et détruit les Empires. La liberté, ils l'ignorent ; les propriétés, ils n'en ont point : la force est leur Dieu. Quand ils sont long-temps sans voir paroître ces conquérans exécuteurs des hautes justices du ciel, ils ont l'air de soldats sans chef, de citoyens sans législateur, et d'une famille sans père.

Mes deux visites durèrent à peu près une heure. De là j'entrai dans l'église du Saint-Sépulcre ; le Turc qui en ouvre les portes avoit été prévenu de se tenir prêt à me recevoir : je payai de nouveau, à Mahomet, le droit d'adorer Jésus-Christ. J'étudiai une seconde fois, et plus à loisir, les monumens de cette vénérable église. Je montai dans la galerie où je rencontrai le moine cophte et l'évêque abyssin ; ils sont très-pauvres, et leur simplicité rappelle les beaux temps de l'Evangile. Ces prêtres demi sauvages, le teint brûlé par les feux du tropique, portant, pour seule marque de leur dignité, une robe de toile bleue, et n'ayant point d'autre abri que le Saint-Sépulcre, me touchèrent bien plus que le chef des papas grecs et le patriarche arménien. Je défierois l'imagination la moins religieuse de n'être pas ému à cette rencontre de tant de peuples, au Tombeau de Jésus-Christ, à ces prières prononcées dans cent langages divers, au lieu même où les apôtres reçurent, du Saint-Esprit, le don de parler toutes les langues de la terre.

Je sortis à une heure du Saint-Sépulcre, et nous rentrâmes au couvent. Les soldats du pacha avoient envahi l'hospice, ainsi que je l'ai déjà raconté, et ils y vivoient à discrétion. En retournant à ma cellule, et traversant un corridor avec le drogman Michel, je rencontrai deux jeunes spahis, armés de pied en cap, et faisant un bruit étrange : il est vrai qu'ils n'étoient pas bien redoutables, car, à la honte de Mahomet, ils étoient ivres à tomber. Aussitôt qu'ils m'aperçurent, ils me fermèrent le passage, en jetant de grands éclats de rire. Je m'arrêtai pour attendre la fin de ces jeux. Jusque-là il n'y avoit point de mal ; mais bientôt un de ces Tartares, passant derrière moi, me prit la tête, me la courba de force, tandis que son camarade, baissant le collet de mon habit, me frappoit le cou avec le dos de son sabre nu. Le drogman se mit à beugler. Je me débarrassai des mains des spahis ; je sautai à la gorge de celui qui m'avoit saisi par la tête : d'une main lui arrachant la barbe, et de l'autre l'étranglant contre le mur, je le fis devenir noir comme mon chapeau ; après quoi je le lâchai, lui ayant rendu jeu pour jeu et insulte pour insulte. L'autre spahis chargé de vin, et étourdi de mon action, ne songea point à venger la plus grande avanie qu'on puisse faire à un Turc, celle de le prendre par la barbe. Je me retirai dans ma chambre et je me préparai à tout évènement. Le Père gardien, n'étoit pas trop fâché que j'eusse un peu corrigé ses persécuteurs, mais il craignoit quelque catastrophe : un Turc humilié n'est jamais dangereux, et nous n'entendîmes parler de rien.

Je dînai à deux heures et je sortis à trois avec ma petite troupe accoutumée. Je visitai les Sépulcres des Rois ; de là, faisant à pied le tour de la ville, je m'arrêtai aux tombeaux d'Absalon, de Josaphat et de Zacharie dans la vallée de Josaphat. J'ai dit que les Sépulcres des Rois étoient en dehors de la porte d'Ephraïm, vers le nord, à trois ou quatre portées de fusil de la grotte de Jérémie. Parlons des monumens de Jérusalem.

J'en distingue de six espèces :

1°. Les monumens purement hébreux ; 2°. les monumens grecs et romains du temps des Païens ; 3°. les monumens grecs et romains sous le Christianisme ; 4°. les monumens arabes ou moresques ; 5°. les monumens gothiques sous les rois français ; 6°. les monumens turcs.

Venons aux premiers.

On ne voit plus aucune trace de ceux-ci à Jérusalem, si ce n'est à la Piscine Probatique; car je mets les Sépulcres des Rois et les tombeaux d'Absalon, de Josaphat et de Zacharie, au nombre des monumens grecs et romains exécutés par les juifs.

Il est difficile de se faire une idée nette du premier et même du second Temple, d'après ce qu'en dit l'Ecriture et d'après la description de Josephe; mais on entrevoit deux choses : les Juifs avoient le goût du sombre et du grand dans leurs édifices, comme les Egyptiens; ils aimoient les petits détails et les ornemens recherchés, soit dans les gravures des pierres, soit dans les ornemens en bois, en bronze ou en or.

Josephe parle ainsi du premier Temple :

« La longueur du Temple est de soixante
» coudées, sa hauteur d'autant, et sa largeur
» de vingt. Sur cet édifice, on en éleva un
» autre de même grandeur; et ainsi, toute la
» hauteur du Temple étoit de six-vingts cou-
» dées. Il étoit tourné vers l'orient, et son
» portique étoit de pareille hauteur de six-
» vingts coudées, de vingt de long et de six

» de large. Il y avoit à l'entour du Temple
» trente chambres en forme de galeries, et
» qui servoient au-dehors comme d'arcs-bou-
» tans pour le soutenir. On passoit des unes
» dans les autres, et chacune avoit vingt
» coudées de long, autant de large, et vingt
» de hauteur. Il y avoit au-dessus de ces
» chambres deux étages de pareil nombre
» de chambres toutes semblables. Ainsi, la
» hauteur des trois étages ensemble, mon-
» tant ensemble à soixante coudées, revenoit
» justement à la hauteur du bas-édifice du
» Temple dont nous venons de parler; et il n'y
» avoit rien au-dessus. Toutes ces chambres
» étoient couvertes de bois de cèdre, et cha-
» cune avoit sa couverture à part, en forme
» de pavillon; mais elles étoient jointes par
» de longues et grosses poutres, afin de les
» rendre plus fermes; et ainsi, elles ne fai-
» soient ensemble qu'un seul corps. Leurs
» plafonds étoient de bois de cèdre fort poli,
» et enrichis de feuillages dorés, taillés dans
» le bois. Le reste étoit aussi lambrissé de bois
» de cèdre, si bien travaillé et si bien doré,
» qu'on ne pouvoit y entrer sans que leur
» éclat éblouît les yeux. Toute la structure de

» ce superbe édifice étoit de pierres si polies
» et tellement jointes, qu'on ne pouvoit pas
» en apercevoir les liaisons; mais il sembloit
» que la nature les eût formées de la sorte,
» d'une seule pièce, sans que l'art ni les ins-
» trumens dont les excellens maîtres se ser-
» vent pour embellir leurs ouvrages y eussent
» en rien contribué. Salomon fit faire dans
» l'épaisseur du mur, du côté de l'orient, où
» il n'y avoit point de grand portail, mais
» seulement deux portes, un degré à vis de
» son invention pour monter jusqu'au haut
» du Temple. Il y avoit dedans et dehors le
» Temple des ais de cèdre, attachés ensemble
» avec de grandes et fortes chaînes, pour
» servir encore à le maintenir en état.

» Lorsque tout ce grand corps de bâtiment
» fut achevé, Salomon le fit diviser en deux
» parties, dont l'une nommée le Saint des
» Saints ou Sanctuaire, qui avoit vingt cou-
» dées de long, étoit particulièrement con-
» sacrée à Dieu, et il n'étoit pas permis à
» personne d'y entrer. L'autre partie, qui
» avoit quarante coudées de longueur, fut
» nommée le Saint-Temple, et destinée pour
» les sacrificateurs. Ces deux parties étoient

» séparées par de grandes portes de cèdre,
» parfaitement bien taillées et fort dorées,
» sur lesquelles pendoient des voiles de lin,
» pleins de diverses fleurs de couleur de
» pourpre, d'hyacinte et d'écarlate. . . . . . .

» Salomon se servit pour tout ce que je viens
» de dire, d'un ouvrier admirable, mais prin-
» cipalement aux ouvrages d'or, d'argent et
» de cuivre, nommé *Chiram*, qu'il avoit fait
» venir de Tyr, dont le père nommé Ur,
» quoique habitué à Tyr, étoit descendu des
» Israélites, et sa mère étoit de la tribu de
» Nephtali. Ce même homme lui fit aussi deux
» colonnes de bronze qui avoient quatre
» doigts d'épaisseur, dix-huit coudées de
» haut, et douze coudées de tour, au-dessus
» desquelles étoient des corniches de fonte,
» en forme de lis, de cinq coudées de hauteur.
» Il y avoit à l'entour de ces colonnes des
» feuillages d'or qui couvroient ces lis, et on
» y voyoit pendre en deux rangs deux cents
» grenades aussi de fonte. Ces colonnes furent
» placées à l'entrée du porche du Temple,
» l'une nommée Jachim, à la main droite; et
» l'autre nommée Boz, à la main gauche. .
» . . . .

» Salomon fit bâtir hors de cette enceinte
» une espèce d'autre Temple d'une forme qua-
» drangulaire, environné de grandes galeries,
» avec quatre grands portiques qui regar-
» doient le levant, le couchant, le septen-
» trion et le midi, et auxquels étoient attachées
» de grandes portes toutes dorées ; mais il n'y
» avoit que ceux qui étoient purifiés selon la
» loi, et résolus d'observer les commande-
» mens de Dieu, qui eussent la permission d'y
» entrer. La construction de cet autre Temple
» étoit un ouvrage si digne d'admiration,
» qu'à peine est-ce une chose croyable; car
» pour le pouvoir bâtir au niveau du haut de la
» montagne sur laquelle le Temple étoit assis,
» il fallut remplir, jusqu'à la hauteur de quatre
» cents coudées, un vallon dont la profondeur
» étoit telle qu'on ne pouvoit la regarder sans
» frayeur. Il fit environner ce Temple d'une
» double galerie soutenue par un double rang
» de colonnes de pierres d'une seule pièce ;
» et ces galeries dont toutes les portes étoient
» d'argent, étoient lambrissées de bois de
» cèdre. » (1)

---

(1) Histoire des Juifs, trad. d'Arnaud d'Andilly.

Il est clair par cette description, que les Hébreux, lorsqu'ils bâtirent le premier Temple, n'avoient aucune connoissance des ordres. Les deux colonnes de bronze suffisent pour le prouver : les chapiteaux et les proportions de ces colonnes n'ont aucun rapport avec le premier dorique, seul ordre qui fût peut-être alors inventé dans la Grèce ; mais ces mêmes colonnes, ornées de feuillages d'or, de fleurs de lis et de grenades, rappellent les décorations capricieuses de la colonne égyptienne. Au reste, les chambres en forme de pavillons, les lambris de cèdre doré, et tous ces détails imperceptibles sur de grandes masses, prouvent la vérité de ce que j'ai dit sur le goût des premiers Hébreux.

Le Temple de Salomon ayant été détruit par les Syriens, le second Temple rebâti par Hérode l'Ascalonite, rentra dans l'ordre de ces ouvrages, moitié juifs, moitié grecs, dont je vais bientôt parler.

Il ne nous reste donc rien de l'architecture primitive des Juifs à Jérusalem, hors la Piscine Probatique. On la voit encore près de la porte Saint-Etienne, et elle bornoit le Temple au septentrion. C'est un réservoir long de cent cinquante pieds, et large de quarante. L'excavation de ce réservoir est soutenue par des murs, et ces murs sont ainsi composés : un lit de grosses pierres jointes ensemble par des crampons de fer ; une maçonnerie mêlée, appliquée sur ces grosses pierres ; une couche de cailloutage collée sur cette maçonnerie ; un enduit répandu sur ce cailloutage. Les quatre lits sont perpendiculaires au sol, et non pas horizontaux : l'enduit étoit du côté de l'eau ; et les grosses pierres s'appuyoient, et s'appuient encore contre la terre.

Cette piscine est maintenant desséchée et à demi comblée ; il y croît quelques grenadiers et une espèce de tamarins sauvages, dont la verdure est bleuâtre ; l'angle de l'ouest est tout rempli de nopals. On remarque aussi dans le côté occidental, deux arcades qui donnent naissance à deux voûtes : c'étoit peut-être un aqueduc qui conduisoit l'eau dans l'intérieur du Temple.

Josephe appelle cette piscine *Stagnum Salomonis*. L'Evangile la nomme Probatique, parce qu'on y purifioit les brebis destinées aux sacrifices. Ce fut au bord de cette piscine que Jésus-Christ dit au paralytique : « Levez-

» vous et emportez votre lit. » Voilà tout ce qui reste aujourd'hui de la Jérusalem de David et de Salomon.

Les monumens de la Jérusalem grecque et romaine sont plus nombreux; et ils forment une classe toute nouvelle et fort singulière dans les arts. Je commence par les tombeaux de la vallée de Josaphat et de la vallée de Siloë.

Quand on a passé le pont du torrent de Cédron, on trouve au pied du *Mons Offensionis* le sépulcre d'Absalon. C'est une masse carrée, mesurant huit pas sur chaque face; elle est formée d'une seule roche, laquelle roche a été taillée dans la montagne voisine dont elle n'est séparée que de quinze pieds. L'ornement de ce sépulcre consiste en vingt-quatre colonnes d'ordre dorique sans cannelure, six sur chaque front du monument. Ces colonnes sont à demi engagées et forment partie intégrante du bloc, ayant été prises dans l'épaisseur de la masse. Sur les chapiteaux, règne la frise avec le triglyphe. Au-dessus de cette frise s'élève un socle qui porte une pyramide triangulaire, trop élevée pour la hauteur totale du tombeau. Cette pyramide est d'un autre morceau que le corps du monument.

Le sépulcre de Zacharie ressemble beaucoup à celui-ci ; il est taillé dans le roc de la même manière, et se termine en une pointe un peu recourbée comme le bonnet phrygien ou comme un monument chinois. Le sépulcre de Josaphat est une grotte dont la porte d'un assez bon goût fait le principal ornement. Enfin, le sépulcre où se cacha l'apôtre saint Jacques, présente sur la vallée de Siloë, un portique agréable. Les quatre colonnes qui composent ce portique ne posent point sur le sol, mais elles sont placées à une certaine hauteur dans le rocher, ainsi que la colonnade du Louvre, sur le premier étage du palais.

La tradition, comme on le voit, assigne des noms à ces tombeaux. Alculfe, dans Adamannus (*De Locis Sanctis*, lib. I, cap. 10); Vilalpandus (*Antiquæ Jerusalem Descriptio*); Adrichomius (*Sententia de loco sepulcri Absalon*); Quaresmius (tom. II, cap. 4 et 5), et plusieurs autres ont, ou parlé de ces noms, ou épuisé sur ce sujet la critique de l'Histoire. Mais quand la tradition ne seroit pas ici démentie par les faits, l'architecture de ces monumens prouveroit que leur origine ne remonte pas à la première antiquité judaïque.

S'il falloit absolument fixer l'époque où ces mausolées ont été construits, je la placerois vers le temps de l'alliance des Juifs et des Lacédémoniens sous les premiers Machabées. Le dorique dominoit encore dans la Grèce : le corinthien n'envahit l'architecture qu'un demi-siècle après, lorsque les Romains commencèrent à s'étendre dans le Péloponèse et dans l'Asie. (1)

Mais en naturalisant à Jérusalem l'architecture de Corinthe et d'Athènes, les Juifs y mêlèrent les formes de leur propre style. Les sépulcres de la vallée de Josaphat, et surtout les tombeaux dont je vais bientôt parler, offrent l'alliance visible du goût de l'Egypte et du goût de la Grèce. Il résulta de cette al-

---

(1) Aussi trouvons-nous à cette dernière époque un portique corinthien dans le temple rebâti par Hérode, des colonnes avec des inscriptions grecques et latines, des portes de cuivre de Corinthe, etc. ★

★ Joseph., *de Bell. Judaï.*, lib. VI, cap. 14.

liance une sorte de monumens indécis, qui forment, pour ainsi dire, le passage entre les Pyramides et le Parthénon; monumens où l'on distingue un génie sombre, hardi, gigantesque, et une imagination riante, sage et modérée (1). On va voir un bel exemple de cette vérité dans les Sépulcres des Rois.

En sortant de Jérusalem par la porte d'Ephraïm, on marche pendant un demi-mille, sur le plateau d'un rocher rougeâtre où croissent quelques oliviers. On rencontre ensuite, au milieu d'un champ, une excavation assez semblable aux travaux abandonnés d'une ancienne carrière. Un chemin large et en pente douce vous conduit au fond de cette excavation, où l'on entre par une arcade. On se trouve alors au milieu d'une salle découverte taillée dans le roc. Cette salle a trente pieds de long sur trente pieds de large, et les parois du rocher peuvent avoir douze à quinze pieds d'élévation.

Au centre de la muraille du midi, vous

---

(1) C'est ainsi que sous François Ier, l'architecture grecque se mêla au style gothique, et produisit des ouvrages charmans.

apercevez une grande porte carrée, d'ordre dorique, creusée de plusieurs pieds de profondeur dans le roc. Une frise un peu capricieuse, mais d'une délicatesse exquise, est sculptée au-dessus de la porte; c'est d'abord un triglyphe, suivi d'un métope orné d'un simple anneau; ensuite vient une grappe de raisin entre deux couronnes et deux palmes. Le triglyphe se représente, et la ligne se reproduisoit sans doute de la même manière le long du rocher, mais elle est actuellement effacée. A dix-huit pouces de cette frise, règne un feuillage entremêlé de pommes de pin et d'un autre fruit que je n'ai pu reconnoître, mais qui ressemble à un petit citron d'Egypte. Cette dernière décoration suivoit parallèlement la frise, et descendoit ensuite perpendiculairement le long des deux côtés de la porte.

Dans l'enfoncement et dans l'angle à gauche de cette grande porte, s'ouvre un canal où l'on marchoit autrefois debout, mais où l'on se glisse aujourd'hui en rampant. Il aboutit par une pente assez roide, ainsi que dans la grande pyramide, à une chambre carrée, creusée dans le roc avec le marteau et le ciseau. Des trous de six pieds de long sur trois pieds de large sont pratiqués dans les murailles, ou plutôt dans les parois de cette chambre, pour y placer des cercueils. Trois portes voûtées conduisent de cette première chambre dans sept autres demeures sépulcrales d'inégales grandeurs, toutes formées dans le roc vif, et dont il est difficile de comprendre le dessin, surtout à la lueur des flambeaux. Une de ces grottes plus basse que les autres, et où l'on descend par six degrés, semble avoir renfermé les principaux cercueils. Ceux-ci étoient généralement disposés de la manière suivante: le plus considérable étoit au fond de la grotte, en face de la porte d'entrée, dans la niche ou dans l'étui qu'on lui avoit préparé; des deux côtés de la porte, deux petites voûtes étoient réservées pour les morts les moins illustres, et comme pour les gardes de ces rois qui n'avoient plus besoin de leur secours. Les cercueils, dont on ne voit que des fragmens, étoient de pierres et ornés d'élégantes arabesques.

Ce qu'on admire le plus dans ces tombeaux, ce sont les portes des chambres sépulcrales;

elles sont de la même pierre que la grotte, ainsi que les gonds et les pivots sur lesquels elles tournent. Presque tous les voyageurs ont cru qu'elles avoient été taillées dans le roc même; mais cela est visiblement impossible, comme le prouve très-bien le père Nau. Thévenot assure, « qu'en grattant un peu la pous» sière on aperçoit la jointure des pierres, qui » y ont été mises après que les portes ont été » posées avec leurs pivots dans les trous. » J'ai cependant gratté la poussière, et je n'ai point vu ces marques au bas de la seule porte qui reste debout; toutes les autres sont brisées et jetées en dedans des grottes.

En entrant dans ces palais de la mort, je fus tenté de les prendre pour des bains d'architecture romaine, tels que ceux de l'antre de la Sibylle près du lac Averne. Je ne parle ici que de l'effet général pour me faire comprendre; car je savois très-bien que j'étois dans des tombeaux. Alcufe (*Apud Adaman.*), qui les a décrits avec une grande exactitude (*Sepulcra sunt in naturali collis rupe, etc.*), avoit vu des ossemens dans les cercueils. Plusieurs siècles après, Villamont y trouva pareillement des cendres qu'on y cherche vainement aujourd'hui. Ce monument souterrain étoit annoncé au-dehors par trois pyramides dont une existoit encore du temps de Villalpandus. Je ne sais ce qu'il faut croire de Zuellard et d'Appart, qui décrivent des ouvrages extérieurs et des péristyles.

Une question s'élève sur ces sépulcres nommés Sépulcres des Rois. De quels rois s'agit-il? D'après un passage des Paralipomènes, et d'après quelques autres endroits de l'Ecriture, on voit que les tombeaux des rois de Juda étoient dans la ville de Jérusalem : *Dormiitque Achaz cum patribus suis, et sepelierunt eum in civitate Jerusalem.* David avoit son sépulcre sur la montagne de Sion ; d'ailleurs le ciseau grec se fait reconnoître dans les ornemens des Sépulcres des Rois.

Josephe, auquel il faut avoir recours, cite trois mausolées fameux :

Le premier étoit le tombeau des Machabées, élevé par Simon leur frère : « Il étoit, dit
» Josephe, de marbre blanc et poli, si élevé,
» qu'on le peut voir de fort loin. Il y a tout à
» l'entour des voûtes en forme de portiques,
» dont chacune des colonnes qui les soutien-
» nent est d'une seule pierre. Et, pour marquer

» ces sept personnes, il y ajouta sept pyra-
» mides d'une très-grande hauteur et d'une
» merveilleuse beauté. » (1)

Le premier livre des Machabées donne à
peu près les mêmes détails sur ce tombeau.
Il ajoute qu'on l'avoit construit à Modin, et
qu'on le voyoit en naviguant sur la mer : *Ab
omnibus navigantibus mare.* Modin étoit une
ville bâtie près de Diospolis, sur une montagne de la tribu de Juda. Du temps d'Eusèbe, et même du temps de saint Jérôme, le
monument des Machabées existoit encore.
Les Sépulcres des Rois, à la porte de Jérusalem, malgré leurs sept chambres funèbres
et les pyramides qui les couronnoient, ne
peuvent donc avoir appartenu aux princes
asmonéens.

Josephe nous apprend ensuite qu'Hélène,
reine d'Adiabène, avoit fait élever, à deux
stades de Jérusalem, trois pyramides funèbres, et que ses os et ceux de son fils Izate y
furent renfermés par les soins de Monabaze (2).
Le même historien, dans un autre ouvrage (3),

---

(1) Antiq. Judaï.
(2) Antiq. Judaï.
(3) *De Bell. Jud.*

en traçant les limites de la Cité-Sainte, dit que les murs passoient au septentrion, vis-à-vis le sépulcre d'Hélène. Tout cela convient parfaitement aux Sépulcres des Rois, qui, selon Villalpandus, étoient ornés de trois pyramides, et qui se trouvent encore au nord de Jérusalem, à la distance marquée par Josephe. Saint Jérôme parle aussi de ce sépulcre. Les savans qui se sont occupés du monument que j'examine, ont laissé échapper un passage curieux de Pausanias (1); il est vrai qu'on ne pense guère à Pausanias à propos de Jérusalem. Quoi qu'il en soit, voici le passage; la version latine et le texte de Gedoyn sont fidèles:

« Le second tombeau étoit à Jérusalem.....
» C'étoit la sépulture d'une femme juive
» nommée Hélène. La porte du tombeau,
» qui étoit de marbre comme tout le reste,
» s'ouvroit d'elle-même à certain jour de l'an-

---

(1) J'ai vu depuis que l'abbé Guenée l'a indiqué dans les excellens Mémoires dont j'ai parlé. Il dit qu'il se propose d'examiner ce passage dans un autre Mémoire: il le dit, mais il n'y revient plus; c'est bien dommage.

» née et à certaine heure, par le moyen d'une
» machine, et se refermoit peu de temps
» après. En tout autre temps, si vous aviez
» voulu l'ouvrir, vous l'auriez plutôt rom-
» pue. »

Cette porte, qui s'ouvroit et se refermoit d'elle-même par une machine, sembleroit, à la merveille près, rappeler les portes extraordinaires des Sépulcres des Rois. Suidas et Etienne de Byzance parlent d'un voyage de Phénicie et de Syrie, publié par Pausanias. Si nous avions cet ouvrage, nous y aurions sans doute trouvé de grands éclaircissemens sur le sujet que nous traitons.

Les passages réunis de l'historien juif et du voyageur grec sembleroient donc prouver assez bien que les Sépulcres des Rois ne sont que le tombeau d'Hélène; mais on est arrêté dans cette conjecture par la connoissance d'un troisième monument.

Josephe parle de certaines grottes, qu'il nomme les Cavernes-Royales, selon la traduction littérale d'Arnaud d'Andilly : malheureusement, il n'en fait point la description; il les place au septentrion de la Ville-Sainte, tout auprès du tombeau d'Hélène.

Reste donc à savoir quel fut le prince qui fit creuser ces cavernes de la mort, comment elles étoient ornées, et de quels rois elles gardoient les cendres. Josephe, qui compte avec tant de soin les ouvrages entrepris ou achevés par Hérode-le-Grand, ne met point les Sépulcres des Rois au nombre de ces ouvrages : il nous apprend même qu'Hérode étant mort à Jéricho, fut enterré avec une grande magnificence à Hérodium. Ainsi, les Cavernes-Royales ne sont point le lieu de la sépulture de ce prince; mais un mot échappé ailleurs à l'historien pourroit répandre quelque lumière sur cette discussion.

En parlant du mur que Titus fit élever pour serrer de plus près Jérusalem, Josephe dit que ce mur revenant vers la région boréale, renfermoit le *sépulcre d'Hérode*. C'est là position des Cavernes-Royales. Celles-ci auroient donc porté également le nom de Cavernes-Royales et de Sépulcre d'Hérode. Dans ce cas cet Hérode ne seroit point Hérode l'Ascalonite, mais Hérode le Tétrarque. Ce dernier prince étoit presqu'aussi magnifique que son père : il avoit fait bâtir deux villes, Sephoris et Tibériade ; et quoiqu'il fût exilé à Lyon par Caligula (1), il pouvoit très-bien s'être préparé un cercueil dans sa patrie : Philippe son frère lui avoit donné le modèle de ces édifices funèbres. Nous ne savons rien des monumens dont Agrippa embellit Jérusalem.

Voilà ce que j'ai pu trouver de plus satisfaisant sur cette question ; j'ai cru devoir la traiter à fond, parce qu'elle a jusqu'ici été plutôt embrouillée qu'éclaircie par les critiques. Les anciens pélerins, qui avoient vu le sépulcre d'Hélène, l'ont confondu avec les Cavernes-Royales. Les voyageurs modernes, qui n'ont point retrouvé le tombeau de la reine d'Adiabène, ont donné le nom de ce tombeau aux sépultures des princes de la maison d'Hérode. Il est résulté de tous ces rapports une étrange confusion : confusion augmentée par l'érudition des écrivains pieux qui ont voulu ensevelir les rois de Juda dans les Grottes-Royales, et qui n'ont pas manqué d'autorités.

La critique de l'art, ainsi que les faits historiques nous obligent à ranger les Sépulcres des Rois dans la classe des monumens grecs

---

(1) Joseph., Ant. Jud., lib. XVIII.; Strabon, lib. XVII.

à Jérusalem. Ces sépulcres étoient très-nombreux, et la postérité d'Hérode finit assez vite; de sorte que plusieurs cercueils auront attendu vainement leurs maîtres: il ne me manquoit plus, pour connoître toute la vanité de notre nature, que de voir les tombeaux d'hommes qui ne sont pas nés. Rien, au reste, ne forme un contraste plus singulier que la frise charmante sculptée par le ciseau de la Grèce, sur la porte de ces chambres formidables où reposoient les cendres des Hérode. Les idées les plus tragiques s'attachent à la mémoire de ces princes; ils ne nous sont bien connus que par le meurtre de Mariamne, le massacre des Innocens, la mort de saint Jean-Baptiste et la condamnation de Jésus-Christ. On ne s'attend donc point à trouver leurs tombeaux embellis de guirlandes légères, au milieu du site effrayant de Jérusalem, non loin du Temple où Jéhovah rendoit ses terribles oracles, et près de la grotte où Jérémie composa ses Lamentations.

M. Casas a très-bien représenté ces monumens dans son Voyage pittoresque de Syrie: je ne connois point l'ouvrage plus récent de M. Mayer. La plupart des Voyages en Terre

Sainte, sont accompagnés de gravures et de vignettes. Il faut distinguer celles de la relation du père Roger, qui pourroient bien être de Claude Mellan.

Les autres édifices des temps romains, à Jérusalem, tels que le théâtre et l'amphithéâtre, les tours Antonia, Hippicos, Phasaële et Spephima n'existent plus, ou du moins on n'en connoît que des ruines informes.

Nous passons maintenant à la troisième sorte des monumens de Jérusalem, aux monumens du Christianisme avant l'invasion des Sarrasins. Je n'en ai plus rien à dire, puisque je les ai décrits, en rendant compte des Saints-Lieux. Je ferai seulement une remarque: comme ces monumens doivent leur origine à des Chrétiens qui n'étoient pas Juifs, ils ne conservent rien du caractère demi-égyptien, demi-grec que j'ai observé dans les ouvrages des princes Asmonéens et des Hérode; ce sont de simples églises grecques du temps de la décadence de l'art.

La quatrième espèce de monumens à Jérusalem est celle des monumens qui appartiennent au temps de la prise de cette ville par le calife Omar, successeur d'Abubeker, et chef de la race des Ommiades. Les Arabes, qui avoient suivi les étendards du calife, s'emparèrent de l'Egypte; de là, s'avançant le long des côtes de l'Afrique, ils passèrent en Espagne, et remplirent de palais enchantés Grenade et Cordoue. C'est donc au règne d'Omar qu'il faut faire remonter l'origine de cette architecture arabe dont l'Alhambra est le chef-d'œuvre, comme le Parthénon est le miracle du génie de la Grèce. La mosquée du Temple, commencée à Jérusalem par Omar, agrandie par Abd-el-Malek, et rebâtie sur un nouveau plan par El-Oulid, est un monument très-curieux pour l'histoire de l'art chez les Arabes. On ne sait point encore d'après quel modèle furent élevées ces demeures des fées dont l'Espagne nous offre les ruines. On me saura peut-être gré de dire quelques mots sur un sujet si neuf, et jusqu'à présent si peu étudié.

Le premier Temple de Salomon ayant été renversé six cents ans avant la naissance de Jésus-Christ, il fut relevé après les soixante-dix ans de la captivité, par Josué, fils de Josédé, et Zorobabel, fils de Salathiel. Hérode l'Ascalonite rebâtit en entier ce second Temple. Il y employa onze mille ouvriers pendant neuf ans. Les travaux en furent prodigieux, et ils ne furent achevés que long-temps après la mort d'Hérode. Les Juifs, ayant comblé des précipices et coupé le sommet d'une montagne, firent enfin cette vaste esplanade où s'élevoit le Temple à l'orient de Jérusalem, sur les vallées de Siloë et de Josaphat.

Quarante jours après sa naissance, Jésus-Christ fut présenté dans ce second Temple; la Vierge y fut purifiée. A douze ans, le Fils de l'Homme y enseigna les docteurs; il en chassa les marchands; il y fut inutilement tenté par le démon; il y remit les péchés à la femme adultère; il y proposa la parabole du bon Pasteur, celle des deux Enfans, celle des Vignerons, et celle du Banquet nuptial. Ce fut dans ce même Temple qu'il entra au milieu des palmes et des branches d'oliviers, le jour de la fête des Rameaux; enfin, il y prononça le *Reddite quæ sunt Cæsaris Cæsari, et quæ sunt Dei Deo*, et y fit l'éloge du Dénier de la Veuve.

Titus ayant pris Jérusalem la deuxième

année du règne de Vespasien, il ne resta pas pierre sur pierre du temple où Jésus-Christ avoit fait tant de choses glorieuses, et dont il avoit prédit la ruine. Lorsqu'Omar s'empara de Jérusalem, il paroît que l'espace du Temple, à l'exception d'une très-petite partie, avoit été abandonné par les Chrétiens. Saïd-ebn-Batrik (1), historien arabe, raconte que le calife s'adressa au patriarche Sophronius, et lui demanda quel seroit le lieu le plus propre de Jérusalem pour y bâtir une mosquée. Sophronius le conduisit sur les ruines du Temple de Salomon.

Omar, satisfait d'établir sa mosquée dans une enceinte si fameuse, fit déblayer les terres et découvrir une grande roche où Dieu avoit dû parler à Jacob. La mosquée nouvelle prit le nom de cette roche *Gâmeat-el-Sakhra*, et devint pour les Musulmans presque aussi sacrée que les mosquées de la Mecque et de Médine. Le calife Abd-el-Malek en augmenta les bâtimens et renferma la roche dans l'en-

---

(1) C'est Eutychius, patriarche d'Alexandrie. Nous avons ses Annales arabes, imprimées à Oxford, avec une version latine.

ceinte des murailles. Son successeur, le calife El-Louid, embellit encore El-Sakhra, et la couvrit d'un dôme de cuivre doré, dépouille d'une église de Balbek. Dans la suite, les Croisés convertirent le temple de Mahomet en un sanctuaire de Jésus-Christ; et lorsque Saladin reprit Jérusalem, il rendit ce temple à sa destination primitive.

Mais quelle est l'architecture de cette mosquée, type ou modèle primitif de l'élégante architecture des Maures? C'est ce qu'il est très-difficile de dire. Les Arabes, par une suite de leurs mœurs despotiques et jalouses, ont réservé les décorations pour l'intérieur de leurs monumens; et il y a peine de mort, contre tout Chrétien qui non-seulement entreroit dans Gâmeat-el-Sakhra, mais qui mettroit seulement le pied dans le parvis qui l'environne. Quel dommage que l'ambassadeur Deshayes, par un vain scrupule diplomatique, ait refusé de voir cette mosquée où les Turcs lui proposoient de l'introduire! J'en vais décrire l'extérieur tel que je l'ai vu; je dirai de l'intérieur ce que nous en ont appris quelques voyageurs et quelques historiens.

On voit la grande place de la mosquée,

autrefois la place du Temple par une fenêtre de la maison de Pilate.

Cette place forme un parvis qui peut avoir cinq cents pas de longueur, sur quatre cent soixante de largeur. Les murailles de la ville ferment ce parvis à l'orient et au midi. Il est bordé à l'occident par des maisons turques, et au nord par les ruines du prétoire de Pilate et du palais d'Hérode.

Douze portiques, placés à des distances inégales les uns des autres, et tout-à-fait irréguliers comme les cloîtres de l'Alhambra, donnent entrée sur ce parvis. Ils sont composés de trois ou quatre arcades, et quelquefois ces arcades en soutiennent un second rang; ce qui imite assez bien l'effet d'un double aqueduc. Le plus considérable de tous ces portiques correspond à l'ancienne *Porta Speciosa*, connue des Chrétiens par un miracle de saint Pierre. Il y a des lampes sous ces portiques.

Au milieu de ce parvis, on en trouve un plus petit qui s'élève de six à sept pieds, comme une terrasse sans balustres, au-dessus du précédent. Ce second parvis a, selon l'opinion commune, deux cents pas de long sur cent cinquante de large; on y monte de quatre côtés par un escalier de marbre, chaque escalier est composé de huit degrés.

Au centre de ce parvis supérieur, s'élève la fameuse mosquée de la Roche. Tout auprès de la mosquée, est une citerne qui tire son eau de l'ancienne *Fons signatus*, et où les Turcs font leurs ablutions avant la prière. Quelques vieux oliviers et des cyprès clair-semés sont répandus çà et là sur les deux parvis.

Le Temple est octogone : une lanterne également à huit faces, et percée d'une fenêtre sur chaque face, couronne le monument. Cette lanterne est recouverte d'un dôme. Ce dôme étoit, autrefois, de cuivre doré, il est de plomb aujourd'hui ; une flèche d'un assez bon goût, terminée par un croissant, surmonte tout l'édifice, qui ressemble à une tente arabe élevée au milieu du désert. Le père Roger donne trente-deux pas à chaque côté de l'octogone, deux cent cinquante-deux pas de circuit à la mosquée en dehors, et dix-huit ou vingt toises d'élévation au monument entier.

Les murs sont revêtus, extérieurement, de petits carreaux ou de briques peintes de diverses couleurs; ces briques sont chargées d'arabesques et de versets du Coran écrits en lettres d'or. Les huit fenêtres de la lanterne, sont ornées de vitraux ronds et coloriés. Ici nous trouvons déjà quelques traits originaux des édifices moresques de l'Espagne: les légers portiques des parvis, et les briques peintes de la mosquée, rappellent diverses parties du Généralif, de l'Alhambra et de la cathédrale de Cordoue.

Passons à l'intérieur de cette mosquée; intérieur que je n'ai point vu et que je n'ai pu voir. Je fus bien tenté de risquer tout pour satisfaire mon amour des arts; mais la crainte de causer la perte des Chrétiens de Jérusalem m'arrêta.

Le plus ancien auteur qui ait décrit la mosquée de la Roche, est Guillaume de Tyr: il la devoit bien connoître, puisqu'elle sortoit à peine des mains des Chrétiens, à l'époque où le sage archevêque écrivoit son histoire. Voici comment il en parle:

« Nous avons dit au commencement de ce
» livre qu'Omar, fils de Calab, avoit fait
» bâtir ce Temple . . . .
» et c'est ce que prouvent évidemment les

» inscriptions anciennes, gravées au-dedans
» et au-dehors de cet édifice. . . . .
» . . . .
» . . . . »

L'historien passe à la description du parvis, et il ajoute :

« Dans les angles de ce parvis il y avoit
» des tours extrêmement élevées, du haut des-
» quelles, à certaines heures, les prêtres des
» Sarrasins avoient coutume d'inviter le peu-
» ple à la prière. Quelques-unes de ces tours
» sont demeurées debout jusqu'à présent;
» mais les autres ont été ruinées par différens
» accidens. On ne pouvoit entrer ni rester
» dans le parvis sans avoir les pieds nus et
» lavés. . . . .
» . . . .
» Le Temple est bâti au milieu du parvis su-
» périeur ; il est octogone, et décoré, en de-
» dans et en dehors, de carreaux de marbre
» et d'ouvrages de mosaïque. Les deux par-
» vis, tant le supérieur que l'inférieur, sont
» pavés de dalles blanches pour recevoir,
» pendant l'hiver, les eaux de la pluie qui
» descendent en grande abondance des bâ-
» timens du temple, et tombent très-limpides

» et sans limon dans les citernes au-dessous.
» Au milieu du Temple, entre le rang inté-
» rieur des colonnes, on trouve une roche un
» peu élevée; et sous cette roche, il y a une
» grotte pratiquée dans la même pierre. Ce
» fut sur cette pierre que s'assit l'ange qui,
» en punition du dénombrement du peuple,
» fait inconsidérément par David, frappa ce
» peuple jusqu'à ce que Dieu lui ordonna de
» remettre son épée dans le fourreau. Cette
» roche, avant l'arrivée de nos armées, étoit
» exposée nue et découverte; et elle demeu-
» ra encore en cet état pendant quinze an-
» nées : mais ceux qui dans la suite furent
» commis à la garde de ce lieu, la recouvri-
» rent, et construisirent dessus un chœur et
» un autel, pour y célébrer l'office divin. »

Ces détails sont curieux, parce qu'il y a huit cents ans qu'ils sont écrits; mais ils nous apprennent peu de chose sur l'intérieur de la mosquée. Les plus anciens voyageurs, Arculfe dans Adamannus, Willibaldus, Bernard le Moine, Ludolphe, Breydenbach, Sanut, etc., n'en parlent que par ouï-dire, et ils ne paroissent pas toujours bien instruits. Le fanatisme des Musulmans étoit beaucoup plus grand dans ces temps reculés qu'il ne l'est aujourd'hui; et jamais ils n'auroient voulu révéler à un Chrétien les mystères de leurs temples. Il faut donc passer aux voyageurs modernes, et nous arrêter encore à Deshayes.

Cet ambassadeur de Louis XIII, aux Lieux-Saints, refusa, comme je l'ai dit, d'entrer dans la mosquée de la Roche; mais les Turcs lui en firent la description.

« Il y a, dit-il, un grand dôme qui est porté
» au-dedans par deux rangs de colonnes de
» marbre, au milieu duquel est une grosse
» pierre, sur laquelle les Turcs croient que
» Mahomet monta quand il alla au ciel. Pour
» cette cause, ils y ont une grande dévotion ;
» et ceux qui ont quelque moyen fondent de
» quoi entretenir quelqu'un, après leur mort,
» qui lise l'Alcoran, à l'entour de cette pierre,
» à leur intention.

» Le dedans de cette mosquée est tout
» blanchi, hormis en quelques endroits, où
» le nom de Dieu est écrit en grands carac-
» tères arabiques. »

Ceci ne diffère pas beaucoup de la relation de Guillaume de Tyr. Le père Roger nous instruira mieux; car il paroît avoir trouvé le moyen d'entrer dans la mosquée. Du moins voici comment il s'en explique :

« Si un Chrétien y entroit (dans le parvis
» du temple), quelques prières qu'il fît en ce
» lieu (disent les Turcs), Dieu ne manque-
» roit pas de l'exaucer, quand même ce se-
» roit de mettre Jérusalem entre les mains
» des Chrétiens. C'est pourquoi, outre la dé-
» fense qui est faite aux Chrétiens, non-seu-
» lement d'entrer dans le Temple, mais même
» dans le parvis, sur peine d'être brûlé vif,
» ou de se faire Turcs; ils y font une soigneuse
» garde, laquelle fut gagnée de mon temps
» par un stratagême, qu'il ne m'est pas per-
» mis de dire, pour les accidens qui en pour-
» roient arriver, me contentant de dire tou-
» tes les particularités qui s'y remarquent. »

Du parvis, il vient à la description du Temple :

» Pour entrer dans le Temple il y a quatre
» portes situées à l'orient, occident, septen-
» trion et midi; chacune ayant son portail
» bien élabouré de moulures, et six colon-
» nes avec leurs pieds-d'estail et chapiteaux,
» le tout de marbre et de porphire. Le dedans
» est tout de marbre blanc : le pavé même

» est de grandes tables de marbre de diverses
» couleurs; dont la plus grande partie, tant
» des colonnes que du marbre, et le plomb,
» ont été pris par les Turcs, tant en l'église
» de Bethléem, qu'en celle du Saint-Sépulcre
» et autres qu'ils ont démolies.

» Dans le Temple il y a trente-deux colon-
» nes de marbre gris en deux rangs, dont
» seize grandes soutiennent la première voûte,
» et les autres le dôme, chacune étant posée
» sur son pied-d'estail et leurs chapiteaux. Tout
» autour des colonnes il y a de très-beaux
» ouvrages de fer doré et de cuivre, faits en
» forme de chandeliers, sur lesquels il y a
» sept mille lampes posées, lesquelles brûlent
» depuis le jeudi au soleil couché, jusqu'au
» vendredi midi; et tous les ans un mois du-
» rant, à savoir, au temps de leur ramadan,
» qui est leur carême.

» Dans le milieu du Temple, il y a une pe-
» tite tour de marbre, où l'on monte en dehors
» par dix-huit degrés. C'est où se met le cadi
» tous les vendredis, depuis midi jusqu'à deux
» heures, que durent leurs cérémonies, tant
» la prière que les expositions qu'il fait sur
» les principaux points de l'Alcoran.

» Outre les trente-deux colonnes qui sou-
» tiennent la voûte et le dôme, il y en a deux
» autres moindres, assez proches de la porte
» de l'occident, que l'on montre aux péle-
» rins étrangers, auxquels ils font accroire
» que lorsqu'ils passent librement entre ces
» colonnes, ils sont prédestinés pour le para-
» dis de Mahomet; et disent que si un Chré-
» tien passoit entre ces colonnes, elles se ser-
» reroient et l'écraseroient. J'en sais bien
» pourtant à qui cet accident n'est pas arri-
» vé, quoiqu'ils fussent bons Chrétiens.

» A trois pas de ces deux colonnes il y a
» une pierre dans le pavé, qui semble de
» marbre noir, de deux pieds et demi en
» carré, élevé un peu plus que le pavé. En
» cette pierre, il y a vingt-trois trous, où il
» semble qu'autrefois il y ait eu des clous,
» comme de fait il y en reste encore deux;
» savoir à quoi ils servoient, je ne le sais pas;
» même les Mahométans l'ignorent, quoi-
» qu'ils croient que c'étoit sur cette pierre
» que les prophètes mettoient les pieds lors-
» qu'ils descendoient de cheval pour entrer
» au temple, et que ce fut sur cette pierre que
» descendit Mahomet lorsqu'il arriva de l'A-

» rabie-Heureuse, quand il fit le voyage du
» Paradis, pour traiter d'affaires avec Dieu. »

Cette description est fort détaillée, et vraisemblablement elle est très-fidèle; elle a tous les caractères de la vérité. Cependant elle ne suffit pas pour prouver que l'intérieur de la mosquée de Jérusalem a des rapports avec l'intérieur des monumens moresques en Espagne. Cela dépend absolument de la manière dont les colonnes sont disposées; et c'est ce que le père Roger ne dit pas. Portent-elles de petites arcades? Sont-elles accouplées, groupées, isolées, comme à Cordoue et à Grenade? Mais si les dehors de cette mosquée ont déjà tant de ressemblance avec quelques parties de l'Alhambra, n'est-il pas à présumer que les dedans conservent le même goût d'architecture? Je le croirois d'autant plus facilement, que les marbres et les colonnes de cet édifice ont été dérobés aux églises chrétiennes, et qu'ils doivent offrir ce mélange d'ordres et de proportions que l'on remarque dans la cathédrale de Cordoue.

Ajoutons une observation à ces conjectures. La mosquée abandonnée que l'on voit près du Caire, paroît être du même style que la mosquée de Jérusalem ; or cette mosquée du Caire est évidemment l'original de la mosquée de Cordoue. Celle-ci fut bâtie par des princes derniers descendans de la dynastie des Ommiades ; et Omar, chef de leur famille, avoit fondé la mosquée de Jérusalem.

Les monumens vraiment arabes appartiennent donc à la première dynastie des califes et au génie de la nation en général : ils ne sont donc pas, comme on l'a cru jusqu'ici, le fruit du talent particulier des Mores de l'Andalousie, puisque j'ai trouvé les modèles de ces monumens dans l'Orient.

Cela prouvé, j'irai plus loin. Je crois apercevoir dans l'architecture égyptienne, si pesante, si majestueuse, si vaste, si durable, le germe de cette architecture sarrasine, si légère, si riante, si petite, si fragile : le minaret est l'imitation de l'obélisque, les moresques sont des hiéroglyphes dessinés au lieu d'hiéroglyphes gravés. Quant à ces forêts de colonnes qui composent l'intérieur des mosquées arabes, et qui portent une voûte plate, les temples de Memphis, de

Dendéra, de Thèbes, de Méroué, offroient encore des exemples de ce genre de construction. Placés sur la frontière de Metzraïm, les descendans d'Ismaël ont eu nécessairement l'imagination frappée des merveilles des Pharaons : ils n'ont rien emprunté des Grecs qu'ils n'ont point connus, mais ils ont cherché à copier les arts d'une nation fameuse qu'ils avoient sans cesse sous les yeux. Peuples vagabonds, conquérans, voyageurs, ils ont imité en courant l'immuable Egypte : ils se sont fait des obélisques de bois doré et des hiéroglyphes de plâtre, qu'ils pouvoient emporter, avec leurs tentes, sur le dos de leurs chameaux.

Je n'ignore pas que ce système, si c'en est un, est sujet à quelques objections et même à des objections historiques. Je sais que le palais de Zehra, bâti par Abdoulraham, auprès de Cordoue, fut élevé sur le plan d'un architecte de Constantinople, et que les colonnes de ce palais furent taillées en Grèce; je sais qu'il existe une architecture, née dans la corruption de l'art, qu'on peut appeler *architecture justinienne*, et que cette architecture a quelques rapports avec les ouvrages des Mores ; je sais enfin , que des hommes d'un excellent goût et d'un grand savoir, tels que le respectable M. d'Agincourt et l'auteur du magnifique Voyage en Espagne, M. de la Borde, pensent que toute architecture est fille de la Grèce; mais quelles que soient ces difficultés et ces autorités puissantes, j'avoue qu'elles ne me font point changer d'opinion. Un plan envoyé par un architecte de Constantinople, des colonnes taillées sur les rives du Bosphore, des ouvriers grecs travaillant à une mosquée, ne prouvent rien : on ne peut tirer d'un fait particulier une conséquence générale. J'ai vu, à Constantinople, l'architecture justinienne. Elle a, j'en conviens, quelque ressemblance avec l'architecture des monumens sarrasins, comme le rétrécissement de la voûte dans les arcades, etc. Toutefois elle conserve une raison, une froideur, une solidité qu'on ne remarque point dans la fantaisie arabe. D'ailleurs cette architecture justinienne me semble être, elle-même, l'architecture égyptienne rentrée dans l'architecture grecque. Cette nouvelle invasion de l'art de Memphis, fut produite par l'établissement du Christianisme : les solitaires qui peuplèrent les déserts de la Thébaïde, et dont les opinions gouvernoient le monde, introduisirent dans les églises, dans les monastères, et jusque dans les palais, ces portiques dégénérés appelés cloîtres, où respire le génie de l'Orient. Remarquons, à l'appui de ceci, que la véritable détérioration de l'art chez les Grecs commence précisément à l'époque de la translation du siége de l'Empire romain à Constantinople; ce qui prouve que l'architecture grecque n'enfanta pas l'architecture orientale, mais que l'architecture orientale se glissa dans l'architecture grecque par le voisinage des lieux.

J'incline donc à croire que toute architecture est sortie de l'Egypte, même l'architecture gothique; car rien n'est venu du Nord, hors le fer et la dévastation. Mais cette architecture égyptienne s'est modifiée selon le génie des peuples : elle ne changea guère chez les premiers Hébreux, où elle se débarrassa seulement des monstres et des dieux de l'idolâtrie. En Grèce, où elle fut introduite par Cécrops et Inachus, elle s'épura et devint le modèle de tous les genres de beautés. Elle parvint à Rome par les Toscans, colonie égyptienne; elle y conserva sa grandeur, mais elle n'atteignit jamais la perfection, comme à Athènes. Des apôtres accourus de l'Orient, la portèrent aux Barbares du Nord; sans perdre parmi ces peuples son caractère religieux et sombre, elle s'éleva avec les forêts des Gaules et de la Germanie; elle présenta la singulière union de la force, de la majesté, de la tristesse dans l'ensemble, et de la légèreté la plus extraordinaire dans les détails. Enfin, elle prit chez les Arabes les traits dont nous avons parlé; architecture du désert, enchantée comme les oasis, magique comme les histoires contées sous la tente, mais que les vents peuvent emporter avec le sable qui lui servit d'abord de fondement.

Je pourrois appuyer mon opinion d'un million de faits historiques; je pourrois montrer que les premiers temples de la Grèce, tels que celui de Jupiter à Onga, près d'Amyclée, étoient de véritables temples égyptiens; que la sculpture elle-même étoit égyptienne à Argos, à Sparte, à Athènes, du temps de Dédale et dans les siècles héroïques. Mais j'ai peur d'avoir poussé trop loin cette digression, et il est plus que temps de passer aux monumens gothiques de Jérusalem.

Ceux-ci se réduisent à quelques tombeaux. Les monumens de Godefroy et de Baudouin sont deux cercueils de pierre, portés sur quatre petits piliers. Les épitaphes qu'on a lues dans la description de Deshayes sont écrites sur ces cercueils en lettres gothiques. Tout cela en soi-même est fort peu de chose; cependant je fus très-frappé par l'aspect de ces tombeaux, en entrant au Saint-Sépulcre: leurs formes étrangères, sur un sol étranger, m'annoncèrent d'autres hommes, d'autres mœurs, d'autres pays; je me crus transporté dans un de nos vieux monastères: j'étois comme l'Othaïtien quand il reconnut en France un arbre de sa patrie. Je contemplai avec vénération ces mausolées gothiques qui renfermoient des chevaliers français, des pélerins devenus rois, des héros de la *Jérusalem délivrée*; je me rappelai les paroles que le Tasse met dans la bouche de Godefroy:

> Chi sia di noi ch' esser sepolto schivi
> Ove i membri di Dio fur già sepulti?

Quant aux monumens turcs, derniers

témoins qui attestent à Jérusalem les révolutions des empires, ils ne valent pas la peine qu'on s'y arrête : j'en ai parlé seulement pour avertir qu'il ne faut pas du tout confondre les ouvrages des Tartares avec les travaux des Mores. Au fond, il est plus vrai de dire que les Turcs ignorent absolument l'architecture ; ils n'ont fait qu'enlaidir les édifices grecs et les édifices arabes en les couronnant de dômes massifs et de pavillons chinois. Quelques bazars et des oratoires de santons, sont tout ce que les nouveaux tyrans de Jérusalem ont ajouté à cette ville infortunée.

Le lecteur connoît maintenant les divers monumens de la Cité-Sainte.

En revenant de visiter les Sépulcres des Rois qui ont donné lieu aux descriptions précédentes, je passai par la vallée de Josaphat. Le soleil se couchoit derrière Jérusalem; il doroit de ses derniers rayons cet amas de ruines, et les montagnes de la Judée. Je renvoyai mes compagnons par la porte Saint-Etienne, et je ne gardai avec moi que le janissaire. Je m'assis au pied du tombeau de Josaphat, le visage tourné vers le Temple : je tirai de ma poche un volume de Racine, et je relus Athalie.

A ces premiers vers :

Oui, je viens dans son temple adorer l'Eternel, etc.

il m'est impossible de dire ce que j'éprouvai. Je crus entendre les Cantiques de Salomon et la voix des prophètes; l'antique Jérusalem se leva devant moi ; les ombres de Joad, d'Athalie, de Josabeth sortirent du tombeau; il me sembla que je ne connoissois que depuis ce moment le génie de Racine. Quelle poésie, puisque je la trouvois digne du lieu où j'étois ! On ne sauroit s'imaginer ce qu'est Athalie lue sur le tombeau du *saint roi Josaphat*, au bord du torrent de Cédron, et devant les ruines du Temple. Mais qu'est-il devenu ce Temple *orné partout de festons magnifiques ?*

Comment en un plomb vil l'or pur s'est-il changé?
Quel est dans ce lieu saint ce pontife égorgé?
Pleure, Jérusalem, pleure, cité perfide,
Des prophètes divins malheureuse homicide :
De son amour pour toi ton Dieu s'est dépouillé;
Ton encens à ses yeux est un encens souillé.

Où menez-vous ces enfans et ces femmes ?
Le Seigneur a détruit la reine des cités :
Ses prêtres sont captifs, ses rois sont rejetés ;
Dieu ne veut plus qu'on vienne à ses solennités :
Temple, renverse-toi ; cèdres, jetez des flammes.
    Jérusalem, objet de ma douleur,
Quelle main en un jour t'a ravi tous tes charmes ?
Qui changera mes yeux en deux sources de larmes
    Pour pleurer ton malheur ?

AZARIAS.

O saint Temple !

JOSABETH.

O David !

LE CHŒUR.

          Dieu de Sion, rappelle,
Rappelle en sa faveur tes antiques bontés.

La plume tombe des mains : on est honteux de barbouiller encore du papier, après qu'un homme a écrit de pareils vers.

Je passai une partie de la journée du 9 au couvent, pour m'occuper des détails de la vie privée à Jérusalem ; je n'avois plus rien d'essentiel à voir, soit au-dedans, soit au-dehors de la ville, si ce n'est le puits de Néhémie où l'on cacha le feu sacré au temps de la captivité, les Sépulcres des Juges, et quelques autres lieux ; je les visitai le soir du 9. Comme ils n'ont rien de remarquable, excepté les noms qu'ils portent, ce n'est pas la peine d'en entretenir le lecteur.

Je viens donc à ces petits détails qui piquent la curiosité, en raison de la grandeur des lieux dont on parle. On ne se peut figurer qu'on vive à Athènes et à Sparte comme chez soi. Jérusalem surtout, dont le nom réveille le souvenir de tant de mystères, effraie l'imagination; il semble que tout doive être extraordinaire dans cette ville extraordinaire. Voyons ce qu'il en est, et commençons par la description du couvent des Pères latins.

On y pénètre par une rue voûtée qui se lie à une autre voûte assez longue et très-obscure. Au bout de cette voûte, on rencontre une cour formée par le bûcher, le cellier et le pressoir du couvent. On aperçoit à droite, dans cette cour, un escalier de douze à quinze marches; cet escalier monte à un cloître qui règne au-dessus du cellier, du bûcher et du pressoir, et qui, par conséquent, a vue sur la cour d'entrée. A l'orient de ce cloître, s'ouvre un vestibule qui communique à l'église; elle est assez jolie; elle a un chœur garni de stalles, une nef éclairée par un dôme, un autel à la romaine et un petit jeu d'orgue : tout cela est renfermé dans un espace de vingt pieds de longueur sur douze de largeur.

Une autre porte, placée à l'occident du cloître dont j'ai parlé, conduit dans l'intérieur du couvent. « Ce couvent, dit un pé-
» lerin (1) dans sa description aussi exacte
» que naïve, ce couvent est fort irrégulier;
» bâti à l'antique et de plusieurs pièces rap-
» portées, hautes et basses, les officines
» petites et dérobées, les chambres pauvres
» et obscures, plusieurs petites courcelles,
» deux petits jardins, dont le plus grand
» peut avoir quinze ou seize perches, et
» tenant aux remparts de la ville. Vers la
» partie occidentale, est une autre cour et
» quelques petits logemens pour les péle-
» rins. Toute la récréation qu'on peut avoir
» dans ce lieu, c'est que montant sur la
» terrasse de l'église, on découvre toute la
» ville, qui va toujours en descendant jus-
» qu'à la vallée de Josaphat; on voit l'é-

_____

(1) Doubdan.

» glise du Saint-Sépulcre, le parvis du
» Temple de Salomon, et plus loin, du même
» côté d'orient, la montagne des Olives : au
» midi le château de la ville et le chemin
» de Bethléem, et au nord la grotte de Jé-
» rémie. Voilà en peu de paroles, le plan et
» le tableau de ce couvent, qui ressent extrê-
» mement la simplicité et pauvreté de celui
» qui, en ce même lieu, *propter nos egenus*
» *factus est cum esset dives.* (2. Cor. 8.) »

La chambre que j'occupois, s'appeloit la Grande-Chambre des Pélerins. Elle donnoit sur une cour solitaire, environnée de murs de toutes parts. Les meubles consistoient en un lit d'hôpital avec des rideaux de serge verte, une table et un coffre ; mes domestiques occupoient deux cellules assez loin de moi. Une cruche pleine d'eau et une lampe à l'italienne complétoient mon ménage. La chambre, assez grande, étoit obscure et ne tiroit de jour que par une fenêtre qui s'ouvroit sur la cour dont j'ai parlé. Treize pélerins avoient écrit leurs noms sur la porte, en dedans de la chambre : le premier s'appeloit Charles Lombard, et il se trouvoit à Jérusalem en 1669 ; le dernier est John

Gordon; et la date de son passage est de 1804 (1). Je n'ai reconnu que trois noms français parmi ces treize voyageurs.

Les pélerins ne mangent point avec les Pères, comme à Jafa. On les sert à part, et ils font la dépense qu'ils veulent. S'ils sont pauvres, on les nourrit ; s'ils sont riches, ils paient ce qu'on achète pour eux : le couvent n'en retire pas une obole. Le logement, le lit, le linge, la lumière, le feu sont toujours pour rien, et à titre d'hospitalité.

On avoit mis un cuisinier à mes ordres. Je ne dînois presque jamais qu'à la nuit, au retour de mes courses. On me servoit d'abord un potage à l'huile et aux lentilles, ensuite du veau aux concombres ou aux ognons, du chevreau grillé ou du mouton au riz. On ne mange point de bœuf, et la viande de buffle a un goût sauvage. Pour rôti, j'avois des pigeons, et quelquefois des perdrix de l'espèce blanche, appelée perdrix du désert. Le gibier est fort commun dans la plaine de Rama

---

(1) C'est apparemment le même M. Gordon qui a fait analyser à Londres une bouteille d'eau de la mer Morte.

et dans les montagnes de Judée : il consiste en perdrix, bécasses, lièvres, sangliers et gazelles. La caille d'Arabie qui nourrit les Israélites est presque inconnue à Jérusalem ; cependant on en trouve quelques-unes dans la vallée du Jourdain. Pour légume on m'a continuellement fourni des lentilles, des fèves, des concombres et des ognons.

Le vin de Jérusalem est excellent ; il a la couleur et le goût de nos vins de Roussillon. Les coteaux qui le fournissent sont encore ceux d'Engaddi près de Bethléem. Quant aux fruits, je mangeai, comme à Jafa, de gros raisins, des dattes, des grenades, des pastèques, des pommes et des figues de la seconde saison : celles du sycomore ou figuier de Pharaon étoient passées. Le pain, fait au couvent, étoit bon et savoureux.

Venons au prix de ces divers comestibles.

Le quintal de Jérusalem est composé de cent rolts, le rolt de neuf cents drachmes.

Le rolt vaut deux oques et un quart, ce qui revient, à peu près, à huit livres de France.

Le mouton se vend deux piastres dix paras le rolt. La piastre turque, continuellement altérée par les beys et les pachas d'Egypte, ne s'élève pas, en Syrie, à plus de trente-trois sous quatre deniers, et le para à plus de dix deniers. Or, le rolt étant, à peu près, de huit livres, la livre de viande de mouton, à Jérusalem, revient à neuf sous quatre deniers et demi.

Le veau ne coûte qu'une piastre le rolt; le chevreau, une piastre et quelques paras.

Un très-grand veau se vend trente ou trente-cinq piastres; un grand mouton, dix ou quinze piastres; une chèvre, six ou huit.

Le prix de la mesure de blé varie de huit à neuf piastres.

L'huile revient à trois piastres le rolt.

Les légumes sont fort chers: on les apporte à Jérusalem de Jafa et des villages voisins.

Cette année 1806, le raisin de vendange s'éleva jusqu'à vingt-sept piastres le quintal.

Passons à quelques autres détails.

Un homme qui ne voudroit point descendre aux kans, ni demeurer chez les Pères de Terre-Sainte, pourroit louer une ou plusieurs chambres dans une maison à Jérusalem; mais il n'y seroit pas en sûreté de la vie. Selon la petitesse ou la grandeur, la pauvreté ou la richesse de la maison, chaque chambre coûteroit, par mois, depuis deux jusqu'à vingt piastres. Une maison entière, où l'on trouveroit une assez grande salle et une quinzaine de trous qu'on appelle des chambres, se paieroit par an cinq mille piastres.

Un maître ouvrier, maçon, menuisier, charpentier, reçoit deux piastres par jour, et il faut le nourrir : la journée d'un garçon ouvrier coûte une piastre.

Il n'y a point de mesure fixe pour la terre ; le plus souvent on achète à vue le morceau que l'on desire : on estime le fonds sur ce que ce morceau peut produire en fruits, blé ou vigne.

La charrue n'a point de roues; elle est armée d'un petit fer qui effleure à peine la terre : on laboure avec des bœufs.

On récolte de l'orge, du froment, du doura, du maïs et du coton. On sème le sésame dans le même champ où l'on cultive le coton.

Un mulet coûte cent ou deux cents piastres, selon sa beauté : un âne vaut depuis quinze jusqu'à cinquante piastres. On donne quatre-vingts ou cent piastres pour un cheval commun, moins estimé en général que l'âne ou le mulet; mais un cheval d'une race arabe bien connue est sans prix. Le pacha de Damas, Abdallah-Pacha, venoit d'en acheter un trois mille piastres. L'histoire d'une jument fait souvent l'entretien du pays. On racontoit, lorsque j'étois à Jérusalem, les prouesses d'une de ces cavales merveilleuses. Le Bédouin qui la montoit, poursuivi par les sbires du gouverneur, s'étoit précipité avec elle du sommet des montagnes qui dominent Jéricho. La jument étoit descendue au grand galop, presque perpendiculairement, sans broncher, laissant les soldats dans l'admiration et l'épouvante de cette fuite. Mais la pauvre gazelle creva en entrant à Jéricho, et le Bédouin, qui ne voulut point l'abandonner, fut pris pleurant sur le corps de sa compagne. Cette jument a un frère dans le désert ; il est si fameux que les Arabes savent toujours où il a passé, où il est, ce qu'il fait, comment il se porte. Ali-Aga m'a religieusement montré, dans les montagnes près de Jéricho, la marque des pas de la jument morte en voulant sauver son maître : un Macédonien n'auroit pas regardé avec plus de respect la trace des pas de Bucéphale.

Parlons à présent des pélerins. Les relations modernes ont un peu exagéré les richesses que les pélerins doivent répandre à leur passage dans la Terre-Sainte. Et d'abord, de quels pélerins s'agit-il? Ce n'est pas des pélerins latins, car il n'y en a plus, et l'on en convient généralement. Dans l'espace du dernier siècle, les Pères de Saint-Sauveur n'ont peut-être pas vu deux cents voyageurs catholiques, y compris les religieux de leurs ordres et les missionnaires au Levant. Que les pélerins latins n'ont jamais été nombreux, on le peut prouver par mille exemples. Thévenot raconte qu'en 1656, il se trouva, lui vingt-deuxième, au Saint-Sépulcre. Très-souvent les pélerins ne montoient pas au nombre de douze, puisqu'on étoit obligé de prendre des religieux pour compléter ce nombre, dans la cérémonie du Lavement des Pieds, le Mercredi-Saint (1). En effet, en 1589, soixante-dix-neuf ans avant Thévenot, Villamont ne rencontra que six pélerins francs à Jérusalem (2). Si en 1589, au moment où la Religion étoit si florissante, on ne vit que sept pélerins latins en Palestine;

---

(1) Thev. chap. XLII, pag. 391.
(2) Liv. II, cap. 19, pag. 250.

qu'on juge combien il y en devoit avoir en 1806? Mon arrivée au couvent de Saint-Sauveur fut un véritable évènement. M. Seetzen, qui s'y trouvoit à Pâques de la même année, c'est-à-dire sept mois avant moi, dit qu'il étoit le seul Catholique. (1)

Les richesses dont le Saint-Sépulcre doit regorger, n'étant point apportées à Jérusalem par les pélerins catholiques, le sont donc par des pélerins juifs, grecs et arméniens. Dans ce cas-là même je crois les calculs très-enflés.

La plus grande dépense des pélerins consiste dans les droits qu'ils sont obligés de payer aux Turcs et aux Arabes, soit pour l'entrée des Saints-Lieux, soit pour les Caffaris ou permissions de passage. Or, tous ces objets réunis ne montent qu'à soixante-cinq piastres vingt-neuf paras. Si vous portez la piastre à son maximum, à cinquante sous de France, et le para à cinq liards ou quinze deniers, cela vous donnera cent soixante-quatre liv. six sous trois deniers; si vous calculez la piastre à son

---

(1) Ann. des Voy., par M. Malte-Brun, tome II de la collect., cah. 27, pag. 343.

minimum, c'est-à-dire, à trente-trois sous de France et quatre deniers, et le para à trois liards et un denier, vous aurez cent huit liv. neuf sous six den. Voici le compte tel que je le tiens du père Procureur du couvent de Saint-Sauveur. Je le laisse en italien que tout le monde entend aujourd'hui, avec les noms propres des Turcs, etc.; caractères originaux qui attestent son authenticité :

Speza solita che fa un pelerino en la sua intrata da Giaffa sin a Gerusaleme, e nel ritorno a Giaffa. (1)

		Piast.	Par.
Cafarri.	In Giaffa doppo il suo sbarco Cafarro...	5 »	20
	In Giafa prima del imbarco al suo ritorno.	5 »	20
Cavalcatura sin a Rama, e portar al Aravo (2), che acompañas in a Gerusaleme		1 »	20

(1) Les comptes suivans varient un peu dans leurs sommes totales, parce que la piastre éprouve chaque jour un mouvement en Syrie, tandis que le para reste fixe ; d'où il arrive que la piastre n'est pas toujours composée du même nombre de paras.

(2) Aravo pour Arabo. Changement de lettres

	Piast.	Par.
Pago al Aravo che acompagna 5		
Al vilano, che acompagna da Gérasma. 5 » 30	10 »	30
Cavalcatura, per venire da Rama ed altra per ritornare......	10	
Cafarri nella strada 1 » 16. cadi medni 20 »	1 »	16
Intrata nel SS.mo-Sepulcro Al Meheah governatore. E stader del tempio	26 »	38
Intrata nella citta Ciohadari del cadi e governatore. Sbirro. E portinaro............		15
Primo e secundo drogomano...	3 »	30
	65 »	29

Si le pélerin alloit au Jourdain, il faudroit ajouter à ces frais la somme de douze piastres.

Enfin j'ai pensé que dans une discussion de faits, il y a des lecteurs qui verroient avec

---

si commun dans la langue franque, dans le grec moderne et dans le grec ancien.

plaisir les détails de ma propre dépense à Jérusalem. Si l'on considère que j'avois des chevaux, des janissaires, des escortes à mes ordres ; que je vivois comme à Paris quant à la nourriture, aux temps des repas, etc.; que j'entrois sans cesse au Saint-Sépulcre à des heures inusitées, que je revoyois dix fois les mêmes lieux, payois dix fois les droits, les caffari, et mille autres exactions des Turcs, on s'étonnera que j'en aie été quitte à si bon marché. Je donne les comptes originaux avec les fautes d'orthographe du drogman Michel : ils ont cela de curieux qu'ils conservent pour ainsi dire l'air du pays. On y voit tous mes mouvemens répétés, les noms propres de plusieurs personnages, le prix de divers objets, etc. Enfin, ces comptes sont des témoins fidèles de la sincérité de mon récit. On verra même que j'ai négligé beaucoup de choses dans ma relation, et que j'ai visité Jérusalem avec plus de soin encore que je ne l'ai dit.

Dépense à Jafa :

	Piast.	Par.
Per un messo a Gerusalemme...	7	20
Altro messo a Rama.........	3	-

	Piast.	Par.
Altro per avisare agli Aravi . . .	1	20
Orso in Rama per gli cavalli . . .	2	-
Per il cavallo del servitore di Giaffa in Rama	2	20
Gaffarro alli Aravi	2	36
Al cavaliero che adato il gov.re di Rama	15	-
Per il cavallo che portò sua Ecc.a à Gerusalemme	15	-
Regallo alli servitorj de gli cavalli	3	-
Regallo al Mucaro Menum	5	-
Tutto p.s	57	16

Dépense à Jérusalem :

Spesa fatta per il sig.e dal giorno del suo arriva a Gierusalemme ali 4 di ottobre 1806.

	Piast.	Par.
Il giorno del suo arrivo, per cavaleria da Rama, a Gierusalemme	015	:
Compania per li Arabi, 6 isolote per testa	013	20
Cadi . . . a 10 M.i	000	30
Al Muccaro	001	20

	Piast.	Par.
Cavalcatura per Michelle andare, e ritornar da Rama.	08	20
4 cavalli per andare a Betlemme, e al Giordano.	080	:
Al portinaro della città.	001	25
Apertura del S^{mo}.-Sepolcro.	001	25
Regallo alli portinari del S^{mo}.-Sepolcro 7 persone.	030	:
Alli figlio, che Chiamano li Turchi per aprire la porta.	01	25
Al Chavas del governatore per avere accompagniato il sig^e dentro della citta, e fuori a cavallo.	008	:
Item. A un Dalati, cioe, guardia del Zambarakgi Pari.	004	:
Per 5 cavalli per andare al Monte Olibete, e al tri luoghi, et seconda volte al Potzodi Jeremia, e la madona.	016	30
Al genisero per companiare il sig^e a Betlemme	003	20
Item. Al genisero per avere andato col sig^e per la citta.	001	26

ITINÉRAIRE

Piast. Par.

12 ottobre per la apertura del
    S^{mo}.-Sepolcro.............. 001 : 35
                                          189 : 10

Spese fatte da Michel, per ordine del Sig^e.

In vari luoghi............
In tabaco per li villani, et la com-
    pania nel via gio per il Giorda-
    no, e per li villani di S^n Saba. 006 : 20
In candelle per S^n Saba, e servi-
    tori................. 006 :
Per li sacrestani greci, e altri.. 006 : 20
Regallo nella casa della Madona,
    e serolio, e nella casa di Simio-
    ne, e nel convento dell Suria-
    ni, e nel spitale di Sta. Elena,
    e nella casa di Anas, e nella
    singoga delli Ebrei......... 009 : 10
Item. Regallo nel convento delli
    Armenidi S^n Giacomo, alli ser-
    vitori, sacrestino, e genisari. 028 :
Regallo nel Sepolcro della Ma-
    dona alli sacrestani, e nel Mon-
    te-Olibette............. 008 : 10

DE PARIS A JÉRUSALEM.

	Piast.	Par.
Al servitore del governatore il negro, e nel castello......	005	20
Per lavare la robba del sig^e e suoi servitori..............	003	:
Alli poveri in tutto il giro....	005	15
Regallo nel convento delli Greci in chiesa al sacrestano, alli servitori, e alli geniseri......	018	:
4 cavalcature per il sig^e. suo dragomano, suo servitore, e Michele da Gierusalemme fino a Giaffa, e quella di Michele per andare, e ritornare la soconda volta........................	046	:
Compania a 6 isolote, ogni persona delli sig^{ri}..........	013	20
Villano........................	003	:
Cafarro........................	004	24
Regallo alli geniseri..........	020	:
Regallo a Goch di S^n Geremia..	050	:
Regallo alli dragomani........	030	:
Regallo al comuniere..........	010	:
Al Portinaro Malia............	005	:
Al Spenditare.................	005	:
	472	29

26.

	Piast.	Par.
In Belemme una cavalcatura per la provisione del Giordano, orzo 4 Arabi, due villani : regallo alli capi, e servitori . . .	172	:
Ali-Agha figlio d'Abugiahfar . .	150	:
Item. Zbirri, poveri, e guardiel ne calare al S^{mo}-Sepolcro l'ultimo giorno	010	:
	804	: 29
A Mechele Casar 80 : Alcuesnaro 20	100	:
	904	: 29

Il faut donc d'abord réduire ce grand nombre de pélerins, du moins quant aux Catholiques, à très-peu de chose, ou à rien du tout ; car sept, douze, vingt, trente, même cent pélerins, ne valent pas la peine d'être comptés.

Mais si cette douzaine de pélerins qui paroissoient chaque année au Saint-Sépulcre, il y a un ou deux siècles, étoient de pauvres voyageurs, les Pères de Terre-Sainte ne pouvoient guères s'enrichir de leur dépouille. Ecoutons le sincère Doubdan :

« Les religieux qui y demeurent (au cou-
» vent de Saint-Sauveur) militans sous la règle
» de Saint-François, y gardent une pauvreté
» très-étroite, et ne vivent que des aumônes
» et charités qu'on leur envoie de la Chré-
» tienté, et que les pélerins leur donnent,
» chacun selon ses facultés; mais comme ils
» sont éloignés de leur pays, et ne savent les
» grandes dépenses qui leur restent à faire
» pour le retour; aussi n'y laissent-ils pas de
» grandes aumônes; ce qui n'empêche pas
» qu'ils n'y soient reçus et traités avec grande
» charité. » (1)

Ainsi, les pélerins de Terre-Sainte qui doivent laisser des trésors à Jérusalem, ne sont point des pélerins Catholiques; ainsi la partie de ces trésors qui devient l'héritage des couvens, ne tombe point entre les mains des religieux latins. Si ces religieux reçoivent des aumônes de l'Europe, ces aumônes, loin de les enrichir, ne suffisent pas à la conservation des Lieux-Saints qui croulent de toutes parts, et qui seront bientôt abandonnés faute de secours. La pauvreté de ces religieux est donc

---

(1) Cap. XLVII, pag. 376.

prouvée par le témoignage unanime des voyageurs. J'ai déjà parlé de leurs souffrances ; s'il en faut d'autres preuves, les voici :

« Tout ainsi, dit le père Roger, que ce
» fut un religieux français qui eut possession
» des Saints-Lieux de Jérusalem ; aussi le pre-
» mier religieux qui a souffert le martyre,
» fut un français nommé frère Limin, de la
» province de Touraine, lequel fut décapité
» au Grand-Caire. Peu de temps après, frère
» Jacques et frère Jérémie furent mis à mort
» hors les portes de Jérusalem. Frère Conrad
» d'Alis Barthelemy, du mont Politian, de
» la province de Toscane, fut fendu en deux,
» depuis la tête jusqu'en bas, dans le Grand-
» Caire. Frère Jean d'Ether, espagnol, de
» la province de Castille, fut taillé en pièces
» par le bacha de Casa. Sept religieux furent
» décapités par le sultan d'Egypte. Deux re-
» ligieux furent écorchés tout vifs en Syrie.

» L'an 1637, les Arabes martyrisèrent toute
» la communauté des Frères qui étoient au
» sacré mont de Sion, au nombre de douze.
» Quelque temps après, seize religieux,
» tant clercs que laïques, furent menés
» de Jérusalem en prison à Damas (ce fut

» lorsque Cypre fut pris par le roi d'Alexan-
» drie), et y demeurèrent cinq ans, tant
» que l'un après l'autre y moururent de néces-
» sité. Frère Cosme de Saint-François fut tué
» par les Turcs à la porte du Saint-Sépulcre,
» où il prêchoit la foi chrétienne. Deux autres
» Frères, à Damas, reçurent tant de coups de
» bâton, qu'ils moururent sur la place. Six
» religieux furent mis à mort par les Arabes,
» une nuit qu'ils étoient à matines au cou-
» vent bâti à Anathot, en la maison du pro-
» phète Jérémie, qu'ils brûlèrent ensuite. Ce
» seroit abuser de la patience du lecteur, de
» déduire en particulier les souffrances et les
» persécutions que nos pauvres religieux ont
» souffertes depuis qu'ils ont eu en garde les
» Saints-Lieux. Ce qui continue avec augmen-
» tation, depuis l'an 1627, que nos religieux
» y ont été établis, comme on pourra con-
» noître par les choses qui suivent, etc. » (1)

L'ambassadeur Deshayes tient le même langage sur les persécutions que les Turcs font
éprouver aux Pères de Terre-Sainte :

« Les pauvres religieux qui les servent sont

---

(1) Descript. de la Terre-Sainte, pag. 436.

» aussi réduits aucunes fois à de si grandes
» extrémités, faute d'être assisté de Chrétien-
» té, que leur condition est déplorable. Ils
» n'ont pour tout revenu que les aumônes
» qu'on leur envoie, qui ne suffisent pas pour
» faire la moitié de la dépense à laquelle ils
» sont obligés; car, outre leur nourriture, et
» le grand nombre de luminaires qu'ils entre-
» tiennent, il faut qu'ils donnent continuelle-
» ment aux Turcs, s'ils veulent vivre en paix;
» et quand ils n'ont pas le moyen de satisfaire
» à leur avarice, il faut qu'ils entrent en prison.

» Jérusalem est tellement éloignée de Cons-
» tantinople, que l'ambassadeur du roi qui
» y réside, ne sauroit avoir nouvelles des
» oppressions qu'on leur fait, que long-temps
» après. Cependant ils souffrent et endurent,
» s'ils n'ont de l'argent pour se rédimer; et
» bien souvent les Turcs ne se contentent pas
» de les travailler en leurs personnes, mais
» encore ils convertissent leurs églises en
» mosquées. » (1)

Je pourrois composer des volumes entiers
de témoignages semblables consignés dans

---

(1) Voy. du Lev., pag. 409.

les Voyages en Palestine : je n'en produirai plus qu'un, et il sera sans réplique.

Je le trouve, ce témoignage, dans un monument d'iniquité et d'oppression, peut-être unique sur la terre; monument d'une autorité d'autant plus grande, qu'il étoit fait pour demeurer dans un éternel oubli.

Les Pères m'avoient permis d'examiner la bibliothèque et les archives de leur couvent. Malheureusement, ces archives et cette bibliothèque furent dispersées, il y a près d'un siècle : un pacha mit aux fers les religieux, et les emmena captifs à Damas. Quelques papiers échappèrent à la dévastation; en particulier, les firmans que les Pères ont obtenus, soit de la Porte, soit des souverains de l'Egypte, pour se défendre contre l'oppression des peuples et des gouverneurs.

Ce carton curieux est intitulé :

Registro delli Capitolazioni, Cattiscerifi, Barati, Commandamenti, Hoggetti, Attestazioni, Sentenze, Ordini de Bascia, di Giudici e Polize, che si trovano nell archivio di questa procura-generale di Terra-Santa.

Sous la lettre H, n°. 1, pag. 369, on lit :

Instrumento del re saraceno Muzafar contiene : che non sia domandato del vino dai religiosi franchi. Dato alli 13 della luna di Regeb dell'anno 414.

Sous le n°. 2 :

Instromento del re saraceno Matamad contiene: che li religiosi franchi non siano molestati. Dato alli 2 di Sciaval dell'anno 501.

Sous le n°. 5, pag. 370 :

Instromento con la sua copia del re saraceno Amed Ciakmak contiene : che li religiosi franchi non paghino a quei ministri, che non vegono per gli affari de frati..... possino sepelire i loro morti, possino fare vino, provizione..... non siano obligati a montare cavalli per forza in Rama, non diano vesitate le loro possessioni, al che nessuno pretenda d'esser li drogamono, se non alcun apoggio. Dato alli 10 di Sefer 609.

Plusieurs firmans commencent ainsi :

Copia autenticata d'un commandato ottenuto ad instanza dell' ambasciadore di Francia, etc.

On voit donc les malheureux Pères, gardiens du Tombeau de Jésus-Christ uniquement occupés, pendant plusieurs siècles, à se défendre, jour par jour, de tous les genres d'insultes et de tyrannie. Il faut qu'ils obtiennent la permission de se nourrir, d'ensevelir leurs morts, etc.; tantôt on les force de monter à cheval, sans nécessité, afin de leur faire payer des droits; tantôt un Turc se déclare leur drogman malgré eux, et exige un salaire de la communauté. On épuise contre ces infortunés moines les inventions les plus bizarres du despotisme oriental (1). En vain, ils obtiennent, à prix d'argent, des ordres qui semblent les mettre à couvert de tant d'avanies; ces ordres ne sont point exécutés: chaque année voit une oppression nouvelle, et exige un nouveau firman. Le commandant prévaricateur, le prince, protecteur en apparence, sont deux tyrans qui s'entendent: l'un pour commettre une injustice avant que la loi soit faite; l'autre pour vendre, à prix d'or, une loi qui n'est donnée que quand le crime est commis. Le registre des firmans des Pères est un livre bien précieux, bien digne à tous égards de

---

(1) On voulut une fois massacrer deux religieux à Jérusalem, parce qu'un chat étoit tombé dans la citerne du couvent. Roger, pag. 330.

la bibliothèque de ces apôtres qui, au milieu des tribulations, gardent avec une constance invincible le Tombeau de Jésus-Christ. Les Pères ne connoissoient pas la valeur de ce catalogue évangélique; ils ne croyoient pas qu'il pût m'intéresser; ils n'y voyoient rien de curieux : souffrir leur est si naturel, qu'ils s'étonnoient de mon étonnement. J'avoue que mon admiration pour tant de malheurs si courageusement supportés, étoit grande et sincère; mais combien aussi j'étois touché en retrouvant sans cesse cette formule: *Copie d'un firman obtenu à la sollicitation de M. l'ambassadeur de France*, etc. Honneur à un pays qui du sein de l'Europe, veille jusqu'au fond de l'Asie à la défense du misérable, et protége le foible contre le fort! Jamais ma patrie ne m'a semblé plus belle et plus glorieuse que lorsque j'ai retrouvé les actes de sa bienfaisance, cachés à Jérusalem dans le registre où sont inscrites les souffrances ignorées de quelques religieux opprimés, et les iniquités inconnues des plus lâches des oppresseurs. Comment concevoir qu'un homme de talent, qui se pique d'idées indépendantes, puisse se plaire à calomnier l'infortune? Il y a quelque chose qui marche avant toutes les opinions : c'est la justice. Si un philosophe faisoit aujourd'hui un bon ouvrage ; s'il faisoit quelque chose de mieux, une bonne action ; s'il montroit des sentimens nobles et élevés ; moi Chrétien, je lui applaudirois avec franchise. Et pourquoi un philosophe n'en agiroit-il pas ainsi avec un Chrétien ? Faut-il, parce qu'un homme porte un froc, une longue barbe, une ceinture de corde, faut-il ne lui tenir compte d'aucun sacrifice ? Quant à moi j'irois chercher une vertu aux entrailles de la terre, chez un adorateur de Wishnou ou du grand Lama, afin d'avoir le bonheur de l'admirer. Les actions généreuses sont trop rares aujourd'hui, pour ne pas les honorer sous quelque habit qu'on les découvre, et pour regarder de si près à la robe du prêtre ou au manteau du philosophe.

FIN DU DEUXIÈME VOLUME.

www.ingramcontent.com/pod-product-compliance
Lightning Source LLC
Chambersburg PA
CBHW071942220426
43662CB00009B/962